天津市 2017 年度哲学社会科学规划课题青年项目

"美国刑法中的罪刑法定原则研究"（TJFXQN17-004）

天津市2017年度哲学社会科学规划课题青年项目
"美国刑法中的罪刑法定原则研究"（TJFXQN17-004）

中美刑法 罪刑法定原则 比较研究

车剑锋◎著

天津社会科学院出版社

图书在版编目（CIP）数据

中美刑法罪刑法定原则比较研究 / 车剑锋著. -- 天津：天津社会科学院出版社，2022.3

ISBN 978-7-5563-0807-1

Ⅰ. ①中… Ⅱ. ①车… Ⅲ. ①罪刑法定主义－对比研究－中国、美国 Ⅳ. ①D924.104②D971.24

中国版本图书馆 CIP 数据核字(2022)第 047861 号

中美刑法罪刑法定原则比较研究
ZHONGMEI XINGFA ZUIXINGFADING YUANZE BIJIAO YANJIU

出版发行：天津社会科学院出版社
地　　址：天津市南开区迎水道 7 号
邮　　编：300191
电话/传真：（022）23360165（总编室）
　　　　　（022）23075303（发行科）
网　　址：www.tass-tj.org.cn
印　　刷：北京盛通印刷股份有限公司

开　　本：787×1092　毫米　　1/16
印　　张：13
字　　数：176 千字
版　　次：2022 年 3 月第 1 版　　2022 年 3 月第 1 次印刷
定　　价：88.00 元

目　录

第一章 导论

一

本书的研究对象是刑法当中的罪刑法定原则。应当承认，罪刑法定原则在我国不是一个"时髦的"理论前沿问题。现有的研究在数量上汗牛充栋、不可枚举。然而一旦加上"美国刑法中的"这个定语，罪刑法定原则却似乎一下子成为了一个无人问津的"稀罕物件"。这不免让人发问，美国刑法中有罪刑法定原则吗？

从大陆法系与英美法系的区分看，美国属于普通法系，与大陆法系法律文化存在较大的差异，一个发源于并且兴盛于大陆法系的法律原则能否在英美法系存在的确是一个问题。然而，通过对美国法律文献的研究，笔者发现，美国刑法中不仅存在罪刑法定原则，而且罪刑法定原则在美国的法律体系当中具有一种独特的发挥作用的方式。这种方式对普通法学者而言司空见惯，因此，美国学者并没有对其专门抽象、提炼，进而加以研究。但是，对习惯大陆法系的我们而言，却颇有值得研究之处。美国罪刑法定的运作模式可以概括为，基本原理与派生原则的二分法。美国罪刑法定原则的基本原理与我国殊无二致，都是"法无明文规定不为罪，法无明文规定不处罚"，其主要机能是提供理论正当性来源与对学术史的考证。然而，美国罪刑法定的派生原则与基本原理不同，是司法实践中反复考量、适用、争论、改造的重要工具。基本原理具有深厚的理论基础，派生原则具有可操作的制度框架，由此，一方面基本原理增加了司法实践的说理性和正当性，另一方面，在司法制度中，派生原则通过"能伸能屈"的可塑性，成为了法官手中达致公平正义的工具。罪刑法定原则同时发挥了维护法律确定性与增加司法灵活性的作用。这种模式本身对大陆法系的罪刑法定研究而言，具有方法论上的革命性意义。当然，在美国学者看来，法律原则在司法实践中反复适用、修正、演进是再正常不过的事,因此,并不是说美国学者将美国罪刑法定的运作模式概括为二分法,而是作为一个具有大陆法系思维范式的人,笔者对所观察到的美国罪刑法定作用机制的概括。

美国刑法中的罪刑法定原则的另一个显著的特征,在于其作用的发挥,既有赖于宪法实践,又离不开刑法实践。在美国学者笔下,作为刑法基本原则的罪刑法定要存在离不开宪法的制度性基础。同样作为基本原理,其又是罪刑法定派生原则的理论根据和正当性来源。再加上美国罪刑法定的派生原则很多是宪法原则的一部分。这样宪法实践、罪刑法定和派生原则之间就产生了复杂而微妙的联系。我们把对这种复杂关系的阐述留到正文当中,在导论部分不做展开。要说明的是,这种运作模式未曾出现在罪刑法定主义产生的大陆法系。在大陆法系罪刑法定原则遇到逐渐退却危机的同时,作为舶来品,美国的罪刑法定原则却产生出了一套特立独行,但是行之有效的运行机制。这是对中美两国刑法进行比较研究,客观分析二者特点的理论与实践基础。

二

除了大陆法系与英美法系法律文化差异导致的选择性之外,我国学界对美国刑法中罪刑法定原则的忽视与我国罪刑法定原则的现状不无关联。1997年《中华人民共和国刑法》(以下简称《刑法》)中规定了罪刑法定原则,毫无疑问是我国刑事法治的重大进步,罪刑法定立法化的重要意义就我国当时的国情而言,无论怎样强调都不过分。然而,在立法化之后,罪刑法定的研究陷入了基本停滞的状态。除了在派生原则的问题上有一定的更新,罪刑法定的容貌似乎就定格在了立法化的1997年。其中不少现象值得我们深思。

一是对罪刑法定的认识存在脱节的问题。我们对罪刑法定原则的认识还存在于启蒙时代思想家的表述,而后罪刑法定原则在世界各国如潮汐般起起伏伏,我们关注得似乎并不多。举两个例子,比如在罪刑法定起源的德国,反思罪刑法定的思潮在一定时期是非常有力的学派,雅克布斯教授曾经有一部重要的著作《罪刑法定?》在我国没有中文译本,在美国学者的作品中倒是偶有出现,其中对在法治启蒙阶段作为基石的罪刑法定主义,在后现代的反思阶段的地位提出了质疑。在北京大学举办的中德刑法学者研讨会的成果《罪刑法定与刑法解释》一书中德国学者的观点也可以作为佐证,证明在罪刑法定产生的德国,罪刑法定退却的趋势。再比如,"二战"以后在很多的国际组织章程和国际公约、条约中规定了罪刑法定,但是在国际刑法中罪刑法定运行的过程中,国外学者却使用了"日食""退潮"等词汇来对相关国际刑法的判决进行评价,这些否定性的表述表明了传统的罪刑法定的危机,而此类研究在国内尚未引起重视。当然,我国也有对罪刑法定原则质疑的观点,不同在于,我国学者的反思以罪刑法定的实际效果为主,而国外学者反思的是罪刑法定主义本身。换言之,我们考虑的是罪刑法定现在用得好不好,而国外不少学者探讨的是罪刑法定还有没有存在的必要。这类观点在我国尚未引起足够的重视。

二是罪刑法定派生原则的地位并不明确。从一般意义上讲,罪刑法定原则的派生原则,应当是具有指导意义的操作规则。既然涉及操作,那么派生原则应当是具体的制度,或者简单地说至少在刑事司法实践中能够用得上。然而,我国罪刑法定原则的一个突出的特点是罪刑法定原则本身是第一性质的基本原理,其派生原则也是具有绝对正当性的基本原理。基本原理是很难在司法实践中得到应用的。就像诸如公平、正义这样的重要原理,在司法中很难获得直接应用,因为无论如何,法官很难对公平正义进行考量,无论出于何种目的,只要涉嫌贬损了公平正义,司法判决的公信力就会大大下降。罪刑法定也是如此,在司法实践中无论如何也不能对法律没有规定的行为定罪,因此要合理地适用罪刑法定原则就必须将其具体化,实现从抽象原理到具体原则的转化。例如,一个具有处罚必要性的行为,在《刑法》中没有明文规定,能不能处罚? 如果你试图运用罪刑法定的基本原理,就没有为司法留下任何余地,既然没有规定,当然不能处罚,而当这个案例会激发社会公众普遍处罚感情的时候,罪刑法定与司法实践现实需要之间的冲突就会非常尖锐。派生原则的作用正在此处,尽管某个行为在《刑法》中没有明文规定,通过扩大解释将该行为纳入到《刑法》规范涵涉的范围之内,从而在不违反罪刑法定基本原理的前提下,兼顾了处罚的必要性。这里法官衡量的是扩大解释正当与否的问题,涉及的是禁止类推解释的罪刑法定派生原则,无论这个边界如何确定,罪刑法定基本原理的地位本身不会受到威胁。即便一种确定扩大解释边界的策略被认为违反了罪刑法定,那么受到质疑的也仅仅是策略本身,这样派生原则带来的可操作性可以在一定程度上解决罪刑法定基本原理的司法适用问题。这是罪刑法定派生原则应当的作用方式。而在我国,罪刑法定派生原则本身也被认为是基本原理,但派生原则的定位发生了偏差,其操作规则的机能无从发挥,进而导致了两个极为明显的问题,一方面罪刑法定基本原理很难在司法实践中发挥作用;另一方面罪刑法定派生原则的一些重要的理论问题很难得出一致见解。比如,类推解释与扩大解释的区别,在理论争鸣的过程中难以形成一致见解,因为这个边界只在具体案例中才有意义,没有以刑事司法实践为导向的目的理性,很难在这样的问题上形成一致结论。当然,将派生原则作为基本原理的原因不难分析,其中一个主要的原因恐怕在于我国的罪刑法定派生原则并非"土特产",而是舶来品,既然是直接对国外理论的引进,就难免给人留下"知识"的印象,而知识本身便带有基本原理的意味。

三是我国的罪刑法定原则在理论上的绝对化与实践中的相对化形成鲜明对比。当然,这并不是说我国在学术理论上赞同罪刑法定主义,而在司法实践中不赞同罪刑法定主义。真正的区别在于,如果成为违反罪刑法定的"嫌疑人",会产生怎样的后果。在刑法理论上,一个可能违反罪刑法定主义的观点肯定会遭到一致反对,正因为如此,在学术争论中诘问对方违反罪刑法定原则是批判者常用的手段。在刑事司法实践中,如果一个司法解释存在违反罪刑法定原则的嫌疑,情况就复杂得多。举一个例子,例如2000年颁布的《关于对变造、倒卖变造邮票行为如何适用法律问题的解释》,该"请示—批复"型司法解释将"伪造"与"变造"相等同,而伪造与变造在刑法中具有完全不同的含义。因此,该解释是存在是否违反罪刑法定的疑问的。当然,尽管如此,该解释并不自然无效。绝对与相对关键区别在于可能违反罪刑法定原则的后果如何。再举一个派生原则的例子可能会更加明显,以明确性原则为例,目前没有学者公开反对明确性原则,或者主张促使刑法规范更加模糊的理论主张,但是在实践层面上对"空白罪状""兜底条款"的包容度明显要高出学术理论层面很多。刑法理论上对罪刑法定基本原理的严格要求,与实践中对削弱罪刑法定基本原理的宽容态度,会导致罪刑法定实践远超理论研究的问题。当然,我们也可以把实践中的做法概括成对于罪刑法定原则的超越、回避,甚至某种程度上的改造。但是,这种所谓的超越、回避、改造同样是罪刑法定实践的一部分,在世界其他国家,无论是欧洲人权法院对罪刑法定的考量,还是美国罪刑法定边界的反复划定,都是罪刑法定实践的表现。罪刑法定尽管在人类法治进程中发挥了无比重要的作用,但是其毕竟是服务于社会发展的理论工具,当实践中的需要是如此强烈,以至于必须在特殊情况下改变对罪刑法定基本原理的认识时,顺应现实需要超越罪刑法定主义,只要在一定合理的范围内,不仅没有破坏罪刑法定主义,反而是赋予了罪刑法定新的生机。关键是,合理的范围应当如何划定。绝不是说,司法实践必须严守罪刑法定基本原理,不能越雷池一步,越是不留余地的基本原理,越是难以发挥作用,从而难免成为历史的遗迹。这里潜在的风险在于,当罪刑法定实践远超罪刑法定理论时,这些实践就容易失去控制,从而由超越、回避、改造转向破坏。我国罪刑法定原则正处在实践活跃,而理论研究缺位的状况中。因而,创造符合本土法治实践需要的,能解决罪刑法定基本原理与实践现实需要冲突的全新的罪刑法定理论,就成为了我国刑法学面临的重要任务。

三

当然,说以比较法的视角分析美国罪刑法定原则实践的现状,并不是说美国罪刑法定好,而我们的罪刑法定不好。一方面,我们的罪刑法定也好,美国的罪刑法定也罢,都来源于"法无明文规定不为罪,法无明文规定不处罚"的基本原理,都表现为形式上基本相同的派生原则,可以说是同根同源,因此无法绝对地说谁更好一些。另一方面,从罪刑法定立法化到今天不过二十余年的时间,作为一个"外来的和尚",存在些许不完善之处也实属正常。毕竟时间同样是刑事法治发展完善的必要条件。因此,我们完全没有必要妄自菲薄。

客观地说，德国法治发展到一定阶段的时候，产生了罪刑法定原则。我国在社会发展到一定阶段时，看到了罪刑法定原则的重要意义，引入了罪刑法定原则。随后，我国经济社会高速发展，过去作为原理的罪刑法定能否适应日新月异的社会现实，是罪刑法定能否继续存在的关键问题。社会发展进化的同时，罪刑法定原则却没有及时跟进，那么罪刑法定刑法第一原理的地位必然会受到质疑。打一个比方说，我国学界目前研究罪刑法定原则的范式就像是透过镜子去看罪刑法定主义，你以为看到的是罪刑法定主义的未来，其实你看到的只是罪刑法定的昨天。镜子中的一切看似前沿，其实是罪刑法定的过去。无论是罪刑法定的基本原则，还是我国作为通说的派生原则，多数是德日刑法发展过程中形成的"知识"，多数都是为了回应当时各国社会发展产生的法治问题。如果我们仔细思考，在我国罪刑法定原则无论是基本原理还是派生原则，都处在一个静止的状态中，派生原则仿佛从来都是由形式侧面和实质侧面两个部分组成，类推解释和扩大解释的区别似乎永远是一个理论前沿问题，成文法主义似乎一直在关注刑事法律渊源的范围问题，禁止绝对不定刑和禁止绝对不定期刑似乎始终是罪刑法定的内容，明确性原则和实体正当程序原则似乎始终期待着合宪性审查的推进，罪刑法定20年，这些老问题还是前沿问题，而罪刑法定实践由于工具主义的需求仍然在不断推进，司法解释中出现了对禁止溯及既往原则的创造，司法实践中对实质解释的方法越来越青睐，扩大解释的边界越来越模糊，兜底条款、空白刑法仍然以各自的方式威胁着罪刑法定的基本原理。对比理论与实践，我们不难发现我们的罪刑法定原则被上述那面镜子欺骗了。我们本来试图用来开眼看罪刑法定的玻璃窗，变成了只能回眸的镜子。难怪罪刑法定原则知识化是20年来罪刑法定学术研究的主要方向。镜子比玻璃多的是背后的一层水银，我国罪刑法定主义研究未来的破题方向应该是，明确是什么把玻璃变成了镜子，从而导致罪刑法定"镜像化""知识化"，进而开拓视野，推进罪刑法定研究向前发展，从而适应不断发展变化着的实践要求。

四

阻碍我们对罪刑法定原则进一步认识的关键障碍,是在罪刑法定领域工具理性的欠缺。从历史上看,罪刑法定原则地位起起落落,其背后的原因始终是现实需要。当规则体系初创,需要正当性来源时,往往是罪刑法定的活跃时期。相反,当时代发展,实践需要不断与时俱进,"反思"成为有力思潮时,往往是罪刑法定式微的时期。无论是在启蒙时代,罪刑法定原则的兴盛,还是在"二战"以后国际刑法中罪刑法定原则的复兴,罪刑法定都充当了一定时期刑事法治正当性的来源。无论是第二次工业革命之后,罪刑法定由绝对向相对的转化,还是后现代法学思潮风起云涌的今天,罪刑法定在全球的退潮,罪刑法定都发生了重大的变化和改造。罪刑法定的机能发挥,始终是决定罪刑法定地位的关键问题。1997年我国《刑法》修订时,作为刑事法治正当性的代表,罪刑法定原则充分发挥了其历史作用,也获得了刑法"第一性原则"的地位。而后,随着我国刑事法治不断的发展,逐渐进入了"启蒙"与"反思"并存的复杂阶段。所谓"启蒙"是指,法治社会逐渐成形,法治观念逐渐深入人心,具有中国特色的社会主义法治体系逐步建立。所谓"反思"是指经济社会的高速发展对法治理念和法律制度产生了一定的冲击,法治观念与我国本土法治资源的融合出现一系列问题的现实。若是单纯处在启蒙阶段,问题就简单得多,只要大力宣传罪刑法定主义的基本原理,以为法治提供正当性和公信力,就如同1997年罪刑法定立法化以来我们的做法一样。若是单纯处在反思阶段,问题也不复杂,就淡化基本原理,通过对派生原则的创设、改造、应用、调整,促使罪刑法定工具化。然而,我国正处在启蒙与反思相互交缠的特殊时期,在启蒙阶段被引入的罪刑法定理所应当地沿袭了高高在上的理论姿态。这种姿态导致了罪刑法定主义的绝对化,任何质疑罪刑法定的言论都必然遭受批判,更别提改造罪刑法定了。但是,罪刑法定高高在上导致了反思阶段被忽视的问题,从而导致了我国罪刑法定理论无法回应实践中不断演进的需求。因而,缺乏工具理性就是把玻璃变成镜子的始作俑者。如果不能回应现实需要对罪刑法定进行改造,那么作为古老的"法治文物"的罪刑法定原则,迟早会慢慢淡出法治实践,淡出人们的视野,从而真正成为历史的遗迹。因此,以工具理性出发改造罪刑法定,进而适应实践不断变化的需要,既保证为我国法治建设提供公信力和正当性,又能回应刑事司法实践的需求,是未来我国罪刑法定原则发展的方向所在。与其要一个无限正确而难以应用的公理,不如将其改造成我国全面推进依法治国,建设中国特色社会主义法治体系,建设社会主义法治国家的利器。

五

当然,导致目前我国学术理论在罪刑法定领域欠缺工具理性的一个重要的原因可能是我们过分依赖比较的研究方法。在1997年《刑法》规定罪刑法定之前,我国刑法学在比较法意义上对罪刑法定主义进行了大量的介绍。当然,在罪刑法定本土化白手起家的阶段,参考其他国家经验的做法无可厚非,不仅可以克服封闭的局限性,还能避免走一些弯路。然而,比较的方法是一把双刃剑,一方面运用比较的方法给罪刑法定的研究带来了很大的便利,由于可考察的对象众多,比较研究之下,研究资料似乎接近无穷无尽。另一方面,比较研究严重限制了我们的想象力,带来了僵化的困境。特别是,长时间过度依赖比较研究,导致我们对国外罪刑法定,特别是德日罪刑法定产生了一种"教条主义"的心态。当然这么讲可能有偏颇的嫌疑,但是也可以反映出目前学界关于罪刑法定的研究心态。所谓"教条主义"的心态,是指我们自觉或者不自觉地把德日刑法罪刑法定主义的现状视为"应然",特别是在罪刑法定派生原则方面,似乎罪刑法定就应该是这样的。当我们发现德日罪刑法定与我国现实产生冲突时,第一反应是深挖德日理论的根源,追溯德日罪刑法定理论历史,试图通过"考据"在德日刑法理论中寻找解决问题的答案。然而,这样不能得出任何答案,只会在罪刑法定立法化20年之后继续把我们困在"绝对化""机械化"的天罗地网中。过于依赖比较研究方法所产生的问题,表现在两个方面。第一,一些罪刑法定"研究史"的内容,始终被理所应当地认为是罪刑法定的内容。例如"禁止绝对刑和绝对不定期刑"一直是我国罪刑法定派生原则的内容,其实该原则很难用来解释我国的实践,更难发挥什么作用,但是因为其在德日罪刑法定中存在过,那么我国罪刑法定派生原则就无法忽视其地位。第二,在看待大陆法系以外的罪刑法定理论与实践时,往往戴着大陆法系罪刑法定思维的"有色眼镜"。例如,我们对美国刑法罪刑法定的研究,就带有大陆法系思维的烙印,不仅内涵混乱不清,而且不少学者主张大陆法系的罪刑法定要优于美国罪刑法定。当然,我们把这种现象留到正文中去描述。如此,我们戴着"有色眼镜"去看一面"镜子",无怪乎20年来,在罪刑法定领域的理论进展乏善可陈。

如果给婴儿每天吃氨基酸,那么他分解蛋白质的能力就会受到影响;如果给脚踏车按上安全轮,看似开心骑行的人,其实根本不会骑车;如果父母始终照顾孩子的生活,孩子就算成年也终究是个大孩子。比较研究的成果是如此的唾手可得,无怪乎获得学者如此的青睐,但是如果不去反思比较研究的不足,单纯沉浸在成果丰富的极大满足中,我们的罪刑法定原则就难以走出戴着"有色眼镜"去看"镜子"的困境。

问题的关键在于,罪刑法定并非根植于我国的法治传统中,而是为了法治建设引入的"舶来品",存在"先天不良"的问题。如果不从其来源的德日刑法中寻找其正当性的来源,就必须为其确立新的正当性来源。否则,就不是如何改造罪刑法定的问题,而是是否还需要罪刑法定的问题。这里必须再次强调工具理性的作用,我们之所以需要罪刑法定,并非因为其天生丽质、不可取代,而是因为罪刑法定不仅在1997年《刑法》修改时,对于推进我国法治国家建设具有重要作用,到今天,在建设中国特色社会主义法治体系,建设社会主义法治国家的进程中,依然是不可或缺的重要理论工具,依然是刑事法治巨轮的灯塔和指路人,依然能够满足不断发展变化的现实需要。我们不抛弃罪刑法定,不是因为其毕竟"食之无肉、弃之有味",而是因为其不仅老当益壮,而且能随着我国刑事法治的发展而再生新枝。因而,罪刑法定主义的未来既不是"新瓶装旧酒",也不是"沉舟侧畔千帆过",其未来必然是回应实践需要的"浴火重生"。

六

当然,说不能过度依赖比较研究,并不是说不能进行比较研究,本书的主体正是采用比较的研究方法。关键是,比较研究的重点不应当是去国外"故纸堆"中考古,更非去国外实践的最前沿中猎奇,而是结合实际,明确对象,实事求是分析不同,在求同存异中进行研究。换句话说,比较研究和现实需要的关系应该是我国法治实践的现实需要在先,之后再根据现实需要去浩如烟海的国外经验中"淘金"。而不是先发现某个国外经验的"新大陆",再根据经验看看我国可以怎么应用。无论比较研究的对象为何,这个顺序不能被搅乱。否则,再小的国外经验于我国而言都只是负担而已,没有任何裨益。

同理,我国罪刑法定原则需要工具理性,重要的不是罪刑法定是什么,而是罪刑法定能做什么。明确了罪刑法定的目的,也就搞懂了比较研究方法的边界,搞懂了什么样的国外经验是必要的,什么样的国外经验是不必要的。实际上罪刑法定原则从来没有"应该的模样",实践需要怎样的罪刑法定,就通过理论创新和改造来打造怎么样的罪刑法定,这才是对罪刑法定主义务实的态度。当然,这种改造不能改变罪刑法定的核心属性,否则就不是改造罪刑法定,而是充当了罪刑法定的掘墓人。从产生开始,罪刑法定原则的核心属性和最大优势是"权威性",其机能和作用始终是提供"正当性"的来源,在我国不仅学界对罪刑法定的权威少有质疑,其在社会公众中也享有很高的认同度。如何发挥这种优势,本身就是我国罪刑法定最重要的命题。而在工具理性指导下,充分利用1997年《刑法》20年来建立的罪刑法定无可替代的权威性,有两条基本的思路:一是罪刑法定宪法化;二是罪刑法定司法化。

所谓"罪刑法定宪法化"是指罪刑法定从单纯的刑法基本原则,进入宪法的视域,既在立法层面上明文规定在宪法当中,又成为重要的宪法原则,为我国的宪法实践提供权威性。党的十九大报告明确要求,加强宪法实施和监督,推进合宪性审查工作,维护宪法权威。尽管十九大报告中明确提出了推进合宪性审查工作，但是合宪性审查在我国仍然是一个探讨中的问题，审查什么？如何审查？审的结果是什么等问题还没有一个明确的结论。但是，与其坐等或者干脆想象出一套关于"合宪性审查"的基本理论，还不如在解决具体问题过程中描绘出合宪性审查的边界，并在不断反复的描绘中，促使这个边界逐渐清晰起来。这种制度建构主义的思路，对结合我国法治建设实际推进合宪性审查工作，具有一定的合理性。而要解决具体问题，就必须探讨合宪性审查与部门法的对接问题，因为，一方面合宪性审查应当是对宪法精神的实质把握，如何阐释宪法精神本身就是困难的问题。另一方面，作为审查的对象，不同法律部门有不同的特点，忽视这些异质性可能会影响审查结果的正当性和说服力。特别是在与公民基本权利联系极为紧密的刑法领域，作为与公民基本权利联系最为紧密的部门法，在刑法领域如何推进合宪性审查工作，实现在刑事法范畴内对宪法精神的实质把握，是树立宪法权威过程中的关键问题。随着我国社会主义法治体系建设的不断进行，在字面上直接违反宪法，例如，宪法规定A，而直接明文规定非A的情况极为少见。更多的情况，不是对宪法字面的把握，而是对宪法精神的把握，这就要求在宪法条文中提炼和抽象出可作为标准的宪法的"观念形象"。举例来说，金矿往往象征着财富，所以获得普遍的向往，人们往往以"找到金矿"描述一个好的机会。其实黄金才是真正的财富，但金矿作为财富的一种"观念形象"发挥了引发共识的效果。同样的，宪法要获得权威，必须获得公民的普遍认同，合宪性审查作为宪法强制性和工具性的重要来源，不仅仅要解决问题，更要赢得支持。否则，付出再多努力，如果不能获得认可，那么即使通过审查，树立宪法权威的这个目标也很难实现。更何况，宪法监督对宪法精神的解读必须能让具有平均水平的一般人认可，因此必须明确合宪性审查是如何把握宪法精神的，否则宪法的权威可能会受到一定的影响。拿一把尺子去丈量物体，当物体有足够被相信的理由时，尺子的刻度就会遭到怀疑。例如，一个人头痛、流鼻涕、浑身发冷，但是拿温度计量体温却怎么都不发烧，因为这个人确有理由相信自己可能在发热，那么这支温度计就必然遭到怀疑。罪刑法定原则作为刑法当中的第一性原则，是宪法精神在刑事立法、司法过程中的重要体现，因此罪刑法定宪法化可以塑造宪法精神的观念形象,是合宪性审查在刑法中实现的关键问题。

所谓的"罪刑法定司法化"是指,在司法实践当中,使罪刑法定原则真正发挥保障人权、限制武断的立法与司法的作用。罪刑法定司法化的命题,必须解决对于罪刑法定原则进行改造的问题,让司法机关能够用且愿意应用罪刑法定原则。这种改造在美、德、日、欧洲人权法院等国家和国际组织的司法实践中已经出现。其实质是通过降低罪刑法定原则的严格性,来实现其司法应用。尽管表面看来这是罪刑法定原则在全球范围内退却的趋势,但是"让步"带来的是司法机关对罪刑法定原则的实质性考量,这种考量本身就证明了罪刑法定原则在司法过程中的价值。坚持对罪刑法定原则绝对主义的立场,只会导致司法机关回避甚至直接破坏罪刑法定原则。另一方面,降低罪刑法定的严格性,不是彻底放弃对罪刑法定原则的坚守,只是对罪刑法定原则派生原则进行工具性的改造,简言之,罪刑法定的实现不应当是司法实践的终极目标,而只是达致终极目标的稳妥路径。结合我国刑事司法实践的需要,借鉴域外罪刑法定司法化的经验,对我国罪刑法定理论进行改造,是促进罪刑法定原则司法化的路径。这种改造需要两个方面的努力,首先是将罪刑法定原则改造为司法机关能够适用的理论。通过概括域外经验,对罪刑法定原则本体的改造可以分为"分层"和"划界"两方面。这两个方面的改造可以从"理念"和"技术"两个角度展开。以"适用"为出发点,有助于我国学者在研究罪刑法定原则时,以同一个视角看问题,以同一种思路分析问题,从而有助于在各个疑难问题上形成理论共识。其次是将罪刑法定原则改造为司法机关适用的理论。关键在于为罪刑法定原则寻找一个目标,为了实现这个目标,司法机关会自觉地应用罪刑法定原则。司法公信力的提高可以发挥这样的作用。并不是说,实现了罪刑法定,司法公信力就提高了,其实永远没有绝对的罪刑法定司法化,也没有绝对的司法公信力,二者同样会不断受到新情况、新案件的冲击。但是,二者同样可以存在一种相互促进的互动模式。

罪刑法定宪法化和罪刑法定司法化都是罪刑法定工具理性的具体体现,但是二者对权威的需求并不相同。罪刑法定宪法化命题,需要的是"形而上"的权威,其运行机制是以既存权威,生成更高的权威。罪刑法定司法化命题,需要的是具体化的权威,其运行机制是用权威锻造新的理论工具,以回应实践的需要。二者一个是由权威向更高权威的转化,是升序、升调、升格,一个是降序、降调、降格,是完全不同的方向,需要完全不同的努力。这就要求我们必须在本体论的层面上重新思考罪刑法定主义应当以怎样的形式存在。

七

这里必须重新拾起罪刑法定理论的话题。罪刑法定的基本原理相同,但罪刑法定在世界各国却表现出了多种不同的形态,这些差异性一在制度,二在理论。除美国之外,大陆法系国家之间的差异性更多的是罪刑法定理论上的不同。如果说美国罪刑法定是制度推动理论,那么我们国家更需要的是理论带动制度。回顾1997年罪刑法定立法化20年来罪刑法定发展的历程,不难看出其中的理论发展。由于法律条文表述的特殊性,在我国对罪刑法定原则最初的理论建构表现为积极罪刑法定和消极罪刑法定的分层,然而在此起彼伏批评浪潮之下,积极与消极的分层没有在我国站稳脚跟,甚至于删除刑法第3条的后半段,在理论上似乎得到了广泛的认可。之后,罪刑法定的第二轮理论建构,表现为派生原则的扩大化,罪刑法定的实质侧面被引入,并且成为我国罪刑法定派生原则的"另一半"。然而,形式罪刑法定与实质罪刑法定的提法之争,逐渐演化为了解释论上形式解释与实质解释之争,在二论口诛笔伐、热闹非凡的过程中,作为实质侧面表现的派生原则反而逐渐淡出了大家的视野。由此可知,关于实质罪刑法定,我们更关心的是实质这个提法,而非实质的内容是什么,在法科学生学习的内容增加的同时,罪刑法定从中是否获益还有待考证。当然,除了这两次明显的理论上的跨越之外,罪刑法定主义在我国还存在一个没什么特别时代意义的"理论借鉴",即绝对与相对罪刑法定的分层,作为大陆法系理论史中罪刑法定主义理论发展的"遗迹",绝对与相对罪刑法定更多以知识的形态出现,为我国学者所津津乐道。然而,如果对绝对与相对罪刑法定的来源进行充分的考古研究,我们可以看到两个对今天我国罪刑法定而言非常有裨益的基本道理。

第一,罪刑法定原则并非真理,从绝对到相对是罪刑法定退却趋势的表现,绝对、机械的罪刑法定只能是束缚法官适用法律的枷锁,必然难逃被忽视、回避甚至破坏的命运,刑法基本原则的生命力来源于刑事司法的需要,这一点相对罪刑法定能够成为我们今天普遍认可的罪刑法定主义就是很好的证明。第二,从绝对到相对,发生变化的是罪刑法定的派生原则,这向我们证明了,罪刑法定派生原则没有必须是什么样子。如果今天我们把罪刑法定派生原则看成是知识,那么我们就不自觉地曲解了作为操作守则的派生原则存在的意义。这也解释了我国罪刑法定基本原理强大而派生原则羸弱的现状。如果我们能够正视罪刑法定从绝对向相对的变化,那么我们也就有了根据我国刑事司法实践需要,改造罪刑法定主义的理论勇气。这种理论勇气,正是我国罪刑法定原则研究中最最需要的。

八

本书认为,以罪刑法定工具理性为基础,为了回应我国法治实践对罪刑法定主义的现实需求,可以将罪刑法定原则划分为"最高限度的罪刑法定"与"最低限度的罪刑法定"。最高限度与最低限度罪刑法定的分层,是在积极与消极罪刑法定、绝对与相对罪刑法定、形式与实质罪刑法定之后,全新的罪刑法定分层策略。提出这样的分层策略主要基于以下三点考虑:第一,现实中存在结合我国现阶段本土法治资源实际对罪刑法定主义进行理论创新的必要。与时俱进是学术理论生命力的重要来源,罪刑法定立法化20年来,我国法治社会快速发展,全面依法治国战略布局顺利展开,过去的罪刑法定理论已经难以跟上实践需求变化的步伐。这种需求表现在司法实践对罪刑法定主义作为正当性来源的需要和对罪刑法定主义灵活性的需要两个方面。因此,理论创新势在必行。第二,以我国刑事法治所处的启蒙与反思并存的特殊阶段为背景,对罪刑法定主义的理论创新,必须不能以贬损罪刑法定基本原理的方式存在。法治作为国家的治理模式还在逐渐为我国所接受的过程中,罪刑法定是刑事法治的基本原理,要使法治深入人心,就必须让社会大众接受罪刑法定的理念。以此为背景,罪刑法定基本原理的地位,无论怎样强调都不过分,否则罪刑法定尚未涨潮,就开始退却,可能会影响到刑事法治,甚至法治在社会公众心中的公信力与正当性。第三,罪刑法定派生原则是罪刑法定理论创新的关键问题。由于罪刑法定派生原则一直被当作知识,从而必须维持现在的样子,其逐渐成为罪刑法定理论的"黑洞",学界投入大量的学术成本却没有产出什么有较高实际价值的成果,要对罪刑法定进行理论创新,如何转变研究派生原则的视角,打破"理论黑洞",开辟连接罪刑法定理论与实践的"虫洞"是必须考虑的问题。

要保证法律的确定性,维护刑事法治的基本内涵,我们需要一种观念上的罪刑法定,其高不可攀作为一种刑事司法的理想存在,而要保证法律适用的灵活性,我们需要一种存在边界的罪刑法定,可以为司法机关提供发挥司法能动作用的契机。前者,可以称之为"最高限度的罪刑法定",后者则可以称之为"最低限度的罪刑法定"。

最高限度与最低限度罪刑法定的分层策略绝不是任何形式的新瓶装旧酒,更不是简单比较研究后穿上"皇帝的新衣",而是在以我国刑事法治需要为出发点的基础上,对大陆法系和英美法系罪刑法定实践进行观察、归纳、升华的理论建构。诚如美国学者所广泛认同的看法,大陆法系罪刑法定的运行像是"矛",通过实质解释、适用意图达到在实体意义上保障公民基本权利的效果,而美国罪刑法定的运行像是"盾",发挥程序意义上给予公民公平警告,限制武断立法、司法权力的效果。我国既需要罪刑法定所追求的实质法治,亦需要形式法治,最高与最低限度罪刑法定的划分,就是在这样考虑之下的罪刑法定分层策略。

九

作为比较研究,本书还必须回答一个基础性的问题,就是为何要与美国的罪刑法定进行比较研究?与传统的大陆法系罪刑法定相比,美国罪刑法定有何"特点"?笔者认为,有三个重要的方面。第一,美国刑事法治兼具大陆法系与英美法系的特征,形式法治与实质法治以复杂的形式并存,这一点是在法治背景层面上美国罪刑法定原则的主要特点。相似的背景会产生相近的法治文化,同样也可能导致面临相似的难题,因此客观分析美国罪刑法定的运行方式,可以进一步深化对罪刑法定原则改变规律的把握。第二,在美国,宪法作为整个法治中的权威,是罪刑法定理论与实践的保障和后盾,在宪法机制的运行中,罪刑法定的精神得以在司法中体现。甚至于,如果不谈罪刑法定的基本原理,罪刑法定的派生原则在美国的宪法制度下仍然能够有效地运行,或者说美国罪刑法定的派生原则是先于且优于基本原理的存在。在我国,十九大报告中明确要求加强宪法实施和监督,推进合宪性审查工作,维护宪法权威。因此无论是从宪法权威的角度,还是罪刑法定理论改造的角度,中美罪刑法定原则都存在相似之处。第三,在美国,分层的方法在罪刑法定实践中广泛存在。表面上看,分层与分类在方法上存在类似之处,然而在本质上二者存在诸多不同。首先,在分层的方法之下,各层概念核心的异质性要远大于同质性,而在分类的方法下,各层概念核心的同质性要远大于异质性。与分类相比,分层的目标不是对象的类型化,而是将矛盾引入体系中,通过体系内对立面向的冲突性,提升整个系统在解决外部问题上的适应性。其次,与分类相比,分层具有明确的目的性。分类是在共性的基础上,强调差异性,其依据往往是分类对象的特征。而分层更多的是以达成一定的理论目标或实践目标为目的。因此,目的万变,分层策略亦万变。分层的目的性主要表现在,就同一对象,以不同的理论目的为出发点,可能会出现在同一话语体系中的不同分层策略。最后,与分类的固定性相比,分层的方法具有社会回应性的特征。分类的依据是对象的固有属性,因此,根据不同属性可以有不同的分类方法。分层以实现一定的理论目的为出发点,而目的的确定必须以特定的时代特征、社会环境为背景,因此分层策略之间并非是与否、对与错、真理与谬论的关系,而是为回应社会环境的需求做出的不同选择。由于分层的方法具有回应性的特征,那么就罪刑法定原则而言,在不同时代和社会发展阶段,也必然存在不同的分层策略。我国罪刑法定理论的建构过程,就是新的分层策略产生的过程,在这一点上,也有必要对中美罪刑法定原则进行比较研究。

十

　　罪刑法定立法化20周年,无论是其基本原理,还是派生原则,都不再是我国刑事法治单纯借鉴国外理论引入的"舶来品",我们不能再以简单的态度对待罪刑法定,用单一的范式研究罪刑法定,用机械化的思维应用罪刑法定。相反,我们对罪刑法定本土化的逐渐深入要有一颗开放的心,既要回眸,又要远眺,在反思过去罪刑法定理论和实践不足的基础上,探寻这一刑事法治最重要的基本原则应去往何方;既要启蒙,又要改造,在推动罪刑法定基本原理深入人心的同时,回应刑事法治的现实需要;既要激情,又要冷静,在对罪刑法定推崇备至的同时,必须记得尽管罪刑法定主义的作用怎样强调都不夸张,但是我们最好也不要作这样的夸张。

　　上述文字并不是传统意义上的"导论",其更多的是笔者在研究罪刑法定主义过程中的感悟。囿于篇幅所限,导论部分只是提出一些含混的看法,没有充分地展开并加以论证,具体的内容只能留到正文部分再行补充。

第二章 美国刑法中的罪刑法定原则概述

从1997年《刑法》明文规定至今,罪刑法定原则在我国已经走过了将近20个年头。在今天,作为现代刑事法治基石和刑法第一原则的罪刑法定是否发挥了其应有的作用是一个无法回避的问题。且不说罪刑法定原则在司法实践中运用的情况如何,即使是在本体论的层面上来看,目前我国学界对于罪刑法定原则的认识,仍然以启蒙时期思想家的论述和德日刑法学者的阐述为基础。尽管我国刑法学的研究建立在德日刑法学的基础之上,但是我国司法实践中的某些关于罪刑法定的问题,仍然难以从德日学者的论述中获得答案。例如,德日刑法典的修订相对次数较少,因此新法是否溯及既往,原则上仅仅是一个理念和理论上的问题。但是,在我国,由于《刑法修正案》的颁布已经呈现出常态化的趋势,因此,法律溯及既往的问题不单单是理论问题,而是关系到犯罪认定的重要实践问题。这也促使我们对罪刑法定原则的内涵抱有一种开放的态度。美国刑法中的罪刑法定原则是一个值得进行客观比较研究的对象。一者美国也存在着大陆法系法律文化与英美法系法律文化相互交叉的问题,二者美国的罪刑法定原则并非来源于自上而下的理论建构,而是学者针对司法实践需要进行的概括和抽象,因此对美国刑法中的罪刑法定原则进行比较研究对促进我国罪刑法定司法化的进程具有一定的意义。然而,我国学界对于美国罪刑法定原则的研究存在诸多值得商榷之处,本章旨在溯本清源,介绍美国罪刑法定原则的现状及其特征,以期探索出罪刑法定司法化的本土化之路。

一、我国现有关于美国刑法中罪刑法定原则研究存在的问题

由于因袭大陆法系刑法理论的传统,我国学界对美国刑法罪刑法定原则进行介绍的作品本来就风毛麟角。在刑法确定罪刑法定原则前后,有学

者将美国刑法中的罪刑法定原则概括为三个方面:1.禁止追溯既往的法律和禁止剥夺公权的法案;2.正当程序条款;3.其他和罪刑法定原则相关的规定。①晚近也有学者通过四个方面介绍英美法系的罪刑法定原则,即罪刑法定原则的实质之维、罪刑法定原则的形式之维、罪刑法定原则的消极功能以及英美法系模糊和多语义刑法规范的命运。②但是总的来说,我国学者对美国罪刑法定原则的描述还相对模糊,并没有概括出一个易于理解的、相对清晰的罪刑法定原则的轮廓。概括而言,我国现有关于美国刑法中罪刑法定原则研究的不足表现在关键概念模糊、误解较多和空谈借鉴三个方面。

(一)关键概念表述模糊

由于过分强调大陆法系与英美法系法律传统的对立,我国学者往往把"英美法系罪刑法定原则"与"美国刑法罪刑法定原则"等同起来使用,并将其与大陆法系传统的罪刑法定主义相比较。例如,有的学者认为:"(英美法系对罪刑法定的)理论研究不及大陆法系国家系统。"③另有学者认为:"(罪刑法定)在大陆法系表现为实体性原则,而在英美法系表现为程序性原则。"④且不论大陆法系与英美法系在罪刑法定主义方面是否存在这样的区别,单纯地看英美法系内部,"英美法系罪刑法定原则"的概念就值得怀疑。实际上,美国和英国的法律体系尽管在表面上存在着种种相似性,实则有着深刻的差异——英国的法律体系是高度"形式的",而美国法律体系是高度"实质的"。⑤这种实质与形式的差别导致了罪刑法定原则在美国有其相当的特殊性,这主要源于美国人对"法"的理解及其"法"的观念的特殊性。⑥因此,在具体制度层面上,美国的罪刑法定原则与英国的罪刑法定原则呈现出了明显的差异性。以"禁止事后法"的原则为例,在英国为代表的普通法传

---

① 郭自力.论美国刑法中的罪刑法定原则[J].法学家,1998(5):119-121.

② 姜敏.英美法系罪刑法定原则的维度和启示——兼与大陆法系罪刑法定原则比较[J].四川大学学报(哲学社会科学版),2015(3):129-135.

③ 夏成福.大陆法系、英美法系罪刑法定原则之比较[J].现代法学,1994(1):87.

④ 王充.罪刑法定原则论纲[J].法制与社会发展,2005(3):50.

⑤ P.S.阿蒂亚、R.S.萨默斯.英美法中的形式与实质——法律推理、法律理论和法律制度的比较研究[M].金敏、陈林林、王笑红译,北京:中国政法大学出版社,2005:1.

⑥ 余高能.美国语境中的罪刑法定原则解读[J].陕西理工学院学报(社会科学版),2008(2):47.

统中,判例制度禁止溯及既往的问题并不存在,判例法具有溯及既往的特点。①在美国,由于社会现实的快速变化和司法能动主义的盛行,从1965年的林克莱特(Linkletter)案开始,之前的(判例)完全溯及既往的原则开始土崩瓦解。随后的40年间,在判例溯及既往与否的问题上,美国经历了从"选择性溯及既往标准"到"哈伦(Harlan)标准"的转变。②这与英国的完全溯及既往策略大相径庭。"禁止溯及既往"是罪刑法定原则的最为核心的内容,在这样关键性的问题上,美国与英国采取的策略南辕北辙,因此是否存在"英美刑法罪刑法定"这一概念是值得怀疑的。③

(二)对美国刑法中的罪刑法定原则存在诸多误解

我国学者对美国刑法中的罪刑法定原则存在误解的根源在于对美国罪刑法定原则一手材料搜集和运用上的欠缺。事实上,我国学者对于美国罪刑法定原则的介绍多为对大陆法系学者研究成果的转述,这种研究方式很容易导致对美国罪刑法定原则产生误解。例如,有的学者在专著中认为:"相对于大陆法系国家而言,英美法系国家罪刑法定原则的发展较为平稳。"④实际上,在美国罪刑法定原则并非一成不变的。十三个英属殖民地获得独立时,在确定新的司法体系的内容时,两种不同的法律价值之间展开对抗。一方面是英国普通法传统的非常强的影响,另一方面,由于美国当时刚刚把自己从殖民主义手中解放出来,启蒙思想在推广罪刑法定的美德和对抗普通法传统方面具有一定的影响。尽管如此,早期美国的司法系统仍然带有英国普通法的烙印。因此,早期美国的法理学并没有表现出对"溯及既往法官造法"的反对。然而,到了20世纪三四十年代,由于立法机构积极作

---

① 张明楷.罪刑法定与刑法解释[M].北京:北京大学出版社,2009:35.

② 车剑锋.刑事指导性案例溯及力问题研究——以美国刑事判例溯及既往问题的奥德赛之旅为借鉴[J].安徽大学学报(哲学社会科学版),2015(5):139.

③ 同理,"大陆法系罪刑法定主义"的概念也是值得怀疑的。事实上,在大陆法系内部,即使是德国和日本两个最为典型的大陆法系国家之间,罪刑法定原则在内涵、派生原则、司法适用等方面也存在着诸多不同。相关内容参见:梁根林、埃里克·希尔根多夫主编.中德刑法学者的对话:罪刑法定与刑法解释[M].北京:北京大学出版社,2013.因此,无论是泛泛地讨论"英美法系罪刑法定",还是"大陆法系罪刑法定"的做法,都值得商榷。更合理的做法是根据我国借鉴的需要,在罪刑法定原则问题上进行国别研究。

④ 孟红.罪刑法定原则在近代中国[M].北京:法律出版社,2011:29-30.

为且成文法开始以复杂的方式涵盖刑法,学者开始强调罪刑法定原则的作用。作为这场变革的结果,在美国,通过法官造法创造新犯罪的模式,实际上已经消失了,仅有极少数存在争议的案件。①"二战"以后,为了反思纳粹德国破坏法治给人类社会带来的灾难,罪刑法定的思想已经得到了世界性的认同,将罪刑法定作为法治在刑法领域的实现也可以说是共识。②一系列全球或区域性的文件、公约当中均明文规定了罪刑法定原则,如联合国人权宣言(UDHR)、公民权利与政治权利国际公约(ICCPR)、欧洲人权公约(ECHR),等等。③与此呼应,美国刑法中罪刑法定主义也得到了空前的重视。然而,正如有的美国学者所指出的,事实上,罪刑法定主义是一种明确地、自觉地对历史上普通法方法论的拒绝。当一种法律秩序拒绝它的过去时,明显的转折点、危机或者改革中的一些分水岭式的案件反而会向着现实相反方向流动。因此,(在美国)罪刑法定主义的胜利并没有那么明显。④通过考察,美国的罪刑法定原则在"二战"前后,以及在司法能动主义的背景下,发生了几次重大的转折,我国学者认为英美法系罪刑法定原则没有经历什么变化的观点,确实是对美国罪刑法定主义发展历程的误解。⑤

(三)忽视共性、空谈借鉴

尽管我国学者尚未对美国罪刑法定原则的轮廓有一个清晰的描述,但

---

① Marc Ribeiro. Limiting Arbitrary Power: The Vagueness Doctrine in Canadian Constitutional Law [M]. Vancouver: UBC Press, 2004:19−21.

② 李洁.论罪刑法定的实现[M].北京:清华大学出版社,2006:53.

③ 车剑锋.罪刑法定原则的边界——以英美法中"Marital Rape Exemption"的废除为例[J].广东广播电视大学学报,2014(6):44.

④ John Calvin Jeffries, Jr. . Legality, Vagueness, and the Construction of Penal Statues[J]. Virginia Law Review, 1985, Vol. 71, No. 2: 189.

⑤ 之所以我国学者会产生这样的误解,笔者认为有两个方面的原因:一者,在介绍美国刑法中的罪刑法定原则的时候,我国学者对美国刑法的教科书往往比较重视。教科书中该原则的内容一目了然,但是却鲜有该原则发展历程的介绍,相反,不同时期的相关论文,往往介绍了罪刑法定原则发展变化的社会背景和理论基础。忽视了对相关节点重要论文的研究,导致了美国罪刑法定原则在我们眼中始终是静态的知识,而非动态的法律制度。二者,罪刑法定原则是我国刑法的第一性原则,美国刑法中罪刑法定原则地位的起伏变化,在我国学者看来具有对罪刑法定主义挑战与质疑的意味。在将罪刑法定原则绝对化的背景之下,这显然是不允许的。因此,我国学者会选择性地回避挑战罪刑法定原则的美国的刑法理论和司法实践。

是不少学者也一直主张借鉴美国罪刑法定原则的价值。①在我国没有明文规定罪刑法定原则的时代,借鉴罪刑法定主义的价值确实具有必要性。然而,在我国罪刑法定原则已经为刑法典所明文规定,通过接近20年的司法实践与理论研究,罪刑法定原则的价值在我国可以说已经根植于刑事法治的土壤之中,如果仍然强调借鉴罪刑法定的价值,难免有陷入空谈囹圄的嫌疑。并不是说,美国的罪刑法定原则不具有任何的借鉴意义,只是在比较研究大行其道,本土资源相对被忽视的背景之下,要对中美罪刑法定原则进行比较研究必须先回答三个问题。一是面临问题的相似性;二是比较对象的特殊性;三是相关经验如何与本土法治资源相契合。问题的相似性是基础,比较对象的特殊性是前提,先关经验与本土资源是否契合是关键。只有明确这三个问题,比较研究的方法才是有意义的。

二、美国刑法罪刑法定原则的内涵和派生原则

与我国相似,美国的罪刑法定原则同样是舶来品。因此,美国学者在对罪刑法定主义进行研究时同样需要追溯到"法无明文规定不为罪,法无明文规定不处罚"的表述。与我国不同的是,美国的罪刑法定原则并没有明文规定在法典中,其内涵并不具有法律规定作为基础,而是美国学者对司法实践中做法的概括、总结和升华。因此,不同学者对罪刑法定原则内涵的归纳,存在较大的差别。有学者认为,美国罪刑法定的内容包括:1.不明确则无效原则;2.严格解释原则;3.禁止溯及既往原则。②有的学者认为,罪刑法定原则可以分为消极侧面和积极侧面两个方面,消极侧面包括:禁止事后法(禁止溯及既往)、明确性原则和法律主义。积极侧面包括:禁止广义上的类推、禁止类推解释和禁止潜在的目的解释。③美国著名刑法学家韦斯滕(Peter Westen)对美国学者关于罪刑法定原则内涵的研究进行了梳理,尽管不同学

---

① 黄广进.论英美法系上的罪刑法定原则[J].江西公安专科学校学报,2005(3):45.

② Gabriel Hallevy. A Modern Treatise on the Principle of Legality in Criminal Law[M]. Berlin: Springer-Verlag, 2010: 13–14.

③ Boštjan M.Zupančič. On Legal Formalism: The Principle of Legality in Criminal Law[J]. Loyola Law Review, 1981, Vol. 27: 420–438.

者对罪刑法定原则内涵的大小存在争议,但是不外乎是对于以下五种元素之间的争论:1.法无明文规定不为罪,法无明文规定不处罚;2.禁止事后法;3.严格解释原则(禁止法官造法);4.明确性原则;5.宽宥原则(rule of lenity)。①美国学者罗宾逊(Paul H.Robinson)对罪刑法定主义的内容或者说派生原则做了最为全面的概括。其认为罪刑法定原则应当包括:1.对普通法主义的抛弃(类似于成文法主义);2.禁止法官造法(Judicial Creation);3.对法条解释的特殊规则(严格解释);4.禁止事后法(Ex Post Facto Law);5.禁止司法意义上的溯及既往(Retroactive Application of Judicial Interpretations);6.明确性原则。②这种观点,应当是最全面意义上的美国刑法罪刑法定原则的界定。本书根据美国学者对罪刑法定原则内涵不同概括的交集部分,对其内涵进行描述。

(一)禁止事后法原则

禁止事后法(Ex Post Facto Law),又称为禁止溯及既往(Non-retroactivity),是美国罪刑法定原则的本质。③溯及既往的法律就是许可对法律颁布以前的无罪行为追究责任的法律。溯及既往的法律不符合"先喻后行"的公正理念,不利于社会生活的稳定和民权的保障。④美国宪法明文规定了禁止事后法原则。在英国,不存在与美国相似的直接禁止法律溯及既往的宪法条款,这是英美两国罪刑法定原则不同的重要表现之一,因此有学者认为,在某种程度上,所有的判例法,包括在司法过程中对法律条文的解释都溯及既往地发挥着作用。⑤美国宪法中的"禁止事后法"条款,保护美国公民对抗剥夺性质的,武断的立法行为,无论是联邦还是各州的立法都不得具有溯及既往的内容。⑥蔡斯法官(Justice Chase)在卡尔德诉布尔(Calder v.

---

① Peter Westen. Two Rules of Legality in Criminal Law[J]. Law and Philosophy, 2007, Vol. 26: 231–232.

② Paul H.Robinson. Fair Notice and Fair Adjudication: Two Kinds of Legality[J]. University of Pennsylvania Law Review, 2005, Vol. 154: 336–362.

③ Joshua Dressler. Understanding Criminal Law(5th ed.)[M]. Newark: Matthew Bender&Company, Inc, 2009: 39.

④ 储槐植、江朔.美国刑法(第四版)[M].北京:北京大学出版社,2012:17.

⑤ Jerome Hall. Nulla Poena Sine Lege[J]. The Yale Law Journal, 1937, Vol. 47, No. 2:170–171.

⑥ Wayne A.Logan. The Ex Post Facto Clause and the Jurisprudence of Punishment[J]. American Criminal Law Review, 1998, Vol. 35: 1275.

Bull)案中,列举了溯及既往立法的表现形式:1.将法律生效之前的无罪行为认定为有罪的法律;2.将法律生效之前行为认定为更重罪名的法律;3.与行为时的法律相比,加重或者改变刑罚的法律;4.与行为时的法律相比,改变证据规则,或者接受降低的或不同类型的证据的法律。①卡尔德(Calder)案确立了立法领域禁止溯及既往的原则,在"二战"之后,美国的禁止事后法原则在两个向度上有了明显的扩展。第一个向度的扩展是禁止事后法原则从单纯的立法溯及既往(Legislative Retroactivity)扩展到司法溯及既往(Adjudicative Retroactivity)领域。②成文法、判例法和宪法在刑事司法实践中,发挥着不同的规范性效力,因而,其是否具有溯及既往的效率,很难简单地概括出来。成文法的溯及力问题较为简单,立法机关制定具有溯及既往嫌疑的法律会引发违宪审查程序,因而成文法禁止溯及既往最为严格。判例法溯及既往是一个十分复杂的问题。由于判例法依赖司法决定的本性,判决改变,判例法规范就跟着发生变化,因此变化的规范适用范围的确定是一个复杂的问题。宪法处在居中地位,然而,其在溯及力上其更多地沿袭了判例法的形式。③根据这样的区分,在普通法系国家,法律溯及既往问题至少具有三个面向:一是,由立法机构制定的法律是否属于"事后法(Ex Post Facto Law)",以及事后法是否可以在司法实践中适用;二是,法庭在审理的过程当中,面对变化了的社会情况和对法律条文的新理解突破先前的先例,是否会侵犯到公民对自己行为的预测可能性;三是,新的判例是否可以溯及既往地适用于已经开始审理、尚未审结或者提起审判监督程序的案件当中。我们将这三种情况概括为:立法层面上的溯及既往、司法层面上的溯及既往和判例制度溯及既往三个问题。第二个向度的扩展是从刑事领域扩展到其他部门法领域。自卡尔德(Calder)案之后,相关判例法并没有一直坚持禁止

---

① Calder v. Bull, 3 U.S. 386(1789), at 391.

② Jill E.Fisch. Retroactivity and Legal Change: An Equilibrium Approach[J]. Harvard Law Review, 1997, Vol. 110, No. 5: 1059−1063.

③ Kermit Roosevelt Ⅲ. A Little Theory Is a Dangerous Thing: The Myth of Adjudicative Retroactivity [J]. Connecticut Law Review, 1999, Vol. 31: 1076.

事后法原则仅在刑法领域适用,尽管目前多数的宪法律师支持这一观点。①
在雪佛龙石油公司诉哈森(Chevron Oil Co. V. Huson)案中,法庭将林克莱特
(Linkletter)案中的选择性溯及既往规则引入民事领域。②总之,作为美国罪
刑法定原则中的首要原则,禁止事后法原则经过数十年的发展,已经呈现出
了结构复杂、工具性倾向明显的特征。

(二)宽宥原则

宽宥原则(Rule of Lenity),又称严格解释原则(Strict Construction)是指
对《刑法》条文进行严格解释,③即通过对文本进行最小范围的解释,法官可
以从对被告人有利的角度解决法律条文模糊性的问题。我国也有学者将其
译为"从宽解释原则"。④宽宥原则起源于16、17世纪的英国法院,其目的是
解决当时由立法授权的法院宽泛地适用死刑的问题。自从被引入美国开
始,宽宥原则开始转而体现出两条重要的法律原则:一是公民个人应当就什
么行为构成犯罪获得公平警告(fair notice);二是法院不应当超出立法明文
规定的内容来适用法律。⑤1958年,法兰克福特(Frankfurter)大法官在戈尔
(Gore v. United States)一案中发明了"宽宥原则"一词。自此这一新概念被广
泛地传播、接受,并在100多个联邦案件中被讨论过。⑥然而,近年来,宽宥原
则无论是在联邦层面上,还是在各州层面上都受到了质疑。在联邦层面上,
与过去相比,这一原则已经被联邦最高法院所削弱,而且现任的联邦最高法
院大法官普遍否认该原则之前的状态。在州的层面上,无论是州立法机关,
还是州高级法院均抛弃了宽宥原则,转而采取一种在不同情况下分层的法

---

① James L.Huffman. Retroactivity, the Rule of Law, and the Constitution[J]. Alabama Law Review,
2000, Vol. 51, No. 3: 1109-1110.

② Paul E.McGreal. Back to the Future: the Supreme Court's Retroactivity Jurisprudence[J]. Harvard
Journal of Law & Public Policy, 1992, Vol. 15, No. 2: 599.

③ United State v. Bass, 404 U.S. 336(1971), at 347.

④ 邢馨宇.有利被告的英美法系话语[J].中国刑事法杂志,2013(7):124.

⑤ Sarah Newland. The Mercy of Scalia: Statutory Construction and the Rule of Lenity[J]. Harvard Civ-
il Rights-Civil Liberties Law Review, 1994, Vol. 29: 197.

⑥ Ross E.Davies. A Public Trust Exception to the Rule of Lenity[J]. The University of Chicago Law
Review, 2013, Vol. 63, No. 3: 1180.

律解释策略。①对司法实践中逐渐放弃宽宥原则的做法,美国学者褒贬不一。有学者认为:"宽宥原则应当被摒弃。该原则对保障公平警告和可预测的刑事司法而言毫无必要。同时该原则之下立法权的分配方式会导致对规则需要持续地增长,从而使刑法的成本不断上升,效率逐渐下降。"②也有学者持相反的意见,主张:"抛弃宽宥原则的做法是错误的。尽管(传统的)公平警告原理存在瑕疵,且立法权威性的理由也不够充分,但是一个更为强有力的关于刑法政治过程的理论可以为宽宥原则提供足够的证明,即政府部门之间的结构性关系和法律解释在其中的规制性角色。"③可以看出,无论是支持还是反对宽宥原则的学者,在传统意义上宽宥原则的理论基础已经不能适应时代需要的问题上已经达成共识。这种宽宥原则的危机正是美国罪刑法定主义理论基础危机的一个缩影。作为美国罪刑法定主义的最主要的内容之一,如何对宽宥原则进行改造,使其继续发挥法治保障的作用,是美国学者面临的非常重要的难题。

(三)明确性原则

明确性原则(Void-for-Vagueness),又称不明确则无效原则,美国宪法第五修正案和第十四修正案中的正当程序条款要求,当一个《刑法》条文非常模糊以至于具有正常智识的公民只能猜测其内容,并且对其适用方式完全无法了解,这个条款应当被宣告为无效。换言之,《刑法》条文应当接受一个"不明确则无效"的检验,如存在不确定性,例如在该条款适用于谁,什么行为是刑法所禁止的,应当处以何种刑罚等问题上并不明确,那么该条款会被最终认定为违宪。然而,这并非要求《刑法》条文仅能包含具有绝对确定性的词语,相反刑法只要表现出一定程度的确定性,即(在适用上)具有非歧视

---

① Conrad Hester. Reviving Lenity: Prosecutorial Use of the Rule of Lenity as an Alternative to Limitations of Judicial Use[J]. The Review of Limitations of Judicial Use[J]. The Review of Litigation, 2008, Vol. 27, No. 3: 552.

② Dan M.Kahan. Lenity and Fedral Common Law Crimes[J]. The Supreme Court Review, 1994, Vol. 1994: 396–397.

③ Zachary Price. The Rule of Lenity as a Rule of Structure[J]. Fordham Law Review, 2004, Vol. 72: 910–911.

性和规范的一致性即可。①明确性在美国经历了漫长的发展过程。在殖民地时期不存在不明确则无效原则。1891年的布雷德(United States v. Brewer)案中,联邦最高法院在没有援引宪法条文的情况下首次主张:"规定犯罪的法律必须足够明确,以使所有个人都能了解什么行为是必须避免的。"1914年,霍姆斯大法官在纳什(Nash v. United States)案中,对该原则进行了限缩并给出了经常被引用的表述:"法律中充满了这样的例子,即当事人的命运完全取决于其(对法律)正确的估计,换言之,在某种程度上决定于陪审团之后的估计。"在1921年的科恩杂货店(United States v. L. Cohen Grocery Co.)一案中,法院在论理中首次援引宪法第五修正案和第六修正案。之后,该原则在与宪法权利相关法律收到明确性检验的案件中获得了广泛的应用。1948年,法院在文特斯(Winters v. New York)案中认为不能就什么行为应当受到处罚给予公平警告(fair notice)或包含模糊表达的剥夺自由的法律,是对被告人在宪法第一修正案保护下的正当程序权利的侵犯。②20世纪70年代,明确性原则逐渐式微,对于法律条文明确与否的客观性检验,逐渐被对当事人是否对法律明知(scienter)的主观性检验所取代。有学者指出,出于各种实用主义的目的,联邦最高法院开始停用明确性原则。但这并不是说法律明确与否的问题已经有了答案或者这些问题已经完全可以避免。法院仍然要求法律对公民个人提供公平警告。如果用被告(对法律)"明知"的解决办法失效,法院仍然会对明确性的问题重新检视。③

　　如上文所述,美国刑法中的罪刑法定原则的内涵来源于学者对于司法实践中相关做法的概括。由于观察的视角和出发点存在差异,不同学者对罪刑法定原则轮廓的描述必然存在不同之处。但是,美国的罪刑法定原则是围绕着两个基本原理展开的,一是刑法规范必须为公民提供公平警告,二是坚持立法与司法机关的分权。围绕这两个基本原理的一系列理论和实

---

　　① Paul H.Robinson. Fair Notice and Fair Adjudication: Two Kinds of Legality[J]. University of Pennsylvania Law Review, 2005, Vol. 154: 356-358.

　　② Cristina D.Lockwood. Defining Indefiniteness: Suggested Revisions to the Void for Vagueness Doctrine[J]. Cardozo Public Law, Policy & Ethics Journal, 2010, Vol. 8: 263-267.

　　③ Leon S.Hirsch. Reconciliation of Conflicting Void-for-Vagueness Theories Applied by the Supreme Court[J]. Houston Law Review, 1971, Vol. 9: 108.

践,都应当属于罪刑法定原则的内涵。本书介绍的"禁止事后法""宽宥原则"和"明确性原则"是最能体现上述基本原理的内容,并且也是美国学者研究罪刑法定原则内容的交集部分。当然这并不是说不存在其他的派生原则,只是说这三个部分共同构成了美国罪刑法定原则和实践最为核心的部分而已。①

三、美国刑法罪刑法定原则的主要特点

在基本原理和价值理念方面,美国的罪刑法定原则与我国的罪刑法定原则均起源于启蒙时期思想家的论述,因此并不存在什么明显的差异。然而,罪刑法定原则的基本价值属性蕴含在法官的实践之中,这是英美法系特有的价值观念。②具体而言,美国罪刑法定原则在司法中不是以机械原理和标准的形式存在的,而是以工具性的状态在司法实践中发挥着保障公民基本权利的作用,也许表述时过境迁,或许样貌变化万千,但是作用却经久不衰。通过介绍美国学者对罪刑法定原则的研究,可以发现,美国学者对罪刑法定原则某一派生原则的描述,往往来源于判例中法官所做的经典表述,而并非来源于学者的学理概括。此外,罪刑法定原则在美国法官的手里是实现司法目标和诉求的工具,因此,罪刑法定原则的内容会随着社会情况的改变而变化。换言之,美国的罪刑法定原则不是一成不变的刑法的终极原理,而是随着社会现实需要变化的司法工具。比如,在后续章节我们会提到的禁止事后法(Ex Post Facto Law)原则,从所有判例溯及既往到选择性溯及既往,从禁止溯及既往的形式到禁止溯及既往的效果,在20世纪90年代以后,

---

① 本书的宗旨是对中美刑法罪刑法定原则进行比较研究,这种比较建立两个基础上:一是比较的必要;二是比较的可能。明确性原则是美国刑法罪刑法定原则的重要组成部分,但是一者随着时代的发展"不明确则无效"的原则逐步式微,二者不明确则无效建立在美国宪法违宪审查制度的基础之上。无论是从制度基础,还是理论基础方面和我国罪刑法定的理论与实践都有巨大的差异。因此,本书对明确性原则仅做一般性的介绍,不再展开进行比较研究。我国罪刑法定原则中明确性原则的实践,需要以"合宪性审查"工作的展开为基础,明确性原则需要在罪刑法定原则宪法化的背景下展开讨论。因此,关于明确性原则的比较研究只能在后续的继续研究中展开。

② 宗建文.论英美法系中的罪刑法定[J].现代法学,1996(1):21.

禁止溯及既往原则的面貌就像江南三月的天气,响晴白日与阴雨连绵交替往复。再比如,宽宥原则(Rule of Lenity)从普通法时代沿袭而来的严格解释的方法到20世纪初期转变为"有利于被告人"的原理,从刑事司法离不开的"口粮"到解决不了问题的时候出场的"消防队员",宽宥原则的演变在数百年间翻天覆地。我们看到了禁止事后法原则表面上的"数典忘祖",也见证宽宥原则事实中的"有名无分",也许罪刑法定派生原则在美国本来就不是一个"形而上"的指导者,而是一个"落实地"的实干家。基本原理不断演变确实说明了其在正当性方面受到了一定的挑战,但是另一方面能够在司法实践的场域中经过不断冲刷而改变,也多少说明了司法实践中美国罪刑法定派生原则发挥的作用。当然,从美国法治发展的历史来看,罪刑法定原则在美国更多是法律文化变迁的产物,这种变迁集中体现在认识论的发展演变上,从法治初创认识论上占据主流的理性主义,到为法律实用主义者所津津乐道的经验主义,再到"二战"以后为了维护法治正当性,法律过程学派不遗余力主张的"同案同判",再到各种超验主义挽救法治信仰的努力。如果说,认识论的本质是解决法律这个领域当中知识来源问题的话,那么美国法定原则演变,特别是派生原则演变正是认识论变迁在具体问题上的表现。在我国,罪刑法定原则往往以另外一种面目示人,无论是刑法的第一性原则,还是刑法中的"帝王原则",学者对罪刑法定原则各种溢美的赞誉层出不穷,表面上看原理层面的正当性没有受到任何挑战。然而,一个无法掩盖的事实是罪刑法定原则的实践是软弱和苍白无力的,因为罪刑法定毕竟只是原则性的法律规范,其本身并不蕴含将宗旨和要求转化为现实的具体机制。[①]因此,在我国,要真正发挥罪刑法定原则的作用,美国罪刑法定原则司法化的做法存在一定的借鉴价值。这种借鉴关键在两点:一是我们是不是同样可以把罪刑法定的问题摆到桌子上大家"光明正大"地展开讨论,因为如果对问题讳莫如深,那么除了消极的抱怨,我们就很难发挥出罪刑法定任何应有的作用。二是我们需要罪刑法定到底是为了什么? 如果我们只是需要一个法治博物馆当中价值连城的展品,那么没有罪刑法定比有罪刑法定

---

① 劳东燕.罪刑法定本土化的法治叙事[M].北京:北京大学出版社,2010:198.

可能在解决问题上更加具有灵活性。如果我们需要一个解决棘手问题需要依靠的手段，我们就必须明确，罪刑法定不应当是刑法的目的，而是刑法理论与实践追求公平正义的手段。而这两点恰恰是美国刑法罪刑法定实践的特点。

(一)罪刑法定原则司法化的基础——目标还是工具？

罪刑法定原则在我国刑法中确立已经二十余年，除了获得了热情的讴歌和高度的赞誉之外，罪刑法定原则似乎并没有为我国的法治建设做出其应有的巨大贡献。关于罪刑法定原则的做法和说法之间，似乎总是隔着一层薄薄的窗纱，颇有雾里看花、水中望月的感觉。如果用更为形象的语言来说明罪刑法定原则的现状，那么可以说罪刑法定已经成为了一面百变的"哈哈镜"，透过它误读司法裁判规范的有之，扭曲司法裁判事实的有之，掩盖刑法理论研究不足的有之，似乎当我们谈论到罪刑法定原则时，思考也就到了终点。因为无论如何，我们也不能突破罪刑法定原则的要求。

事实上，我们对于罪刑法定原则存在着一种隐含的认识，就是刑事司法实践和刑法理论的研究必须以实现罪刑法定原则为目标。这种对于罪刑法定价值绝对主义的认识论，导致了在运用罪刑法定原则的时候，特别是当罪刑法定原则与自然正义或者其他社会价值发生冲突的时候难以做出选择。任何突破罪刑法定的企图都被视为离经叛道，这样罪刑法定原则变成了一种口号，因此不可能在实践中发挥作用。只要认为罪刑法定原则是单一的主流价值，就不能允许任何质疑，因此反而会限制罪刑法定发挥作用。[①]究其根本，要罪刑法定原则是为了有更好的司法实践，我国学界对罪刑法定原则的立场难免有本末倒置的嫌疑。

罪刑法定原则到底是目标，还是工具？关键看我国的罪刑法定原则处在法治发展的什么阶段。在《刑法》中尚没有明文规定罪刑法定原则的阶段，作为刑事法治的重要基石，罪刑法定原则当然应当是我们热切期盼的约束司法行为，推动法治发展的重要目标。但是，到今天，罪刑法定原则完成立法化的变革已经超过20年，在理念深入人心、原理家喻户晓、实践广受关

---

① 车剑锋.刑事案件社会结构与罪刑法定原则关系初探[J].北京理工大学学报(社会科学版)，2014(6):123.

注的今天,如果仍然秉持着罪刑法定原则高高在上,连讨论都是对罪刑法定质疑观念的话,那么反而可能会阻碍罪刑法定原则在司法实践中发挥其应有的作用。当罪刑法定成为司法机关实现司法目标之路上不可逾越的障碍时,司法机关只能默默地选择绕路,毕竟惹不起咱们还躲不起吗?长此以往,罪刑法定只能渐渐成为司法机关的"座上宾"。相反,如果我们承认,为了适应变化发展的社会现实,为了司法目标的实现,可以在一定程度上赋予罪刑法定主义以灵活性,那么这种具有"工具性"的罪刑法定原则会成为司法机关说理和解决问题最重要的武器,司法机关对罪刑法定原则的态度就会实现从"要我适用"到"我要适用"的转变,其司法化必然可以实现更好的效果。法律原则的生命力远比我们想象的强大,讨论不会贬损其价值,人类发展数千年,法治原则千千万万,到今天我们还能提起,还能记住,还能为人津津乐道的法律原则往往都是在实践的洪流中反复冲刷,不断变化的法律原则。难道讨论就会贬损罪刑法定原则的价值吗?

当然,主张对罪刑法定原则进行工具性的改造,并不是说抛弃罪刑法定主义的立场。这一点美国刑法罪刑法定原则司法化的现实做法。例如,禁止事后法是宪法条款明文规定的内容,其内容主要针对立法,但是在布耶(Bouie)案当中,联邦最高法院把禁止事后法原则的适用的对象扩大到法官在具体案件中对法律进行的扩大解释,这无疑是对禁止事后法原则的改造。①但是,这并不是说禁止事后法原则在美国刑事法治中受到了破坏,相反,后来判例溯及力问题的奥德赛之旅,不仅是禁止事后法原则地位提升的标志,也是美国法院对该原则进一步改造的成果。其实,罪刑法定原则的价值应当来源于司法实践的应用。通过改造在司法实践中发挥更大的作用,才是对罪刑法定主义最大程度上的恪守。否则即使具有不可动摇的理论地位,在刑事法治仓库中落满尘埃从而被"架空"的罪刑法定原则也不可能发挥其应用的作用。一个具有生命力的法律原则,必然具有一定的灵活性,能够适应司法实践需要的原则,罪刑法定原则工具化,是其司法化的必由之路。

---

① 郑泽善、车剑锋.刑事司法解释溯及力问题研究——对美国司法实践中禁止溯及既往原则的借鉴[J].政治与法律,2014(2):77-79.

(二)罪刑法定原则工具化改造的根据——学术观点还是司法需求?

在明确了罪刑法定原则要实现司法化,在对其进行工具化改造的问题之后,另一个问题会自然而然地浮出水面,那就是如何改造罪刑法定。或者我们把这个问题拆分成几个具有关联性的小问题,我国罪刑法定原则存在什么问题? 在对罪刑法定原则进行本体论意义上的改造时应当以什么为根据? 如何看待相关工具性改造的正当性和有效性? 本书认为,这几个小问题的答案是相同的,即刑事司法实践的需要。

然而,在我国,至少在罪刑法定原则的领域,理论与司法实践的互动长期处在被忽视的地位。到今天,我们仍然坚守着启蒙时代对于罪刑法定原则的研究和阐释,沿袭着德日刑法中对罪刑法定原则的表述。我们似乎忘了非常重要的一点,罪刑法定原则是我国《刑法典》中的条文,应当发挥指导刑事司法的作用,其内容不应当由学术理论的传承来决定,而应当根据司法实践的需要来确定。在研究罪刑法定原则的过程中,学者的角色应当是归纳司法实践的需要,利用罪刑法定主义这个有力工具来解决问题,而不是站在时刻捍卫罪刑法定主义的立场上,对司法实践和刑法理论指指点点。

在这一点上,美国罪刑法定原则在司法实践中的变化与本土法治资源结合的方式具有一定的特色。传统上来说,美国的罪刑法定原则与德日等大陆法系国家相比,具有更明显的程序性特征。假设在经过公平审判被无罪释放之后,辛普森(O. J. Simpson)主动承认是自己杀死了妻子。美国人的反应会是:"我们无能为力。检方曾经起诉试图定罪但是失败了。如果重启刑事程序,是非常不公正的。"德国人的反应会是:"认罪是不利于辛普森的新证据,重新审理案件,重新起诉,并没有什么不妥。"在这里,美国刑事法更重视对公民个人权利的程序性保护,而大陆法系国家刑事法更关注个案公平正义的实现。然而,随着社会现实的变化,司法实践对于实质正义的需求增加,导致更多的美国学者对程序正义产生警惕。有学者指出:"可以期待完美的实体正义(回避一切的非正义),但是完美的程序正义是不可能实现的。可以完全回避一切程序性错误的主张是一种危险的幻象。程序的正义永远是不完美的,永远是需要提高的对象。"①另有学者指出:"罪刑法定原则不仅具有程序意义上的内涵,还具有实体刑法意义上的内容。"②在这种程序性罪刑法定主义退潮的背景下,如上文所述,美国的罪刑法定原则的各个派生原则都发生了偏向于实质的变化。偏向于程序性保护的宽宥原则逐渐被司法机关抛弃,传统的完全溯及既往的判例溯及力确定方法被分层的选择性溯及既往标准取代,正当程序条款下的明确性原则也由客观判断向主观判断转化。这一切其实都是为了满足司法机关解决复杂社会矛盾的需求。简言之,美国罪刑法定原则的一个重要的特点是,司法实践需要什么样的理论,学者就创造什么样的理论。学者改造罪刑法定的出发点不是为了满足理论的自洽性,而是为司法实践提供适用的工具。

我国学者的思路则更多偏重理论的完整性,假如罪刑法定原则的派生原则要求禁止类推解释,我们会为了维护学术理论,而对司法实践做出超出字面含义的扩大解释的做法指指点点,殊不知,如果现有的理论足以解决司法所面临的问题的话,我相信没有一个法官会刻意破坏已经成熟的理论工具。而这种形而上的研究思路,可能会把对罪刑法定原则的研究导入死胡同。在罪刑法定司法化的问题上,应当努力做到多一些问题导向,少一些理论导向;多一些归纳,少一些演绎;多一些"我发现",少一些"我认为"。把研究的重点从对罪刑法定追本溯源、理论介绍和逻辑演绎,转移到对罪刑法定实践的现状分析、不足概括和改进方案的建构上来。以问题为导向的罪刑法定原则司法化建构,才能避免罪刑法定原则流于空谈的尴尬处境。

(三)罪刑法定原则工具化改造的路径——做出超越价值绝对主义与相对主义的努力

对罪刑法定原则进行工具化改造,往往表现为在某个罪刑法定主义与司法现实需求激烈冲突的案件当中,对现有罪刑法定原则的限制,甚至突破。这是一个问题的两个层面。然而,尽管针对实践需求突破罪刑法定原

---

① George P.Fletcher. Basic Concepts of Criminal Law[M], New York: Oxford University Press, 1998: 208-210.

② Francis A.Allen. The Habits of Legality: Criminal Justice and the Rule of Law[M]. New York: Oxford University Press, 1996:15.

则的做法,对实现罪刑法定司法化的目标颇有裨益,但是其具有一个隐藏的危险,那就是容易陷入价值相对主义的圈套。

如果我们对人类法治思想的发展做一个不十分严谨的回顾的话,那么人类法治思想大概可以分成三个时期:第一个时期,前现代主义时期;第二个时期,现代主义时期;第三个时期,后现代主义时期。一般来说,前现代主义时期法治的表现形式往往是思想家的论述,是一些信条原理。随着资产阶级革命,在这个重要的历史契机之下,人类法治发展进入了现代主义时期。说白了,法治在产生之初,源代码里写了两条重要的内容。第一条凡是我的东西,必须能够很好地得到保护。第二条在我还没有得到的领域,必须给我一个平等的机会去追求更大的利益。在这种背景之下,启蒙时期之前的思想家,他们的信条、的理念就转化成了各个国家不同的法制制度。当然了,制度化往往是开启了反制度化的历程。当然我们说事分两面,制度化的开始往往就是反制度化的开始。这个道理很简单,理念信条比较高、比较抽象,很难去反驳、非常的正确,但是当落到实地变成制度的时候,一些怀疑的声音就会产生。除此以外,比如说律能够得到确定的结论,一直都是启蒙时期思想家们的一个信条。那么规则,能有确定的结论吗?后现代主义时期出现了规则怀疑主义和行为怀疑主义。在现代主义时期,我们所期待的司法审判就像一个自动售货机,我们投进去硬币就能够出来审判判决,这样有绝对的确定性和预测可能性的法治运行模式,根本不可能存在。事实上,就像有的学者指出的一样,法官早晨起来吃早餐,吃得合适不合适,开心不开心,就可能影响到今天这个案件判决的结果。在诸多怀疑的背后,制度化所导致的反制度化思潮越来越突出。当然从量变到质变,肯定有一个时间节点。在第二次世界大战以后,人类法治的发展,从制度化的现代主义时期我们也叫启蒙时期发展到了反思时期,更多主导法治的不再是前现代主义时期很多思想家的信念、理念,而是不同的派别站在自己的立场上表达自己的声音,维护自己的利益来争夺更大的利益的蛋糕。这个时候人类法治的发展就从建构走向了解构,从弘扬走向了批判。换句话说,在法治逐步确立阶段,我们倾向于把法律作为独立自给自足的终极标准,是价值绝对主义的。而到今天,人类对法治的看法更多体现出了相对主义的倾向。

如果总结过去我们对罪刑法定原则的认识,那么可以说传统地认为罪刑法定原则是刑法的第一性原则不可突破的观点,具有明显的价值绝对主义的倾向。现在,如果认为可以不加限制地针对司法实践的任何需求限制、突破罪刑法定原则,那么难免最终归于相对主义,换句话说,工具化改造必须具有一个前提或者限制,否则如果为了回应任何一个微小的实践需求,就肆意限制、突破罪刑法定原则,那么工具化改造就演变为彻彻底底地破坏,罪刑法定司法化的命题就演变为罪刑法定虚无主义的陷阱。如果说价值绝对主义的观点会限制罪刑法定主义在司法实践中发挥其应有的作用,那么价值相对主义的观点就可能会彻底动摇罪刑法定存在的根基。罪刑法定工具化是必要的,罪刑法定作为一种法治的共识,其公信力和说理效果有目共睹,是培养刑事司法重叠共识的首选工具。同时罪刑法定工具化又必须谨慎,否则罪刑法定司法化的努力反而可能成为罪刑法定主义的掘墓人。这就要求我们探索一条罪刑法定工具化改造的路径,既不同于过去机械的价值绝对主义的罪刑法定观,又不会陷入过于随意的、可能否定罪刑法定本身的价值相对主义的罪刑法定观,换言之,要对罪刑法定原则进行工具化改造,需要探索一条超越价值绝对主义与价值相对主义的路径。

这种超越价值绝对主义与价值相对主义的努力有两个关键的步骤。一是识别,即在何种情况下,根据何种司法需求可以在一定范围和程度之内突破罪刑法定原则的要求。二是回归,即将偶然的突破罪刑法定的做法,归纳形成稳定的罪刑法定司法化策略,以指导未来类似案件的处理。例如我国的少数民族自治地区广泛存在着民族习惯法,通过我国《刑法》第九十条根据民族地方的特殊情况变通刑事立法的规定,可以看出不少的民族习惯对刑事司法实践有着一定的影响。成文法主义(禁止习惯法)是罪刑法定原则的首要要求。民族习惯法对司法实践的间接影响,难免会与成文法主义的要求产生冲突,我们当然不能对民族习惯法的影响持支持或者默认的态度,同时我们也不能直接拒绝所有的民族习惯法,且不说目前根据我国《刑法》第九十条变更刑事立法的地方立法尚无先例,即便是立刻启动立法程序,在新法公布以前的行为的处理,仍然面临着正式与非正式法律渊源之间的冲突。如果固守价值绝对主义的罪刑法定观念,面对民族习惯法的问题,我们很可能陷入束手无策的境地。此时,超越价值绝对主义与价值相对主义路径可以为解决此类问题提供思路。首先,并非所有的民族习惯法都必须排除,这是超越绝对主义的要求;其次,应当在民族习惯法当中识别出对司法实践影响较大,直接拒绝会产生不良司法效果的习惯法,通过司法解释或者指导性案例的方式,形成具有良好司法效果的解释策略;第三,在实践中根据现实情况的变化,调整解释策略,通过对实在法的普法宣传,逐渐削减民族习惯法对司法实践的影响力;最后,对难以消除影响的习惯法,可以采取根据《刑法》第九十条刑事立法的方式,纳入到刑法规范体系当中,从而回归罪刑法定原则的要求,这是防止相对主义罪刑法定观的安全阀。①

这样通过"识别——突破——回归"的三个步骤,可以在保证不会在根本上破坏罪刑法定原则的前提下,实现罪刑法定主义的司法化。在司法实践中的应用,是保证罪刑法定原则理论生命的关键所在。美国罪刑法定原则的司法化的模式,对我国的借鉴意义正是这种超越价值绝对主义与价值相对主义的罪刑法定司法化路径。

由于我国的司法实践和刑法理论更多地受到大陆法系的影响,因此,传统上对美国刑法中的罪刑法定实践和理论存在诸多误解。从两国《刑法》"差异"看,确实有大不同之感,会导致产生"与美国刑法进行比较研究是否存在必要性和可行性"的疑问。②然而,我国罪刑法定原则的研究已经进入了"举步维艰"的境地,司法实践中罪刑法定原则司法化的现状也不容乐观。此时,突破思维的瓶颈,对美国罪刑法定原则相关制度、理论进行客观分析,也许是一个有效的策略。当然,由于本土的司法资源存在差异,对美国罪刑法定的经验,不能采取简单的拿来主义。比较什么,参考什么,反思什么都应当根据中国本土司法和学术理论的需求,这种需求到底为何,需要学者进一步地归纳和探索。但是,美国罪刑法定的工具化视角,紧密结合社会现实的变化和司法实践的需求,探索出一条超越价值绝对主义和相对主义的罪刑法定司法化路径,是具有现实的实践意义和理论价值的。

---

① 车剑锋.破解民族习惯法规范效力的悖论——以罪刑法定原则的自我限制为视角[J].中共杭州市委党校学报,2016(2):77-78.

② 贾凌.中美犯罪成立体系比较研究[M].北京:人民出版社,2014:135.

第三章　美国刑法中的禁止事后法原则
(Ex Post Facto Law)

如果说美国刑法中的罪刑法定原则具有突出的程序性特征的话，那么禁止事后法(Ex Post Facto Law)，或者用我们更加熟悉的表述——"法律禁止溯及既往"原则，绝对是罪刑法定派生原则中的首要原则。在以"刑事程序宪法化"为特征的刑事司法实践当中，美国的禁止事后法原则与我国的禁止溯及既往原则相比，最大的特征在于程序思维的"实体性"，也就是说禁止溯及既往的要求不仅仅单纯地为了避免"法官造法"，同时也要保证公民在刑事程序中获得公平警告。这一点在美国刑事法治发展的历史中表现得颇为明显，禁止事后法原则展现出了一种从禁止溯及既往的形式向禁止溯及既往的效果转化的特征。本章当中我们对禁止事后法原则在美国的发展进行简述，在此基础上对我国《刑法》第十二条"从旧兼从轻"原则的司法适用进行思考。

一、禁止事后法原则的概念、流变

判例制度中，判例溯及既往的问题看起来相当简单，其仅仅是法庭决定是否要将法官制定的新规则适用于新规则公布之前发生的事件而已。在20世纪60年代之前，无论在多大程度上扩大了被告的权利，每一个新宣布的宪法性标准都要完全地溯及既往的适用。这就意味着该新裁定可能不仅适用于在最高法院面前的案件，而且也适用于：(1)以前已经启动起诉程序但还未受到审判或已导致审判确定有罪，该定罪仍须经上诉审查；(2)以前的定罪，该定罪已成为"终局"(即直接的上诉审查已经完结)，但须经通过人身保护令间接救济的质疑。[1]然而，其困难在于，如何形成有效的规则或方

---

① [美]伟恩·R·拉费弗、杰罗德·H·伊斯雷尔、南西·J·金.刑事诉讼法(上册)[M].卞建林、沙丽金等译，北京：中国政法大学出版社，2003：102-103.

法,以决定新规则是否可以溯及既往地适用。①在美国,从1965年林克莱特(Linkletter)案开始,之前的完全溯及既往的原则开始土崩瓦解。有美国学者概括说:"在过去的四十年间,判例法(溯及力问题)发生了戏剧性的变化。"②这一变化的过程可以分为三个阶段,即完全溯及既往时期、选择性溯及既往时期和哈伦(Harlan)标准时期。本部分通过介绍美国刑事判例溯及力问题发展的各个阶段及其特征,以试图概括刑事判例溯及既往的一般性要素。③

(一)林克莱特(Linkletter)案:判例溯及既往问题的分水岭

如上文所述,在林克莱特(Linkletter)案之前,在美国判例具有完全溯及既往的效力。林克莱特(Linkletter)案是根据人身保护令(Habeas Corpus)④提起的再审案件。其主要针对的是马普诉俄亥俄州案(Mapp v. Ohio)一案中,关于沃尔夫(Wolf)规则的新理解。在沃尔夫(Wolf v. Colorado)一案中,法庭认为,尽管宪法第四修正案中的"搜查和扣押条款"中暗含了"法定自由"的概念,对各州具有拘束力,但是"非法证据排除规则"并不在宪法第四修正案

---

① John Bernard Corr. Retroactivity: A Study in Supreme Court Doctrine"As Applied"[J].North Carolina Law Review, 1983, Vol. 61: 745-746.

② Daniel H.Conrad. Filling the Gap: The Retroactive Effect of Vacating Agency Regulations[J]. Pace Environmental Law Review, 2011, Vol. 29, No.1: 10.

③ 在美国,由于联邦最高法院的职责是进行宪法解释,那么实际上溯及既往与否的争论,不单纯存在于刑事领域,在近几十年民事案件中判例溯及既往的问题同样出现了变化,但是考虑到本书主要以解决刑事指导性案例溯及力问题为目标因此对于民事当中的溯及既往问题不做更多的介绍。关于美国民事判例制度溯及既往问题的沿革,参见: Chevron Oil Co. v. Hunson, 404 U.S. 97(1971); Lampf, Pleva, Lipkind, Prupis & Petigrow v. Gilbertson, 501 U.S. 350(1991); James B. Beam Distilling Co. v. Georgia, 501 U.S. 529(1991); Harper v. Virginia Department of Taxation, 509 U.S. 86(1993); Reynoldsville Casket Co. v. Hyde, 514 U.S. 749(1995), 等等。

④ Habeas Corpus(又称writ of habeas corpus)是指:用于对个人提起再审的令状(writ),通常用来确保当事人所受的监禁、拘留不违法。此外,还用来检验逮捕与定罪的合法性(Legality)。参见 Black's Law Dictionary(9th Ed. 2009)。人身保护令通过未决的联邦问题(unresolved federal questions),为州法院确定的犯罪提供了提起再审的通道。在州诉讼程序完结之后,被确认有罪的人可以通过联邦地区法院申请人身保护令。联邦地区法院对该申请受理后的审理,被称为"间接之诉(collateral attack)"。之后,当事人可以就联邦地区法院的审理结果上诉至联邦上诉法院和联邦最高法院。参见: Cary Federman. The Body and the State: Habeas Corpus and American Jurisprudence[M]. New York: State University of New York Press, 2006。

的范围内，因此并不对各州构成正当程序的限制。①简言之，根据沃尔夫
（Wolf）规则，非法证据排除规则只针对联邦执法行为，而对各州的行为不具
有拘束力。马普诉俄亥俄州案案中，推翻了沃尔夫（Wolf）规则，认为作为自
由社会的基础，非法证据排除规则应当与严格地适用于联邦一样，适用于州
的行为。②在马普（Mapp）案宣判之前，林克莱特（Linkletter）案的原审诉讼程
序已经终结，随后林克莱特（Linkletter）以马普（Mapp）案中确定的新规则应
当溯及既往地发挥效果为由，申请人身保护令。

　　在审理的过程中，法庭将判例溯及既往的问题分为两个部分：一个是
在直接审理的案件（cases on direct review）当中，另一个是在间接审理的案
件（cases on collateral review）当中。所谓直接审理的案件，是指原审诉讼程
序尚未终结的案件，例如一审、二审等诉讼程序。所谓间接审理的案件，专
指根据人身保护令提起的再审诉讼。美国联邦最高法院认为，在直接审理
的案件当中，与法律实证主义传统相类似，判例具有完全溯及既往的效
果。③在间接审理的案件当中，联邦最高法院突破了完全溯及既往的规则，
从而提出了是否应当在某些情况下禁止判例溯及既往的问题。联邦最高
法院认为，（在间接审理的案件中）宪法既不禁止亦不要求溯及既往的效
果。一旦这样的前提成立，无论是否溯及既往地适用新规则，我们都需要
考察争议规则历史上的目的及效果，来衡量溯及适用的利弊与其会促进还
是阻碍该新规则的进一步实施。④换言之，在间接审理的案件中，创设新规
则的判例不是绝对具有溯及既往的效力，也并不是绝对禁止其溯及既往地
适用，而是要对一系列相关因素进行考虑。⑤结合林克莱特（Linkletter）案
的具体案情，法庭应当考察马普（Mapp）案中规则的目的，当事人对沃尔夫
（Wolf）规则的信赖和溯及适用马普（Mapp）规则的政策性效果。⑥根据"目

① Wolf v. Colorado, 338 U.S. 25(1949), at 33.

② Mapp v. Ohio, 367 U.S. 643, 656(1961).

③ See Griffin Et Al. v. Illinois, 351 U.S. 12(1956); Gideon v. Wainwright, 372 U.S. 335(1963); Jackson v. Denno, 378 U.S. 368(1964), etc.

④ Linkletter v. Walker, 381 U.S. 618, 628–629(1965).

⑤ Linkletter v. Walker, 381 U.S. 618, 627(1965).

⑥ Linkletter v. Walker, 381 U.S. 618, 636(1965).

的、信赖和效果"三个要素的检验被称为林克莱特(Linkletter)标准。林克莱特(Linkletter)得出这样的结论,对溯及既往应当一个裁决一个裁决地评价,既考虑到困难因素,又要考虑到这个新裁决适用的价值。在这个有分量的程序导致这样的结论的地方,溯及既往地适用是不合适的,这个新的裁决不可能在后来的审判、上诉或对执行的裁决结果提出人身保护令时适用,如果这个结果在这个裁决的日子之前已经出现的话,这个执行的判决结果是这个裁决的主体。①

该标准一经公布,立刻在学术界引起了轩然大波。对于沃伦法院做法的批判之声不绝于耳。有美国学者指出:该案中限制判例溯及既往的思路存在疑问,但是这并不表明该案的结果是不合理的。其关键并非在于规则是否溯及适用,而是在案件审理终结后,什么情况下可以提起人身保护令程序的问题。②另有美国学者指出:新的宪法原则应当平等地适用于过去和现在的案件。完全的溯及既往既不会忽略"人身保护令"的作用,也不会制造令人难以接受的不平等。③

尽管受到美国学者的批判,林克莱特(Linkletter)标准仍然延续了下来,并且有判例在溯及既往的问题上采用了该案中区分直接审理案件与间接审理案件的方式。④自此,普通法时期判例完全溯及既往的原则被打破,同时,美国判例溯及既往的奥德赛之旅也正式扬帆起航。

(二)斯托瓦尔(Stovall)案:选择性溯及既往标准的诞生

林克莱特(Linkletter)标准尽管获得了一定程度的认可,但是,由于只能在间接审理的案件当中适用"目的、信赖和效果"三个判断标准,因此很明显会造成不公平的状况。例如,A 和 B 是两个情节完全相同的案件,由于 A 案处理得较为迅速,其普通诉讼程序已经完结,而 B 案此时尚未宣判。这时,C

---

① [美]伟恩·R·拉费弗、杰罗德·H·伊斯雷尔、南西·J·金.刑事诉讼法(上册)[M].卞建林、沙丽金等译,北京:中国政法大学出版社,2003:103.

② Paul J.Mishkin. The Supreme Court 1964 Term-Foreword: The High Court, the Great Writ, and the Due Process of Time and Law[J]. Harvard Law Review, 1965, Vol. 79, No. 1: 77.

③ Herman Schwartz. Retroactivity, Reliability, and Due Process: A Reply to Professor Mishkin[J]. The University of Chicago Law Review, 1966, Vol. 33: 757.

④ See Tehan v. United States ex rel. Shott, 382 U.S. 406(1966).

案宣判,并推翻了 A、B 两个案件当中的关键性的规则。此时,根据该标准,C案的新规则应当溯及既往地适用于 B,但是在 A 的场合却需要通过三个标准进行判断。将规则的适用与否归结于法院处理案件的速度,显然是有违公平原则的。有美国学者甚至认为:"公平和正义是我们法律体系的基础,通常来看,二者是相辅相成的关系。不幸的是,在法律变革的场合,二者的关系并非如此。在溯及既往的问题上,对不公平的担忧要明显优越于对不正义的担忧。对此,绝对禁止溯及既往是唯一的办法。"①

不仅仅是直接审理案件与间接审理案件相区别的标准,在当时,有美国学者为了既不破坏判例法完全溯及既往的传统,又能够应付法律现实主义和沃伦法院司法能动主义导致的法律变革的频繁发生,提出了多种区别对待判例溯及既往效力的分类标准。例如,有学者将溯及既往的规则区分为"强意义上的溯及既往"与"弱意义上的溯及既往";②另有学者将溯及既往分为"初级溯及既往"与"次级溯及既往";③还有学者将溯及既往分为"方法溯及既往"与"既定权利溯及既往"。④但是,无论区别标准是什么,在公平原则的检视之下,区别对待不同类型案件中判例溯及既往的做法都存在疑问。因此,林克莱特案之后,美国司法实践当中表现出了明显的,在直接审理案件和间接审理案件当中,适用统一的溯及既往判断标准的倾向。

在约翰逊(Johnson)案中,美国联邦最高法院指出:"规则的溯及与禁止溯及并非自动地取决于其基本的宪法条款。每一条关于刑事程序的宪法条款都具有其独特的功能、先例背景和对司法的影响,因此在不同的案例中必然不断把变化。我们应当在每一个案件中,衡量其特征以决定该规则溯及既往的问题。"⑤该案为斯托瓦尔(Stovall)案当中,选择性溯及既往的标准的

---

① Francis X.Beytagh. Ten Years of Non-Retroactivity: A Critique and a Proposal[J]. Virginia Law Review, 1975, Vol. 61, No. 8: 1616.

② See Stephen R.Munzer. Retroactive Law[J]. Journal of Legal Study, 1977, Vol. 6.

③ See John K.Mcnulty. Corporations and the Intertemporal Conflict of Laws[J]. California Law Review, 1960, Vol. 55.

④ See W.David Slawson. Constitutional and Legislative Considerations in Retroactive Lawmaking[J]. California Law Review, 1960, Vol. 48.

⑤ Johnson Et AL. v. New Jersey, 384 U.S. 719, 728(1966).

确立奠定了基础。

在斯托瓦尔(Stovall)案当中,法庭认为,"新规则必须应用于其宣布的案件当中,以免新的宪法解释仅仅被视为附随意见(dictum)。没有必要区分间接审理的案件和直接审理的案件,无论哪一类案件都要经过林特莱克标准中确立的三个标准的检验。"①这标志着选择性溯及既往标准的诞生。

选择性溯及既往的标准要求对每一个判例是否具有溯及既往的效力都进行林克莱特标准的检验,因此是一种判断溯及既往问题的实质标准。事实上,法官在进行实质标准的判断时,不是传统的将法律应用于案件事实的司法活动,而是在相互冲突的价值当中进行选择的"立法活动"。②因而有学者担心,斯托瓦尔(Stovall)亲及其后续案件表明,美国联邦最高法院认为其有权为宪法权利的保护制定时间表。这样的观点是难以成立的。实际上,法庭暗中将其判决建立在对溯及既往后果的实用主义的政策考量或者一些其不愿公开的隐含的原则之上。③

适用斯托瓦尔(Stovall)标准,对破坏了许多20世纪60年代到70年代刑事程序裁决的大多数先例法院裁定不溯及既往。法院自己已经承认了"无溯及力方法为期待已久的改革的实现提供的动力,否则它不能切实可行地达到目标"。④选择性溯及既往标准在美国联邦最高法院持续发挥了二十余年的作用,直到20世纪80年代末被推翻为止,这一标准始终是刑事判例溯及既往效力存在与否的判断标准,但是,由于选择标准上的模糊不清,在上述时间段内,实际上在判例溯及力的问题上,美国的司法实践具有较大的随意性。

(三)哈伦(Harlan)标准:对于选择性溯及既往原则的颠覆

选择性溯及既往的标准一经公布,就在美国引发了大量的质疑和批判,除了学界,这种质疑和批判的声音还源于联邦最高法院内部。哈伦(Harlan)

---

① Stovall v. Denno, 388 U.S. 293, 300-301(1967).

② James L.Huffman. Retroactivity, the Rule of Law, and the Constitution[J]. Alabama Law Review, 2000, Vol. 51, No. 3: 1103.

③ Barry Robert Ostrayer. Retroactivity and Prospectivity of Supreme Court Constitutional Interpretations[J]. New York Law Forum, 1973, Vol. 19: 307.

④ [美]伟恩·R·拉费弗、杰罗德·H·伊斯雷尔、南西·J·金.刑事诉讼法(上册)[M].卞建林、沙丽金等译,北京:中国政法大学出版社,2003:104.

法官在一系列判例的反对意见当中,批判了选择性溯及既往的标准,并建构了以直接审理案件与间接审理案件的区别为基础,且存在例外情况的哈伦(Harlan)标准。①

他认为,在判例溯及既往的问题上采取选择性溯及既往标准,就像从上诉审判例的溪流当中钓到一个判例,将其作为公布新宪法标准的工具,而后再允许与之相似的案例不受影响地从它身边流过,这是对司法审查模式彻底的背离。②考虑到公平的要求和间接审理案件中溯及适用法律高昂的司法成本,哈伦认为:以立法与司法权的分离为视角,如果我们不能以对相关宪法原则的最佳理解来处理面前争讼的案件的话,那么就无法解释我们到底为何要审判案件。因此,应当认可新的规则在直接审理案件当中溯及的应用。在间接审理的案件当中,不能溯及既往地适用新的规则,相反应当适用原诉讼程序开始时的标准即可。③但是,在两种例外的情况下,可以对间接审理的案件溯及既往地适用新的规则。一是,新的规则显著改善之前的事实发现程序的;④二是,保护公民基本的个人行为不受恣意地行使立法权力侵害的新宪法原则。⑤上述标准被称为哈伦(Harlan)标准,尽管在哈伦法官的任期之内,哈伦标准并没有获得多数法官的支持,但是,最终推翻选择性溯及既往标准的正是之前哈伦的反对意见。

一方面,选择性溯及既往的标准在公平性的问题上确实存在疑问,且容易导致司法的任意性。另一方面从沃伦·伯格大法官的任期(1969—1986)到伦奎斯特当选大法官(1986),联邦最高法院始终致力于通过犯罪行为及未来的人身危险性来划定"人身保护令"申请人的范围。实际上,联邦最高法院对于人身保护令发挥作用的范围进行了限制。⑥因此,在20世纪80年

---

① See Williams v. United States, 401 U.S. 646(1971); Elkanich v. United States, 401 U.S. 46(1971); Mackey v. United States, 401 U.S. 667(1971); Desist v. United States, 394 U.S. 244(1969), etc.

② Mackey v. United States, 401 U.S. 667, 679(1971).

③ Desist Et Al. v. United States, 394 U.S. 244, 263(1969).

④ Desist Et Al. v. United States, 394 U.S. 244, 262(1969).

⑤ Mackey v. United States, 401 U.S. 667, 679(1971).

⑥ Cary Federman. The Body and the State: Habeas Corpus and American Jurisprudence[M]. New Youk: State University of New York Press, 2006: 125–127.

代末,联邦最高法院的成员已经做好抛弃选择性溯及既往标准的准备,转而接受更新、更清晰的,以对"司法权"更加准确的理解为基础的溯及力概念。这样更有利于未来溯及既往的法理回归其普通法传统,即完全的溯及既往。①

变革发生在1987年的格里菲斯(Griffith)案和1989年的蒂格(Teague)案当中,前者在直接审理的案件中接受了哈伦标准,后者则在间接审理的案件中接受了哈伦标准。在格里菲斯案(Griffith v. Kentucky)中,联邦最高法院认为:"首先,联邦最高法院仅处理案件(Cases)和争议(Controversies)是一项既存的基本原则。与立法者不同,最高法院不在更为广阔的基础上公布新的关于刑事程序的宪法规则。其次,选择性溯及既往标准有违'相似情况相同处理'的原则。因此,我们认为,在刑事程序中,新规则应当溯及既往地适用于所有案件。"②可见,在直接审理的案件当中,联邦最高法院基本接受了哈伦标准的推理和结论。相似地,在蒂格(Teague v. Lane)中,法官的多数意见认为:"现在,我们赞同哈伦法官对间接审查案件当中溯及既往问题的观点,除非存在例外,有关刑事程序的新宪法原则,不适用于该规则生效前已经终审完结的案例。"③

与哈伦标准不同的是,在间接审理案件溯及适用规则的例外方面,蒂格案及其后续案件确立的新的例外情况,认为在以下两种情况下应当允许规则溯及既往地适用。第一个例外是新规则排除一系列先行行为的刑事责任或者由于行为人的状态或过错,禁止对该类人处以特定种类的处罚。④例如,一个将在家中非法持有淫秽出版物的行为合法化的新规则,⑤或者对成年强奸犯不再适用死刑的新规则。⑥第二个例外被称为"刑事程序的分水岭规则",即如果没有改新规则,那么准确定罪的可能性会受到严重破坏的

---

① Paul E.Mcgreal. Back to the Future: the Supreme Court's Retroactivity Jurisprudence[J]. Harvard Journal of Law & Public Policy, 1992, Vol. 15, No. 2: 620.

② Gfiffith v. Kentucky, 479 U.S. 314, 322-328(1987).

③ Teague v. Lane, 489 U.S. 288, 310(1989).

④ Sawyer v. Simth, 497 U.S. 227, 241(1990).

⑤ See Stanley v. Georgia, 394 U.S. 557(1969).

⑥ See Coker v. Georgia, 433 U.S. 584(1977).

场合。[①]

　　由格里菲斯和蒂格案确立的标准,在直接审理的案件和间接审理的案件当中采取了一种人格分裂般的表述。实际上,其关键在于为了保护司法公平,在直接审理的案件当中必须回复完全溯及既往的传统当中。在间接审理的场合,之前林克莱特标准是一种实质标准,考虑更多的是对于受到错误司法追溯的当事人的救济,而新标准则侧重于通过人身保护令实现联邦权力与州权力之间的分配。如果认为人身保护令以纠正宪法意义上的错误定罪、错误量刑为目标,那么新的规则当然可以溯及既往地适用于间接审理的案件。相反,如果认为人身保护令以监督各州的司法行为、防止各州违反宪法的司法实践为目标,那么新规则就不可以具有溯及既往的效力。目前来看,美国的多数法官认为,后者是人身保护令制度的首要目标。[②]

　　至此,在直接审理的案件中贯彻完全的溯及既往原则,在间接审理的案件中例外地允许判例溯及既往的哈伦标准,基本获得了美国司法实践的认可。但是,判例溯及既往的奥德赛之旅远未结束。直到今天,美国的学者就判例是否应当具有溯及既往的问题仍然各执一词、争论不休。而这种理论储备在将来,也很有可能酿成判例溯及既往问题的新变革。

二、禁止事后法原则的理论争议与司法适用

　　判例溯及既往效力的问题实际上是多种冲突的价值相互妥协的结果,对价值存在不同偏好的学者,在该问题上得出不同的结论,也并不奇怪。在美国,经历了20世纪80年代末的哈伦标准的确立之后,在实践层面上,没有再发生根本性的变化。但是,在理论上,以法律多元主义为背景,学者对判例溯及既往的问题提出了多种不同的观点。

　　第一种观点基本认同哈伦标准,认为采用判决时法的模式,可以使溯及既往概念的存在失去意义。在直接审理的案件当中应当以审判时对法律规

---

① Teague v. Lane, 489 U.S. 288, 311–313(1989).

② Karl N. Metzner. Retroactivity, Habeas Corpus, and the Death Penalty: An Unholy Alliance[J]. Duke Law Journal, Vol. 41, No. 1: 162.

则的最佳理解为依据,而在间接审理的案件当中,应当以原审判时存在的法律规则为依据。①

第二种观点又被称为"新布莱克斯通主义",该观点以德沃金为代表,由于强调回归普通法时代法官只是"发现"而非"创造"法律,②因此,与上文的论述类似,判例溯及既往的问题根本不存在。在德沃金的理论当中,法律实证主义的自由裁量权(discretion)理论没有存在的必要,也缺乏生存的空间。其初衷是为了回避溯及既往地适用法律的问题。③

第三种观点主张,判例溯及既往的问题只能从"救济法"的角度来考虑而绝非"上诉"制度的替代。因而在间接审理的案件的场合,大量地根据人身保护令提起再审程序的做法与正当程序条款要求的公平原则存在冲突。在直接审理的案件中,格里菲斯案中的规则缺乏弹性。总的来说,判例溯及既往的问题应当回归到斯托瓦尔标准。④

第四种观点以"相似案件相同处理"为出发点,引入"均衡法"的概念。均衡法的概念来源于"法律过程学派"。根据该理论可以将法律现象分为"稳定的均衡(stable equilibrium)"与"不稳定的均衡(unstable equilibrium)"两类。我们将均衡的破坏与法律变革相联系,在不稳定均衡被破坏的场合,法律进化足以创造新的平衡。因此,在稳定均衡的语境下,应当禁止溯及既往;相反,在不稳定的情况下则应当允许溯及既往。⑤

---

① Kermit Roosevelt Ⅲ. A Little Theory Is a Dangerous Thing: The Myth of Adjudicative Retroactivity [J]. Connecticut Law Review, 1999, Vol. 31: 1131.

② 德沃金反对法律实证主义所主张的在哈特所谓的空缺结构(open texture)或者德沃金所谓的疑难案件(hard cases)当中的自由裁量权(discretion),认为即使在疑难案件中,发现各方的权利究竟是什么而不是溯及既往地创设新的权利仍然是法官的责任。(参见:德沃金:《认真对待权利》,信春鹰、吴玉章译,上海三联书店,2008年版)"权利的法理学"要求法官以整体性(integrity)为出发点,通过符合向度(dimension of fit)和证立向度(dimension of justification)的建构性解释(constructive interpretation),求得对疑难案件的唯一正解。这样的思路,与布莱克斯通主义具有一定的相似性。车剑锋."作为整体的法"与结果无价值论的法益概念[J].武陵学刊,2013(6):58.

③ Kenneth J.Kress. Legal Reasoning and Coherence Theories: Dworkins Rights Thesis, Retroactivity, and the Linear Order of Decisions[J]. California Law Review, 1984, Vol. 72: 374.

④ Richard H.Fallon, Jr. and Daniel J.Meltzer. New Law, Non-Retroactivity, and Constitutional Remedies[J]. Harvard Law Review, 1991, Vol. 104, No. 8: 1807-1813.

⑤ Jill E.Fisch. Retroactivity and Legal Change: An Equilibrium Approach[J]. Harvard Law Review, 1997, Vol. 110, No. 5: 1100-1110.

第五种观点主张应当赋予判例以完全的溯及既往的效力。持该观点的学者主张,完全溯及既往并不意味着所有当事人都将从争议中的权利或规则中获益。无论是在直接审理还是在间接审理案件中的当事人,针对其所主张的权利是否应当受到保护,应当通过判决来确定其所声称的司法错误是否存在。在此前提之下,完全溯及既往将保证回溯适用新规则的公平性,而不会导致轻纵犯罪或再审司法成本过高的问题。[①]因此,就判例而言,完全的溯及既往适用要优于前瞻性适用与混合方法适用,此外,该方法的缺点可能是理论的臆断,或者至少其优点要大于缺点。[②]

直到今天,美国联邦最高法院刑事判例的溯及既往问题仍然没有一个准确的答案。相反,各种学说之间的分歧反而出现了愈演愈烈的趋势。本书对于这场奥德赛之旅的介绍暂时需要告一段落。这场争论为我们展示的是美国刑事司法实践对于"判例溯及既往"问题的运用。与其说是运用,不如说在某种意义上是利用。

与大陆法系更加注重法律解释不同,英美法系中罪刑法定原则的主要关注点是法律溯及既往与否的问题。在美国,禁止事后法(Ex Post Facto Law)是一个宪法原则,作为罪刑法定原则的背景存在。但是,由于判例制度的存在,具有规范效力的法规范不仅仅包括刑事立法,法官在个案中对于法律的解释,也具有规范性拘束力。而这种法官解释意义上的溯及既往问题,被美国学者独立出来,与立法意义上的溯及既往区别对待,进行讨论。本书将其称为司法意义上的溯及既往。

(一)传统理解:立法意义上的禁止溯及既往

罪刑法定主义要求对一个人定罪处刑必须依行为时生效的法律,[③]如果法律规范溯及既往,人们对法律规范的正当期盼的失落,会导致对法律规范失去信心,进而摧毁法律的社会机能。[④]罪刑法定原则表达了一种为避免不

---

① L.Anita Richardson and Leonard B.Mandell. Fairness over Fortuity: Retroactivity Revisited and Revised[J]. Utah Law Review, 1989, Vol. 11, No. 1: 61.

② Bradley Scott Shannon. The Retroactive and Prospective Application of Judicial Decisions[J]. Harvard Journal of Law & Public Policy, 2003, Vol. 26, No. 3: 816.

③ 陈兴良.罪刑法定主义[M].北京:中国法制出版社,2010:53.

④ 张明楷.刑法学(第四版)[M].北京:法律出版社,2011:56.

公平的法律适用(unfair surprise)而制定事前刑法规则的期待,①因此禁止溯及既往最初且主要表现在立法向度上。

根据禁止溯及既往针对刑事立法的传统,在美国学者多称其为"禁止事后法"。美国宪法中的"禁止事后法"条款,以保护美国公民对抗剥夺性质的,武断的立法行为,无论是联邦还是各州的立法都不得具有溯及既往的内容。②蔡斯法官(Justice Chase)在卡尔德诉布尔(Calder v. Bull)案中,列举了溯及既往立法的表现形式:1.将法律生效之前的无罪行为认定为有罪的法律;2.将法律生效之前行为认定为更重罪名的法律;3.与行为时的法律相比,加重或者改变刑罚的法律;4.与行为时的法律相比,改变证据规则,或者接受降低的或不同类型的证据的法律。③

禁止事后法不仅仅要求立法者不得制定溯及既往的法律,还要求司法机关不得溯及既往地适用法律。因为溯及既往地适用法律同样会产生破坏公民预测可能性,从而使其无法预测自己行为的法律后果。与此相似,由于判例法的性质,在美国,法官对于法律的解释尽管不是立法,但是作为规范性的法律渊源,会产生与立法相类似的效果。如果就新情况、新问题、新案件法官做出了不同于之前的法律解释,那么这种解释是否具有溯及既往的效力呢?这就引出了对于禁止事后法原则的新发展,即司法意义上的禁止溯及既往。

(二)对"禁止事后法"的新理解——司法意义上的禁止溯及既往

在普通法时代,法官可以"创造犯罪",无论是"重罪",还是"轻罪"。美国进入成文法时代之后,法官创造犯罪被禁止,因此法官解释法律是不可避免的。因此,在美国,法官在个案审判的过程中所做的法律解释是否具有溯及既往的效力成了一个非常重要的问题。美国学者普遍认为,以保护个人的宪法权利和个人自由为出发点,溯及既往的立法由于受到违宪审查制度的约束,相对较为少见,相反更多地溯及适用法律的行为表现在法律解释中。有

① Marc Ribeiro. Limiting Arbitrary Power: The Vagueness Doctrine in Canadian Constitutional Law [M]. Vancouver: UBC Press, 2004: 37.

② Wayne A. Logan. The Ex Post Facto Clause and the Jurisprudence of Punishment[J]. American Criminal Law Review, 1998, Vol. 35: 1275.

③ Calder v. Bull, 3 U.S. 386, 391(1789).

学者指出,当然,个人自由应当处于禁止事后法原理的中心。在司法解释溯及既往与否的问题上无论是学者还是法院,都对彻底禁止溯及既往的策略存在疑问,甚至于对是否应当保护公民的信赖利益持怀疑的态度。①换言之,在个案审理的过程中,法律解释只要不是依据法律进行的严格解释,无论是扩大解释,还是缩小解释,其本身就对罪刑法定原则的司法适用存在威胁,更何况如果在解释的问题上彻底禁止溯及既往,会产生轻纵罪犯的问题。

因而有学者指出,一个明显的悖论存在于美国的法律实践中,即在立法层面严格禁止任何形式上的溯及既往,但是法官在进行法律解释时,对禁止溯及既往的禁止却相对宽松。②从形式上看,法律解释的时间效力问题应当从属于法律,因此解释不存在是否溯及既往的问题。③实质上,不仅制定具有事后效力的刑法规则会破坏罪刑法定原则,溯及既往地解释法律同样会产生破坏公民预测可能性的效果。④司法过程中法官对法律的任意解释正是在罪刑法定原则最核心的地方,忽视了罪刑法定原则的要求,即刑法必须提供公平警告。⑤为避免轻纵罪犯,同时兼顾禁止事后法在法律解释领域的效果,美国刑事司法允许新的法律解释具有一定程度上溯及既往的效力,尽管这在传统的禁止溯及既往理念看来,是禁止的。此类溯及既往之所以被容忍,是由于其并非来源于立法者,而是来自于依赖法官理性的司法过程。⑥上述学者的论述在学理层面表达了对司法意义上禁止溯及既往要求的探讨。

大陆法系国家将学术理论视为司法实践的灯塔,⑦而在普通法系国家,

---

① Harold J.Krent. The Puzzling Boundary Between Criminal and Civil Retroactive Lawmaking[J]. The Georgetown Law Journal, 1996, Vol. 84: 2143.

② Peter Westen. Two Rules of Legality in Criminal law[J]. Law and Philosophy, 2007, Vol. 26: 249.

③ Trevor W.Morrison. Fair Warning and the Retroactive Judicial Expansion of Federal Criminal Statues[J]. Southern California Law Review, 2001, Vol. 74: 467.

④ Paul H.Robinson. Fair Notice and Fair Adjudication: Two Kinds of Legality[J]. University of Pennsylvania Law Review, 2005, Vol. 154: 353-355.

⑤ Francis A.Allen. The Erosion of Legality in American Criminal Justice: Some Latter-Day Adventures of the Nulla Poena Principle[J]. Arizona Law Review, 1987, Vol. 29, No.3: 408.

⑥ Dan M. Kahan. Some Realism About Retroactive Criminal Lawmaking[J]. Roger Williams University Law Review,1997,Vol. 3: 96.

⑦ Michael Bohlander. Principles of German Criminal Law[M]. Portland: Hart Publishing Ltd, 2009: 9.

学术理论则更似司法实践的奴仆,仅仅在理论中探讨法律解释的溯及力问题,并不能证明这是一个罪刑法定司法化的关键问题。美国的司法实践中,随后开始注意司法溯及既往的问题,并且出现了"(法官)恣意解释刑法条文的做法破坏了分权的制度,其与事后法并不存在区别"的观点。①美国学者对这一现象进行了研究:"在过去,美国并不禁止法官以溯及既往的方式创造普通法意义上的犯罪。作为一个非宪法问题,近年来由法官创造犯罪的做法不再为联邦法院所允许。随后,宪法当中'正当程序'的条款被解释为禁止司法过程中的对刑事责任溯及既往的扩大解释。"②布耶(Bouie)案是司法意义上溯及既往理念冲突的集中表现。

布耶(Bouie)案的案情如下:在种族隔离时期,某饭店经理拒绝为两名非洲裔大学生提供服务,并要求他们离开。二人无视饭店经理的要求继续在座位上谈笑风生。随后经理报警,赶到后的警察要求二人离开座位,他们继续置之不理,警察以"非法入侵罪(Trespass)"为名逮捕了他们。当时根据南卡罗来纳州的法律,所谓"非法入侵,是指虽然受到不得进入某场所的警告,但是仍然强行进入的行为"。州最高法院对"非法侵入"进行了扩大解释,认为"非法入侵"应当包括"虽然进入是合法的,但是在被要求离开时拒不离开的行为。"布耶等人认为法院对非法入侵行为的解释,在行为时并不成立,这种解释策略会产生不当溯及既往的效果,因而向联邦最高法院提起上诉。③联邦最高法院在考察了南卡罗来纳州的立法情况和之前判例的基础上,认为,"毫无疑问,对于获得公平警告权利的剥夺除了来源于不明确的法律语言,还来自于不可预见的,对于狭窄、准确的法律语言扩大解释溯及既往地适用。"④"与运用事后法相似,溯及既往地适用对刑法的扩大解释的行为,同样不能提供预测可能性。如果禁止事后法条款可以对(州)立法行为做出限制,那么禁止剥夺公民的预测可能性的要求也可以对(州)最高法院的司法

---

① Francis A. Allen. The Habits of Legality: Criminal Justice and the Rule of the Law[M]. New York: Oxford University Press, 1996: 15.

② Kenneth S. Gallant. The Principle of Legality in International and Comparative Criminal Law[M]. New York: Cambridge University Press, 2009: 256-257.

③ Bouie v. City of Columbia, 378 U.S. 347, 349-351(1964).

④ Bouie v. City of Columbia, 378 U.S. 347, 353(1964).

行为进行限制，以避免具有事后法类似效果的法律解释的产生。"①自此，认为无论是立法意义上的溯及既往，还是司法意义上的溯及既往，都应当受到限制的观点获得了美国司法实践的承认。

然而，由于法律解释针对的是个案的具体案情，一旦改变传统的司法策略，对于正在审理的案件及同时期的相似案件来说，本质上都有破坏禁止事后法原理的嫌疑，如果禁止任何形式的司法意义上的溯及既往，那么刑事司法便无法进行，法律解释也无法实现，因此，需要为布耶案中的司法策略增加一个实质性的条件，只在一定特殊的情况下，例外地允许法律解释具有溯及力。而这种限制与对立法意义上的禁止溯及既往的严格禁止相比，存在明显的区别。

（三）两种禁止溯及既往的互动：禁止"溯及的形式"与禁止"溯及的效果"

在禁止事后法的层面上，对于溯及既往的禁止是严格的、形式上的，本书将其概括为，禁止"溯及既往的形式"。一部在形式上具有溯及既往效力的法律，即便其更加符合司法的目的，更加符合社会对于刑事司法的要求，也应当否认其正当性，因为其会产生破坏公民预测可能性的效果。②相反，在禁止溯及既往的法律解释的层面上，由于法律解释往往针对的都是由于社会发展而变化了的案件的社会结构和正义观念，法律解释在多数情况下都具有溯及既往的特征。坚持在解释的问题上禁止"溯及的形式"，在维护法律确定性方面存在合理性，但是，法律的绝对的确定性并不能完全满足司法实践的需要。③因而，司法意义上的禁止溯及既往，不可能是一种简单地禁止一切法律解释的溯及力，也就是我们所谓的"溯及的形式"，其必定具有一个实质性的标准，来给予法律解释以一定的溯及力。因此，禁止司法意义

---

① Bouie v. City of Columbia, 378 U.S. 347, 354(1964).

② 需要注意的是并非在所有的部门法中都必须禁止溯及既往。在刑法之外的法领域，允许溯及既往的法律存在。在刑法的范畴内，"溯及既往型法律之所以受到如此普遍的谴责，不只是因为刑事诉讼法所涉及的'赌注'很高，还因为——而且主要是因为——在所有的部门法中，刑法最明显而且最直接地涉及到塑造和约束人们的行为。回溯性的刑事法规会令人直接联想到这样一种荒唐之极的情况：今天命令一个人昨天做某事。"（参见富勒：《法律的道德性》，郑戈译，商务印书馆，2005年版，第72页）

③ E.博登海默.法理学：法律哲学与法律方法[M].邓正来译.北京：中国政法大学出版社，2004:340.

上的溯及既往是一个在法律的确定性与灵活性之间进行妥协的问题,因为"一个理性的法律体系会在明确性、可预见性、强制性与适当性、灵活性、自由裁量之间实现平衡"。①

这就要求,"溯及的效果"才是司法溯及既往应当禁止的,而不是"溯及的形式"。换言之,一项解释应当被认定为溯及既往的解释,其效力应当被否定,除非其足以为公民提供对自己行为后果的预测可能性。

布耶案当中意图在"禁止事后法"条款当中解决司法溯及既往问题的策略,在罗格斯杰(Rogers)②案当中被美国联邦最高法院否定。联邦最高法院认为,布耶案中法律解释溯及既往效果禁止与否的问题,应当从事先告知、预见可能性、尤其是公民的预见可能性等正当程序条款的核心概念当中寻找,③法律解释溯及力的问题,不是"禁止事后法条款"(禁止溯及的形式)调整的对象,而应当是一个"正当程序条款"(禁止溯及的效果)调整的对象。大法官奥康纳(O'Connor)在罗杰斯案的判决中认为,"随着新的社会现实的出现,始终存在对过去司法判决中观点进行重新评价或者澄清的需要。州法院的司法工作必然包含被称为'法律创造'或者'法律发现'的活动,特别是考虑到普通法传统仍然在英美法法律体系中发挥作用的现实。严格贯彻'禁止事后法'条款,会过度地削弱法院对于先例进行合理发展的机能。"④奥康纳大法官的推理与上文中提到的在法律解释的层面上严格禁止溯及既往,会导致法律解释消亡的观点,在某种意义上不谋而合。根据罗杰斯案,法庭可以对普通法原则或者法律条文进行具有溯及既往表现的解释,只要

---

① Scott J.Shapiro. Legality[M]. Cambridge: Harvard University Press, 2011: 258.

② Rogers v. Tennessee案的案情如下:被告人Rogers于1994年5月6日,用刀刺中被害人的胸口,致使被害人陷入重度昏迷(植物人)状态,15个月后被害人死于肾感染。本案中的争议焦点是普通法中的"一年零一天规则(year-and-a-day rule)"是否有效。在普通法时代,美国法院在谋杀案件中曾经以一年零一天规则作为认定法律因果关系的标准,即被告人必须对被害人的死亡结果承担责任,除非受害人在加害行为实施后的一年零一天或者更长的时间后死亡。(参见刘士心:《美国刑法中的犯罪论原理》,人民出版社,2010年版)田纳西州高等法院认为,随着现代的病理学的发展,法庭在审判的过程中可以相对准确地判断造成死亡的直接原因,一年零一天规则已经没有必要存在。因此,田纳西州高等法院废除了这一普通法规则(State v. Rogers, 992 S.W.2d 393)。由于在罗杰斯行为时,一年零一天规则仍然有效,本案法院直接废除刑法规范的作法是否违反"禁止事后法条款",存在争议。

③ Rogers v. Tennessee, 532 U.S. 451, 460(2001).

④ Rogers v. Tennessee, 532 U.S. 451, 462(2001).

该解释不会在实质上破坏公民的预测可能性（即破坏公平警告）。①在罗杰斯案中，联邦最高法院对于法律解释的溯及力问题给出了全新的答案，如果一项法律解释违反正当程序条款，那么就应当禁止其发挥溯及既往的效力，但是这种禁止绝不是禁止事后法条款意义上的形式限制，而是一种以是否破坏公民预测可能性为标准的实质的判断，换言之，并非绝对禁止溯及既往解释，只要符合法规范要求的合理的人（reasonable person）能够合理预见该解释的后果，就可以例外地允许其溯及既往地发挥作用。

有美国学者对罗杰斯案中形成的禁止溯及既往原则的新发展表现出了担忧的态度，认为罗杰斯案对于布耶案司法策略的解读赋予了法庭过大的自由裁量权（discretion）。因为，现在不仅在被告人知道法庭会做出特定法律解释的场合，在被告人可能知道法庭会改变传统法律解释的场合，法院也可以认定公平警告的存在。②另有学者认为，罗杰斯案表明了，美国联邦最高法院忽视了州法院的法律解释同样存在破坏禁止事后法条款的可能，过分扩展了公权力机构的权力。③

综上所述，美国罪刑法定原则中的禁止溯及既往存在两个不同的向度。一是立法意义上的禁止溯及既往，禁止的是"溯及既往的形式"，即只要立法当中存在溯及既往的内容，就是对于罪刑法定原则的违反。二是司法意义上的禁止溯及既往，禁止的是"溯及既往的效果"，即当司法过程中的法律解释破坏了公民的预见可能性和获得公平警告的权利时，这种溯及既往的解释才是禁止的，否则应当允许，其核心原理是罪刑法定原则不应当阻碍法律正常的发展。④

---

① Joshua Dressler. Understanding Criminal Law(5th Edition)[M]. Newark: Matthew Bender&Company, Inc, 2009: 42.

② Heyward D.Armstrong. Rogers v. Tennessee: An Assault on Legality and Due Process[J]. North Carolina Law Review, 2002, Vol. 81: 341.

③ Daniel James White Ex Post Excepted: Rogers v. Tennessee and The Permissible Retroactive Application of Judge Made Law[J]. University of Cincinnati Law Review, 2003, Vol. 71: 1161-1162.

④ Mohamed Shahabuddeen. Does the Principle of Legality Stand in the Way of Progressive Development of Law?[J]. Journal of International Criminal Justice, 2004, Vol. 2: 1013.

三、我国"从旧兼从轻"原则的司法适用及其改造

"从旧兼从轻"原则是刑法基本原则,然而在司法实践当中却存在诸多混乱、模糊之处,其中既有罪刑法定原则司法化困境等理论层面的原因,也有刑法规范修订频繁等现实层面的原因。要突破困境,就必须明确刑法规范溯及力存在立法层面、司法层面、理论层面三个向度,并根据不同对象的特殊情况,对溯及力问题进行分层。通过"禁止溯及既往的形式"和"禁止溯及既往的效果"的划分,对从旧兼从轻原则进行工具化改造,以期实现在坚守"从旧兼从轻"基本原理的同时,赋予司法机关足够的解释余地;在直面复杂对象带来矛盾的同时,提供解决问题的一般性方向;在建构抽象理论工具的同时,回应司法实践现实需要的综合目标。

(一)我国刑法"从旧兼从轻"存在的问题

"从旧兼从轻"原则是我国罪刑法定派生原则的重要内容之一。[①]以罪刑法定派生原则是对于刑法具有指导意义的操作规则[②]的基本立场为出发点,刑法溯及力问题具有极强的实践价值,本应在刑事司法实践中发挥重要的作用。然而,我国的"从旧兼从轻"原则却存在诸多不明之处。一方面,"从旧兼从轻"原则出自《刑法》第十二条关于溯及力的规定,是唯一具有法定地位的罪刑法定派生原则,理应更加具体、明确、具有可操作性。另一方面,关于刑法规范的时间效力在司法实践中却有些混乱,当冲突出现的时候,"从旧兼从轻"原则似乎成了救火队员,关键时刻请出,似乎问题就获得了解决,但掩饰在该原则之下的矛盾,正在缓缓侵蚀着罪刑法定主义的司法公信力,致使程序性的价值越来越多地受到实质衡量的侵犯。例如,刑法修正案的溯及力问题,是指刑法修正案生效之前的违法行为,是否可以依据生效后新的刑法规范定罪处罚的问题。《刑法修正案》就是刑法条文,按照《刑

---

① 作为罪刑法定原则的派生原则,禁止溯及既往原则在我国存在禁止溯及既往、禁止事后法、刑法规范溯及力问题、从旧兼从轻原则等多种称谓。无论哪种提法实际上针对的都是刑事规范时间效力的问题,因此本书不做特别区分。

② 陈兴良.罪刑法定主义[M].北京:中国法制出版社,2010,42-43.

法》第十二条的规定，其溯及力本不应当存在问题。然而，自《刑法修正案（八）》始，就新刑法修正案的溯及力问题，我国采取了"刑法条文（修正案）+时间效力的解释（司法解释）"的模式，相关司法解释中关于溯及力的规定与刑法第十二条多有冲突之处。退一步说，即便不存在冲突，以司法解释的方式确定《刑法》条文时间效力的做法也存在诸多值得商榷之处。再如，2001年颁布的《关于适用刑事司法解释时间效力问题的规定》，第二条认可了刑事司法解释的溯及既往的效力，而第三条则要求适用"从旧兼从轻"的原理。刑事司法解释作为有权解释具有准立法的地位，理应受到刑法基本原则的约束。那么，又应当如何理解司法解释的时间效力呢？"从旧兼从轻"原则在司法实践中是否遇到了问题？如果出现问题，是否有必要对"从旧兼从轻"原则进行反思和修正？如果需要对"从旧兼从轻"原则进行调整，应该如何看待司法实践的需要与罪刑法定原则，或者说与《刑法》第十二条之间的关系？"从旧兼从轻"原则是否仅仅是一种立法原则而对诸如刑事司法解释、刑事指导性案例等其他类型的法律渊源没有拘束力呢？由此可见，"从旧兼从轻"原则在我国司法实践中确实存在着一定的问题急需解决。实践中的混乱源于理论上的模糊，本书旨在溯本清源，理顺"从旧兼从轻"原则中的基本理论问题，以期对"从旧兼从轻"的司法适用有所裨益。

（二）"从旧兼从轻"原则理论乱象产生的原因分析

从本体论上来讲，"从旧兼从轻"是新的法律溯及既往与否问题的一种解决策略。法律的溯及力问题从起源上来讲是一个程序性的要求，"从旧兼从轻"作为罪刑法定主义从绝对转向相对在禁止溯及既往领域的集中表现，实际上是在程序性的形势判断中融入"轻"与"重"的实质性判断。这种实质观点的融入与其程序性的初衷本就存在矛盾，容易产生冲突。再加上中国的罪刑法定原则是舶来品，本土法治资源的一些特殊现实会加剧法律溯及既往与否问题上的这种形式与实质之间的矛盾，从而导致理论的模糊。概括起来，这种特殊的本土因素共有三个方面的表现。

1.根本原因：罪刑法定原则绝对化、口号化的趋势

"从旧兼从轻"原则作为罪刑法定的派生原则，与罪刑法定主义之间是主干与枝叶的关系，主干出现问题，会自然而然地反映在从旧兼从轻的理论

研究与实践应用上。目前,我国关于罪刑法定原则的理论研究处在一个非常混乱的时期,有太多争论不清的问题,就像一个理论的黑洞,吸收了大量的研究成果,却不能得出任何有效的结论。[①]有学者指出,作为外来术语,罪刑法定充当的只能是现代性的标识,仿佛飘游在这个汪洋大海般的异质社会上的一滴浮油。[②]究其根本,尽管自1997年《刑法》规定罪刑法定原则至今已有20年的时间,但是罪刑法定主义仍未突破绝对化、标语化的窠臼,仍未从高高在上的价值标准,转化为刑事司法实践中具有现实指导意义的制度话语。当然,说罪刑法定原则存在绝对化的问题,并非对罪刑法定基本原理的质疑,法无明文规定不为罪、不处罚的基本理念,无论在任何时代都是法治社会的基本理念。如果我们想要避免刑法的制裁反复无常,就不能无视罪刑法定原则这一刑法底线。[③]但是,另一方面如果认为罪刑法定是最高的价值原则,无法调整,不可逾越,将罪刑法定形式化、绝对化,那么罪刑法定就难以与司法实践的现实需要相对接。毕竟,司法是价值衡量的过程,终极价值会导致价值之间难以权衡取舍,破坏司法裁量作用机制,司法机关只能对罪刑法定"敬而远之",因此有学者也明确指出对于罪刑法定在司法实践中的命运持消极态度。[④]问题是,当我们还在绝对化地理解启蒙时代罪刑法定理念的时候,罪刑法定主义本身已经经历了多次修正,例如,我们现在作为一种知识在学习的绝对罪刑法定主义向相对罪刑法定主义的转化,正是罪刑法定主义根据时代和社会的现实需求,不断自我进化的过程。然而,我们正是忽略了历史上罪刑法定具有目的性自我革新的一面,对其刑法第一性原则的地位进行了机械化地强调。这也导致了,本作为罪刑法定操作规则的派生原则,同样被绝对化地理解。当罪刑法定派生原则的要求与司法实践的现实需求发生冲突的时候,司法机关很难选择对派生原则本身进行探讨,只能回避。而回避不仅是破坏的一种,更是最严重的破坏罪刑法定公信力的做法之一。这是我国"从旧兼从轻"原则司法乱象产生的最为根本的原因。

---

① 车剑锋.罪刑法定原则司法化问题研究[M].天津:天津社会科学院出版社,2016:3.

② 劳东燕.罪刑法定的宪政诉求[J].江苏社会科学,2004(5):133-138.

③ 刘艳红."司法无良知"抑或"刑法无底线"?——以"摆摊打气球案"入刑为视角的分析[J].东南大学学报(哲学社会科学版),2017(1):75-84.

④ 吴丙新.关于罪刑法定的再思考[J].法制与社会发展,2002(4):96-100.

2."法定地位"与"理论需求"之间的矛盾难以调和

在罪刑法定原则的诸多派生原则中，禁止溯及既往原则具有特别的地位，因为其正当性不仅来源于罪刑法定的基本原理，同时还是唯一具有法定地位的派生原则。两种正当性叠加，使得要对"从旧兼从轻"进行理论争论变得非常困难。这种困难非常明显，但是鲜有讨论者对这种现象进行分析。在"从旧兼从轻"原则的理论研究方面，涉及"改造"的文献可谓凤毛麟角，似乎论述谈到"从旧兼从轻"也就到了尽头，相关研究或者是集中于实践的做法违反了"从旧兼从轻"原则，例如有学者指出，关于限制减刑的规定可以溯及既往的司法解释，是违反罪刑法定原则的。[1]或者是提出应当贯彻"从旧兼从轻"，在此基础上，探寻"从旧兼从轻"原则更高的正当性来源，认为第十二条完全独立且高于第三条，第三条并不包含任何含涉刑法不溯及既往的结构与时序，第十二条是对旧行为特设的罪刑法定。[2]要学者对"从旧兼从轻"原则有所"质疑"，似乎非常困难。但是，同样是法定内容，在"共犯论"的场合，我国学者的"谨慎"似乎就减少了很多。我国《刑法》第二十五条规定，共同犯罪是二人以上共同故意犯罪。按照传统的共识，我国《刑法》规定共同犯罪之"共同"就是指"犯罪的共同"。近年来，我国不少学者受德、日刑法学的影响，认为我国刑法有关共同犯罪的规定，也是采取正犯与共犯的立法体制（区分制），因而要用区分制的观念来解释我国共同犯罪之共同。[3]因此，部分犯罪共同说、行为共同说的影响逐渐越来越大。且不论突破传统犯罪共同说的做法是否合理，单从其理论出发点来看，行为共同说等学说是结合实践需要做出的理论创新。同样是法律的明文规定，在共同犯罪的领域，我国学者敢于突破、创新，但是在刑法规范溯及力的问题上，却一致偏向保守，把实践中复杂的现实和需求通通归于"从旧兼从轻"中"轻"与"重"的判断中，这种反差应当引起重视。

---

① 张明楷.终身监禁的性质与适用[J].现代法学，2017（3）:77-92.

② 熊建明.基于文本视角之刑法第3条和第12条关联性解析[J].中国刑事法杂志，2014（5）:3-14.

③ 刘明祥.不能用行为共同说解释我国刑法中的共同犯罪[J].法律科学（西北政法大学学报），2017（1）:61-66.

3.刑法规范频繁颁布、修订的现实

"从旧兼从轻"原则的实践应用和理论研究出现困境的另一个重要的原因在于,我国刑法规范的构成较为复杂且颁布、修订较为频繁,这在无形中增加了刑法规范溯及力司法确定的难度。以日本为例,日本现行《刑法典》于1907年颁布,1908年10月1日起施行。在将近一个世纪的时间里,日本《刑法典》共修改了19次。①与一个世纪修订20次左右的日本《刑法》相比,1997年新《刑法》颁布以来近20年的时间里,我国《刑法》已经以修正案的形式修改了近10次,此外,在20年中新颁布的刑事司法解释等间接法律渊源更是数不胜数。刑法频繁修正无疑带来新旧法律内容的变化,"从旧兼从轻"原则的具体运用问题便因而凸显且具有普遍性。②也就是说,在日本刑法规范修订间隔时间相对较长,刑法规范溯及力的问题在更大程度上仅仅是一个理论问题。而在我国,由于刑法规范修订较为频繁,很多案件在新规范生效前尚未审结,从而导致了大量的新旧刑法规范适用上的选择问题。另一方面,由于日本刑法溯及既往与否基本是个纯粹的理论问题,因而其理论的实践性不强。我国的罪刑法定原则是舶来品,更多借鉴了日本刑法罪刑法定主义的相关理论,因此我们关于"从旧兼从轻"的研究也停留在原理层面,用原理层面的研究解决实践层面的问题,我国刑法"从旧兼从轻"原则会出现实践困境,也并非不能理解。这一点对比我国关于共犯论的研究会更为清晰。无论在德、日,还是在我国,共犯论都是司法实践中具有紧迫现实性的问题,同样是受德、日刑法的影响,我国学者在共犯论的研究上就表现得更加积极而富有解决实践问题的创造性。在司法实践需要面前,甚至不惜改变对《刑法》第二十五条已经约定俗成的理解,去建构带有明确问题导向的理论体系。与共犯论对比,在"从旧兼从轻"的问题上造成我国学者"环顾左右而言他"的态度的直接原因是刑法规范频繁修订带来的刑法溯及力问题高度的实践性与学术研究范式上高度理念化之间的冲突。

综上原因,要理清我国"从旧兼从轻"原则在司法实践中存在的问题,就必须明确"从旧兼从轻"原则最基本的理论问题。其中"从旧兼从轻"原则调

---

① 张明楷.日本刑法的发展及其启示[J].当代法学,2006(1):3-12.

② 肖中华.刑法修正常态下从旧兼从轻原则的具体运用[J].法治研究,2017(2):22-28.

整的对象是最为重要，也是最容易导致混淆和亟待厘清的理论问题。

（三）改造方案：刑法规范溯及力的三个向度

作为刑法的基本原则，调整对象是"从旧兼从轻"原则最基本，也是最重要的理论问题。如果从文义角度考察《刑法》第十二条的规定，其中多次出现"本法"的提法，那么该条款规制的对象应当是《刑法典》及《刑法修正案》。"从旧兼从轻"原则是从《刑法》第十二条中抽象出的学术理论，其适用范围要远远大于第十二条本身。这就导致了该原则调整对象在立法层面和理论层面上存在冲突。如果说，在刑事法律条文的层面上严格遵循"从旧兼从轻"的基本原则是罪刑法定主义的要求，因而具有与生俱来的正当性，那么在法典范围之外的场合，如在刑事司法解释等非正式法律渊源的场合，必然与立法层面溯及力问题存在明显的差异性。无视这样的差异性，就难以从根源上解决刑法规范溯及力问题的实践困境。概括来说，刑法规范溯及力问题存在三个向度。

1. 立法向度：刑法修正案的溯及力问题

作为罪刑法定的派生原则，禁止溯及既往原则最初以保护公民对自己行为的预测可能性为出发点，所针对的正是刑事立法，因此我国也有学者将该原则称为"禁止事后法"。①"从旧兼从轻"原则是禁止溯及既往原则在我国法典化过程中形成的，以相对罪刑法定主义为基本立场的刑法规范时间效力确定原则，因此其最主要的对象就是《刑法典》条文。1997年《刑法》颁布以来，特别是近年来，我国刑法修改往往以刑法修正案的方式进行，因此，"从旧兼从轻"原则的首要对象就是各刑法修正案的条文。②既然《刑法》第十二条对《刑法》条文溯及力问题进行了规定，那么刑法修正案溯及既往与否本不应该存在问题，但是在我国无论是在实践中还是在理论上，都对刑法修正案"从旧兼从轻"原则的适用产生了疑问。在实践层面上，出现了通过司法解释对刑法修正案溯及力进行专门规定的现象。在理论层面上，出现

---

① 黎宏.刑法学总论（第二版）[M].北京：法律出版社，2016：19.
② 当然，刑事立法解释溯及力问题也是立法向度不能回避的问题。但是，一者对刑事立法解释的性质及效力存在广泛的争议，二者刑事立法解释数量较少，相对而言其时间效力问题并不突出。因此，囿于篇幅所限，本书暂时不对刑事立法解释的时间效力问题进行探讨。

了应当根据被修正的法律规范的性质采取不同的判断时点,以适用"从旧兼从轻"原则①的观点。为防止可能的法律机械主义的风险,从旧兼从轻原则本来就赋予了刑事法律相应的自我调节的空间,即"重"与"轻"的判断。在立法向度上,要坚持从旧兼从轻原则,就必须破除一种陈旧观念,即担心以刑法修正案方式完善刑法,对已经发生的案件就无溯及力,会使犯罪分子无法惩处、难以受到打击。②如果因为担心个别案件中出现无法追究犯罪嫌疑人的情况出现,就置《刑法》明文规定的"从旧兼从轻"原则于不顾,那么就和1997年《刑法》确立罪刑法定原则时,不少学者对罪刑法定原则存在"可能放纵犯罪"的怀疑一样,是对罪刑法定内在原理的破坏。因此,在立法向度上,我们需要一种更为严格贯彻"从旧兼从轻"原则的方式。

2.司法向度:刑事司法解释的溯及力问题

刑事法律渊源有多种表现形式,因此,《刑法典》之外的具有规范效力的法律渊源,例如刑事司法解释,同样存在新旧交替时可能产生新解释是否溯及既往的问题。如有学者指出,禁止溯及既往既是司法原则,也是立法原则。因为刑法适用上的溯及既往与刑事立法上的溯及既往都会损害国民的预测可能性、侵犯国民自由。③因此,禁止刑法司法解释溯及既往原则是罪刑法定原则的必然要求,也是世界各国通行的做法。④以美国刑法罪刑法定为例,法律溯及既往问题至少具有三个面向:一是,由立法机构制定的法律是否属于"事后法(Ex Post Facto Law)",以及事后法是否可以在司法实践中适用;二是,法庭在审理的过程当中,面对变化了的社会情况和对法律条文的新理解突破先前的先例,是否会侵犯到公民对自己行为的预测可能性;三是,新的判例是否可以溯及既往地适用于已经开始审理、尚未审结或者提起审判监督程序的案件当中。⑤在我国,刑事司法解释作为有权解释,具有类似立法的效力。因此,一方面,与刑法修正案类似,具有类似法律效力的司

---

① 莫洪宪、刘夏."从旧兼从轻"原则与刑法修正案(八)的实施[J].中国检察官,2011(5):31-32.

② 黄太云.刑法修正案和刑法立法解释溯及力问题探析[J].人民检察,2006(19):37-39.

③ 张明楷.刑法学(第五版)[M].北京:法律出版社,2016:51.

④ 利子平.禁止刑法司法解释溯及既往原则之提倡[J].南昌大学学报(人文社会科学版),2013(5):60-67.

⑤ 车剑锋.美国刑法中的罪刑法定原则内涵辨证及其启示[J].武陵学刊,2017(1):78-86.

法解释是否与法律同样受到"从旧兼从轻"原则的约束,是司法向度溯及力中的核心问题。另一方面,司法解释具有形式多样的特点,一些司法解释存在特殊的形式,例如"请示—批复型"司法解释,是就个案裁判结论,由最高人民法院确定的类型化的司法策略。该类司法解释在个案中往往具有"新法"的特征,如果严格适用"从旧兼从轻"原则,可能导致"请示—批复型"解释中最高人民法院的司法意图难以实现的问题。因此,在《最高人民法院、最高人民检察院关于适用刑事司法解释时间效力问题的规定》第二条规定在行为时没有司法解释,在司法解释施行后尚未处理或者正在处理的案件,依照新司法解释的规定办理。但是,尽管形式不同,司法解释作为有权解释的性质并未改变。新的刑事司法解释为何具有溯及既往的效力,而不受从旧兼从轻原则的约束,是司法向度溯及力中的一个尚未解决的难题。

3.理论向度:其他间接法律渊源的溯及力问题

除刑法修正案、刑事司法解释外,其他间接刑事法律渊源的时间效力也是不得不考虑的重要问题。表面上看,间接法律渊源是否具有规范意义上的拘束力尚存在疑问,但是作为广义刑事法规范的内容,无论是对司法裁判具有直接、规范意义上的拘束力,还是间接、事实意义上的拘束力,都不能对作为刑法基本原则的"从旧兼从轻"原则完全置若罔闻。以刑事指导性案例为例。《最高人民法院关于案例指导工作的规定》第七条规定了指导性案例的法律效力问题,其中"应当参照"的含义并不明确,进而指导性案例在法律适用中的效力亦不清楚。[1]然而,指导性案例无法通过立法明文成为法源,并不意味着它就无法借由与制度规范的间接联系,获得与法源类似的性质。[2]我国的案例指导制度还处在初创期,由于兼具成文法与判例法的特性,该制度在未来还具有很大的变数。无论是制度本身的变革,还是制度机能的更新都会影响到刑事指导性案例溯及力的发挥。例如,如果将来案例指导制度在一定程度上发挥规则提供的机制,即具有一定规范上的拘束力,那么在其与先前法律、司法解释发生冲突的场合,就不能一概地否认其溯及

---

① 陆幸福.最高人民法院指导性案例法律效力之证成[J].法学,2014(9):97–102.

② 雷磊.指导性案例法源地位再反思[J].中国法学,2015(1):272–290.

既往的效力。[①]否则，虽然目前尚未出现刑事指导性案例时间效力的问题，但是将来一旦出现因为指导性案例是否溯及既往存在争议的疑难案件，势必会使司法实践和学术理论陷入未知的混乱当中。因此，其他间接法律渊源是"从旧兼从轻原则"研究中不能忽视的重要对象。

如此一来，"从旧兼从轻"原则一方面面临着罪刑法定原则绝对化、口号化，"法定地位"与"理论需求"之间的矛盾，刑法规范频繁颁布、修订的现实等导致困境的诱因，另一方面存在三个不同层次的复杂调整对象，且每一个向度本身都存在着剪不断、理还乱的复杂实践现状。可谓是进亦忧、退亦忧，要厘清其中的各种矛盾冲突，其难度可想而知。

作为重要刑法基本原则和罪刑法定主义的派生原则，对"从旧兼从轻"原则能顺畅地在司法实践中发挥作用的愿景，我们当然乐见其成，但这绝非理所应当。过去我们熟悉的方法，恐怕很难简单地完成任务。

首先，我们必须摒弃"复杂问题绝对简单化"的方法，此方法最大的特点是分析问题头头是道，解决问题则大事化小。在"从旧兼从轻"原则的适用问题上，主张严格贯彻该原则，不越雷池一步的做法就是这类主张。表面看来，坚持《刑法》明文规定的基本原则不存在任何问题，然而，这种形式化"一刀切"的方法，为追求理论研究的便宜性，无视司法实践的困境和需求，最后可能会导致"从旧兼从轻"原则变成"一纸空文"的问题。

其次，我们必须摒弃"复杂问题绝对复杂化"的方法，此方法过度重视每种类型刑法规范溯及力的特殊属性，创造如迷宫一般的判断方法、判断策略，忽视了理论指导性和一致性的重要价值，且不说司法机关如何把握如此复杂的、类型化的溯及力判断方式，单就给人的印象而言，容易造成"一事一论"的感觉，从而危害到"从旧兼从轻"原则的公信力和正当性。

第三，我们必须摒弃"制度建构主义"的倾向，即放弃理论建构的顶层设计，转而静观司法实践对"从旧兼从轻"原则困境的应对方案，再归纳其中的规律，形成理论。这种方法是在混乱中制造更大的混乱，尤为不可取。罪刑法定立法化已20年却仍然存在司法化困境的反面经验说明，离开理论

---

① 车剑锋.刑事指导性案例溯及力问题研究——以美国刑事判例溯及既往问题的奥德赛之旅为借鉴[J].安徽大学学报(哲学社会科学版),2015(5):134-142.

建构,"从旧兼从轻"原则的困境势必难以解决。因为,当司法机关遇到刑法规范溯及力的困境时,如果没有理论工具帮助解决,那么法官对问题必然采取回避态度,甚至会为个案公正等理由而破坏"从旧兼从轻"的基本原则。

我们需要这样一种解决问题的思路:在坚守"从旧兼从轻"基本原理的同时,赋予司法机关足够的解释余地;在直面复杂对象带来矛盾的同时,提供解决问题的一般性方向;在建构抽象理论工具的同时,回应司法实践的现实需要。而这就需要分层的基本方法。在解决内部冲突的问题上,分层的方法具有一定的优势。因此,在罪刑法定原则的研究中,分层是非常常见的现象。传统上存在三种罪刑法定主义的分层策略:一是绝对的与相对的罪刑法定;二是形式的与实质的罪刑法定;三是消极的与积极的罪刑法定。[①]在对立统一多元目标的达成上,最高限度的罪刑法定与最低限度的罪刑法定的划分,具有一定的借鉴意义。"从旧兼从轻"原则存在三个向度,每个向度内部又存在多种冲突,要巩固其刑法基本原则的地位,又要应用其解决复杂的实践问题,那么具有内在对立统一性的分层策略是较为合适的选择。

与作为罪刑法定原则权威性来源的最高限度的罪刑法定和作为司法灵活性来源的最低限度的罪刑法定相对,本书认为,可以把"从旧兼从轻"原则在理论上分为"禁止溯及既往的形式"与"禁止溯及既往的效果"两个层面。禁止溯及既往的形式是指,如果立法当中存在溯及既往的内容,就是对于罪刑法定原则的违反。禁止溯及既往的效果是指当法律解释破坏了公民的预见可能性和获得公平警告的权利时,这种溯及既往的解释才是禁止的。[②]对于溯及既往形式的禁止是为了维护"从旧兼从轻"原则法定基本原则的地位,从而保护公民的预测可能性。对于溯及既往效果的禁止,是为了维护司法适用刑事法规范过程中的灵活性,从而保障司法目的实现的可能性。

与"从旧兼从轻"原则的三个向度对应,在立法向度上,以刑法修正案为代表的《刑法》条文溯及力问题,应当严格地贯彻"从旧兼从轻"原则,禁止溯

---

① 陈兴良.罪刑法定主义的逻辑展开[J].法制与社会发展,2013(3):50-60.

② 郑泽善,车剑锋.刑事司法解释溯及力问题研究——对美国司法实践中禁止溯及既往原则的借鉴[J].政治与法律,2014(2):74-83.

及既往的形式。这是作为刑法基本原则的"从旧兼从轻"原则权威的来源。尽管刑法修正案颁布较为频繁的现实会导致刑法适用上的困境,但是法律的安定性与个别案件处理结论的合理性之间,前者是刑事法治的基础,因此必然处在更为重要的位置。这种对从旧兼从轻原则的严格适用,目标是创造一种"标签效应",通过对法律原则的严格贯彻,创造更多的司法当中的重叠共识。因此,在立法向度上"轻"与"重"的衡量必须是一种形式的衡量,即从可能被判处的刑罚来判断新旧条文的轻重之别。在司法向度和其他非正式法律渊源的向度上,一者《刑法》第十二条是对《刑法典》时间效力的规定,对刑事司法解释和刑事指导性案例等其他规范,严格上讲仅具有"参照"的作用,二者后两个向度中刑事法规范的构成过于复杂,其中包含了非常复杂的利益冲突,仅仅依靠从旧兼从轻的刑法原则,很难解决纷繁复杂的矛盾冲突。因此,在这两个向度上,应当禁止溯及既往的效果,即只要刑事司法裁判的结果,不会破坏公民的预测可能性,不会剥夺公民获得公平警告的权利,原则上允许司法机关在新旧法律"轻"与"重"的衡量上采取实质标准,从而获得更多的司法灵活性。如有学者主张的,所谓新旧法律何者为轻,只有在综合各种定罪量刑要素,对新旧法律适用于具体案件后犯罪人应当承担的具体后果进行综合比较才能得出正确结论。①

当然,"轻"与"重"如何在实质上判断,并不是一个简单的问题,本书无法对这种实质判断做技术性的探讨,但是只要明确兼顾司法确定性与灵活性的对立统一的方向,针对不同对象对"从旧兼从轻"原则进行适当的工具化改造,对解决目前我国刑法规范时间效力问题在司法实践和刑法理论层面的困境一定会有所裨益。

在我国,"从旧兼从轻"原则既是法律明文规定的刑法基本原则,又是罪刑法定原则的派生原则,这种法律与理论的双重属性,导致了司法实践和学术研究中关于"从旧兼从轻"的模糊认识。我们需要这样一种原则,不必一次性地解决所有"刑法规范时间效力"的问题。相反,只要当实践中遇到疑难案件时,无论是实践还是理论,能够一致地向这个原则探寻答案即可。其

---

① 林维、王明达.论从旧兼从轻原则的适用——以晚近司法解释为中心[J].法商研究,2001(1):114-120.

并非在形式上寻找一个合乎逻辑的万全之策,而是在实践过程中逐渐培养具有高度公信力的理论工具,对外增加司法裁判的正当性,对内可以灵活地把司法目的融入裁决当中。实现在坚守"从旧兼从轻"基本原理的同时,赋予司法机关足够的解释余地;在直面复杂对象带来矛盾的同时,提供解决问题的一般性方向;在建构抽象理论工具的同时,回应司法实践的现实需要,实现以上三个方面的对立统一。毕竟,一种为人接受的"灵活性",总要好过僵化地"避而不谈"。而这实际上采取的是对"从旧兼从轻"原则进行工具化改造的路径。

第四章　美国刑法中的宽宥原则（Rule of Lenity）

延续自英国普通法的传统，宽宥原则（rule of lenity）是美国刑事法治中历史最为悠久的法律原则之一。与宽宥原则的基本原理可以追溯至普通法时代形成鲜明对比的是，宽宥原则的观念形象，即"lentiy"的提法，在20世纪50年代才出现在联邦最高法院的判决当中。一个运行了几个世纪的法律原则，在数百年后才获得了自己的"学名"，可见伴随着美国法律现代化的进程，法律严格解释的信条及有利于被告人的立场一直以来所处的尴尬处境。因为历史悠久，已经成为了法治的传统和习惯，所以延绵不绝、生生不息；因为时代变迁，逐渐沦为束缚司法权力大展拳脚的桎梏，所以跌宕起伏、争论不休；因为通俗易懂，慢慢演化为社会公众的"法治共识"，最终激烈的讨论转化为默认的接受。宽宥原则发展的历史，正是美国法治现代化的发展历程在刑法学这块巨幅画布上投下的影子。概括地说，美国刑法中的宽宥原则具有以下三个特点：一是程序性思维范式，美国刑法理论对宽宥原则的态度是程序的而非实体的。具体而言，在美国人看来，什么时候需要适用宽宥原则比如何适用该原则更值得讨论；二是实用主义应用原则，换句话说，宽宥原则的地位像是"救火队员"，平常容易被忽视，出现问题时不管是持什么立场的法官都会对该原则用上一用；三是作为罪刑法定原则的派生原则，宽宥原则始终是在"操作"层面发挥作用，对其基本原理的概括高度一致、简单明了、言简意赅。本章内容拟对宽宥原则的概念、发展以及司法适用进行一般性的介绍。

一、"宽宥原则"的概念、流变和现状

宽宥原则（Rule of Lenity），又称严格解释原则（Strict Construction）是指

对《刑法》条文进行严格解释,[①]即通过对文本进行最小范围的解释,法官可以从对被告人有利的角度解决法律条文模糊性的问题。我国也有学者将其译为"从宽解释原则"。[②]宽宥原则在美国是脱胎于普通法传统的舶来品,作为上接宪法原理、下应罪刑法定的重要的刑法操作原则,宽宥原则在美国的发展经历了一个从被接受到被改造,从被关注到被遗忘,从受制于人到朝督暮责他人的发展阶段,这一曲折的发展过程映射出了美国法治发展的历程和特征。

宽宥原则的基本原理诞生于英国的普通法时代。在14世纪的英国,死刑被适用到大量的犯罪中,而对犯罪的严重程度,有无从重或者从轻情节,被告人的特殊情况等没有区分。当时仅仅神职人员可以通过一些文字水平测试免于死刑。到17世纪,死刑的适用依然数量巨大,无论是"谋杀国王"、暴动,还是强奸、"无证以军人的身份招摇撞骗",甚至于扒窃、砍掉一棵樱桃树和与吉卜赛人交往超过1个月都要被处以死刑。[③]当时英国以普通法的方式一共创造了100多种可以判处死刑的犯罪,而死刑适用的总量巨大,不仅引起了民间社会的普遍反感,就连执法者本身都普遍感觉到死刑的适用必须受到限制。以此为背景,当时在英国,尽管法院、陪审团,有时甚至包括检察官都在尽更大努力通过运用宽宥原则的基本原理来避免对死刑过度地使用,但是立法者和国王却仍然执迷于通过法律的严酷进行威慑的政策。在17世纪如果说法治在英国为何能够快速深入人心的话,那么首先是因为当时限制法官造法的主张体现出了超越于普通法时代的宏大人文关怀。因此,宽宥原则是在对被告人的关怀基础上,立法权与司法权之间博弈的产物。

尽管美国从英国普通法继承了对刑法严格解释的传统,但是美国的司法体制并未面对着减少死刑适用的问题,因而,他们为了解决自己面临的现

---

① United State v. Bass, 404 U.S. 336, 347(1971).

② 邢馨宇.有利被告的英美法系话语[J].中国刑事法杂志,2013(7):124.

③ 关于英国宽宥原则的起源我们仅仅作为背景来理解,对当时英国普通法中100多种死刑罪名及其在普通法背景下借由"法官造法"愈演愈烈的趋势,详情参见 L. Radzinowicz, A History of English Criminal Law and Its Administration from 1750[M]. London: Stevens and Sons, 1948; Peter Benson Maxwell, On the Interpretation of Statutes[M]. London: William Maxwell & Son, 1875.

实困境而改变了其背后的基本原理。与英国专门针对减少死刑适用不同，在美国宽宥原则更多的是与政府权力架构息息相关。①在分权的权力架构逐步建立，司法权通过宪法解释逐步获得地位的整个历史当中，严格解释的原则既是司法权力谨小慎微自我保存的生存之道，同时也是法律实证主义逐步蔓延美国大陆的敲门砖。毕竟，在法治初创，逐步为人所接受的阶段没有什么比重视法律文本本身的含义更能够说服人心的武器了。法律实证主义在美国的流行是美国法治现代主义的开端。

在法律实证主义在美国确立的阶段，宽宥原则当中严格限制"法官造法"，对《刑法》条文严格解释的一面也曾经如同英国的实践一般展示在美国的司法实践当中。法律实证主义在美国19世纪中晚期兴起的一个原因很可能与19世纪大多数美国的法学家们对理论没有多少兴趣有关——他们热心于在实际事务中建立起新大陆的法律体系。由此引出了一些迫切的需要，其中一点就是法律的统一性和确立法律的权威性。②而宽宥原则正是法律实证主义在刑法中的代表。另一个可以解释实证主义理论何以在19世纪美国被接受的因素，是法律与政治的日益分离，以及法学家们保持一种低调的公众姿态的需要。形式推理似乎成了推卸责任的一个办法——如果"法律就是法律"，那么，由此造成的不公平就不是法律的解释者或法官的责任，而是立法者或者说议会的责任。③当然，法律实证主义以兰德尔主义为代表的鼎盛阶段在美国持续的时间并不长，很快后续接过接力棒的法律实用主义登上了历史舞台。法律实用主义虽然以实用为导向，但是以美国法治发展时间较短为背景，抛弃了实证主义的传统就是抛弃了自身赖以存在的正当性基础。因此，在实用主义兴起的阶段，宽宥原则反而迎来了在实践中获得应用，或者至少是被反复争论的良好局面。然而，特别是在第二次世界大战以后，关于宽宥原则的理论与实践开始脱节，司法实践中宽宥原则的地位受

---

① Sarah Newland. The Mercy of Scalia: Statutory Construction and the Rule of Lenity[J]. Harvard Civil Rights-Civil Liberties Law Review, 1994, Vol. 29, 200-201.

② P.S.阿蒂亚、R.S.萨默斯.英美法中的形式与实质——法律推理、法律理论和法律制度的比较研究[M].金敏、陈林林、王笑红译.北京：中国政法大学出版社,2005:209.

③ P.S.阿蒂亚、R.S.萨默斯.英美法中的形式与实质——法律推理、法律理论和法律制度的比较研究[M].金敏、陈林林、王笑红译.北京：中国政法大学出版社,2005:210.

到了前所未有的挑战,而法学理论中宽宥原则的地位反而相对稳固,就这一点无论是强调"相同案件相似处理"的法律程序学派,还是胸怀超越理性与经验实现法治"超验主义"梦想的德沃金教授都是如此。关于其中的细节性讨论,我们放在第二部分进行。

但是,总的来说,除了法治初创时期以外,与英国为了限制死刑泛滥的初衷所导致的严格限制"法官造法"不同,在美国,宽宥原则的基本原理更加偏向于做出有利于被告人的解释。特别是关于《刑法》条文范围上的模糊应当以"有利于被告人"的方式解释。[1]因为,对《刑法》条文进行严格解释符合罪刑法定原则的要求。通过禁止对模糊的法律条文进行创造性和与立法目的相冲突的解释,可以避免法律溯及既往地处罚犯罪行为。[2]美国联邦最高法院首次适用宽宥原则是在谢尔顿（United States v. Sheldon）一案中,法庭以公平（equity）为目的解释《刑法》条文,并将其适用到本不属于正确、通常法律术语解释范围的解释方法提出警告。审理谢尔顿案的法庭拒绝将条文规定的"运输"扩大解释为包括在美国与加拿大北部边境牧牛的行为。[3]"运输"从文本的通常含义来看,往往是指把物品运送到目的地的行为,而牧牛的举动虽然跨越了国境线本身,但是其目的地仍然是回到美国境内。因此与通常含义中的"运输"存在不同。此外,在牧牛的过程中要求当事人像地图导航一般清楚地认识国界线是一个不合理的要求,且牛的行为轨迹对牧牛人而言毕竟难以精确控制。因此,谢尔顿一案中法庭认为应当对"运输"这一概念进行严格的解释。此后,在19世纪的一系列判例当中,做出有利于被告人解释的基本原理获得了广泛的实践,这一点从后来无论是在各州层面,还是联邦层面对宽宥原则的普遍反对可以找到证据,一个从未广泛适用的法律原则,是不可能遭到普遍怀疑的。无论是刑事案件,还是民事案件,无论是法官将案件合理与否的舆论压力甩给立法者也好,还是坚守立法与司法分离的权力架构也罢,作为舶来品的宽宥原则在美国宪法实践中慢慢

---

[1] Rewis v. United States, 401 U.S. 808, 812(1971).

[2] John Calvin Jeffries, Jr. Legality, Vagueness, and the Construction of Penal Statutes[J]. Virginia Law Review, 1985, Vol.71, No.2, 189-200.

[3] United States v. Sheldon, 15 U.S. 119, 121 (1817).

生根发芽。而且,伴随着美国法律实践逐渐对英国普通法中严格解释原则中禁止"法官造法"的内核进行改造,"名"与"实"的对立逐渐清晰。美国人在"二战"以后意识到自己一直以来接受的法律原则的实质是保证被告人获得公平警告(fair notice)的宪法原则,而"严格解释"的"名"不能涵盖这个本质,而这也导致了在数十年实践之后,"宽宥原则"的术语才姗姗来迟。

在第二次世界大战之后,美国联邦最高法院法官法兰克福特(Frankfurter)于1958年创造了"宽宥原则"这一术语,来展现这一具有百年历史的法律解释原则,要求法院在刑法规范适用存在疑问时,以避免更加严厉处罚的方式解决问题。①从那时开始,在"宽宥原则"这个迟来的绰号广泛为人所接受的基础上,该原则的适用与否在数以千计的联邦法院判例中引发了大量的争论,②并且在一些案件中发挥了决定性作用,③其中不少是联邦最高法院的判例。从基本原理的引入,到最终获得了联邦最高法院认可的"名分",宽宥原则以一个法律信条的方式影响了美国法院数百年,也如幽灵一般在美国法治历史上裸奔了几个世纪。"裸奔"的过程是舶来品逐步本土化的过程,而获得"名分"以后,宽宥原则就彻底剥离了其普通法的DNA,走上具有美国当代法治特色的发展道路。

在美国,宽宥原则"有利于被告人"的基本原理在不同时期具有不同的表现形式。例如,关于适用与印第安人权利有关的条约和制定法,对其中模糊不清的地方,要采取有利于印第安人的方式。④在20世纪二三十年代保守主义法院曾经提出对克减普通法的制定法做严格的解释。⑤包括为自由主义法院所推广的,"补救性法规(remedial statutes)"应作宽泛的解释以实现其"目的"。⑥纵观宽宥原则的适用的历史,特别是在进入20世纪以后,(美国联

---

① Bell v United States, 349 US 81, 83 (1955).

② 在 Lexis Nexis 数据库进行检索,美国联邦层面直接涉及"rule of lenity"原则适用的判例达到了4845个,各州法院层面上相关判例,共有5217个,检索时间:2020年3月30日,11:27 A.M.

③ 相关判决参见:Dowling v United States, 473 US 207(1985); Simpson v United States, 435 US 6 (1978); United States v Bass, 404 US 336, (1971), etc.

④ Montana v. Blackfeet Tribe of Indians, 471 U.S. 759,766−768(1985).

⑤ Robert C. Reed & Co. v. Krawill Mach. Corp. , 359 U.S. 297, 304−305(1959)

⑥ Tcherepnin v. Knight, 389 U.S. 332, 336(1967).

邦最高法院）法官们对何时适用该原则以确保法律的确定性的问题上表现出了不同的态度。在有些判决中，法院最终采用了宽宥原则①，但是在另一些案件中则将该原则的考量至于对立法发展史和公共政策的分析之后。②但是，无论是"用"，抑或是"不用"，宽宥原则约定俗成、深入人心的地位已经变得毋庸置疑，毕竟激烈的争论往往说明了广泛共识的存在，而废止的声音越是嘈杂，越是表明了该原则难以撼动的地位。

不得不说，宽宥原则保障公民获得"公平警告（fair notice）"的基本原理，在美国宪法当中与实体正当程序的要求交相辉映，与罪刑法定主义的初衷异口同声，不仅具有宪法上的正当性，也是刑事程序宪法化过程的重要依据。③然而，尽管具有宪法基础，宽宥原则在19世纪末的频繁应用仍然导致一些州立法机构通过法律禁止对刑法的严格解释。州立法机关认为，法庭是在运用宽宥原则破坏立法原意从而实现他们自己的法律哲学。④不少人主张，为了避免司法上的单边主义，不用说，最高法院应该尊重全国多数民众的宪法观念而非自己的政治观念。否则，如果这种观念与多数民众的认识激烈冲突，就不可能在美国宪法文化中生根发芽。这也是政治与宪法变迁往往携手同行的原因。⑤正因如此，目前只有两个州在立法中明确规定了宽宥原则，分别是佛罗里达州和俄亥俄州。与此相反，有12个州废止了之前明文规定的严格解释原则，代之以公平意思解释方法（fair meaning construction）或自由解释（liberal construction）。另外有22个州接受了其他的法律解释标准，其中16个州要求法律解释应当参照文字的通常含义，其余5个州要求法官处理模糊的法律时考虑条文的一般性目的，而纽约州的法律允许法官通过立法的历史决定法律条文的含义。剩余的14个州以及哥伦比

---

① United States v. Moskal, 498 U.S. 103, 108 (1990).

② Hughey v. United States, 495 U.S. 411, 422 (1990).

③ 关于美国刑事程序宪法化的相关内容，参见[美]伟恩·R·拉费弗、杰罗德·H·伊斯雷尔、南西·J·金.刑事诉讼法（上册）[M].卞建林、沙丽金等译，北京：中国政法大学出版社，2003年版。

④ Sarah Newland. The Mercy of Scalia: Statutory Construction and the Rule of Lenity[J]. Harvard Civil Rights–Civil Liberties Law Review, 1994, Vol. 29, 202.

⑤ [美]杰弗里·罗森.最民主的部门：美国最高法院的贡献[M].胡晓进译.北京：中国政法大学出版社，2013：201.

亚特区与联邦法院类似，没有在法律中规定宽宥原则，但是也可能以普通法的方式适用宽宥原则。①

在联邦层面，美国联邦最高法院一直以各种各样的限制性要求削弱宽宥原则的作用。例如，在布朗（United States v. Brown）案中，联邦最高法院认为，严格解释原则的标准的适用，并非要完全凌驾于常识和明显的立法原意之上。该原则并非要求无限放大某一个术语上的模糊，从而与整个条文的真正意思相矛盾。②实际上，这是以常识和立法目的为由，限制宽宥原则的适用。我们不能说在联邦层面上宽宥原则已经完全失效，但是其确实在一定程度上遭到了破坏。③就像表面上支持严格解释，而实际上是法律实用主义的典型代表的斯卡利亚大法官表述的一样，"宽宥原则几乎和普通法本身一样古老，因此该规则具有效力也许是因为年代久远。其他的我就更表示怀疑了。对克减普通法的制定法作狭义的解释似乎完全是一种司法褫夺权力的表现。有些规则仅仅是对常规性解释的夸张表述而已"。④从过去的"有实无名"慢慢演变到"有名无实"，在不少批评者眼中，宽宥原则慢慢演变为了"合理解释"的"刑事法分舵"，法官启用该原则也好，背弃该原则也罢，案件处理的结果是不是"合适"才是根本性的考量。反之，在支持者眼中，这种"有名无实"恰恰说明了宽宥原则优良的法治基因，批判者对于宽宥原则"合目的性"的质疑，正是支持者眼中宽宥原则存续的必要性所在。

总的来说，宽宥原则是一种历史悠久、效力持续的法律解释的框架，其不仅在18、19世纪具有影响，在今天亦是如此。有些情况下，该原则仍然掌控着案件的最终结果，因此对现代的刑事程序被告人而言仍然具有现实意义。⑤对《刑法》条文的解释要求我们必须承认语言的模糊性和概念化的困

---

① Conrad Hester. Reviving Lenity: Prosecutorial Use of the Rule of Lenity as an Alternative to Limitations on Judicial Use[J]. The Review of Litigation, 2008, Vol. 27, No. 3: 525.

② United States v. Brown, 333 U.S. 18, 25–26 (1948).

③ John Calvin Jeffries, Jr. Legality, Vagueness, and the Construction of Penal Statutes[J]. Virginia Law Review, 1985, Vol.71, No.2, 199–200.

④ [美]安东宁·斯卡利亚. 联邦法院如何解释法律[M]. 蒋惠岭、黄斌译. 北京：中国法制出版社，2017: 40.

⑤ Ross E. Davies. A Public Trust Exception to the Rule of Lenity[J]. The University of Chicago Law Review, 1996, Vol. 63: 1181.

境，在此基础上，我们才能通过对语境的复杂分析来克服困难。希望通过一系列程序化解释的方法探寻一致性的解释结论是不现实的。法官的个人特性，法官如何看待问题永远会对司法结论造成影响。我们能做的是建构一个框架，在框架内确保争论聚焦于存在争议的问题上。这样即便我们对某一个特定案例的结果存在疑问，至少我们相信法庭对一些具有显著性的问题进行了严谨的考量。总而言之，无论是对语义学围墙的敬畏，还是宽宥原则在今天以限制性的方式被适用，都是为了达成这个的目标。①

　　到今天，具有数百年历史的宽宥原则在美国刑事法治中拥有一个非常特殊的地位。作为普通法时代的产物，在美国法治逐步迈入后现代主义时期的今天，宽宥原则早已不复往日的光辉，有利于被告人的基本立场在社会每时每秒发生的翻天覆地的变化面前，显得颇为刻板、机械，甚至对法院而言变得束手束脚。但是，作为法治发展历史的"活化石"，宽宥原则在数百年的反复争议中早已根植于美国人的心中，成为了刑事司法公众认同的重要基石。适用该原则的主张固然遭到了越来越多的挑战和反对，但是当美国法院以实用主义的立场扩大地解释、适用法律的时候，宽宥原则永远向法官们提出了"僭越与否"的警示。毕竟，不断地接受挑战恰恰说明了深入人心，反复随时代潮流起伏反而预示了强大的生命力。这既是宽宥原则的时代命运，也是这一古老的舶来品逐渐演化为美国刑法"土特产"的根本性证据。

二、"宽宥原则"的基本原理与理论争议

　　在了解了美国宽宥原则数百年的兴衰流变之后，一系列的疑问自然而然会出现在我们面前。为什么宽宥原则能够产生如此广泛的影响，其背后的法学原理为何？为什么没有"名分"的时候名声大噪，而获得了"名分"的宽宥原则反而出现了衰退和式微，其受到了怎样的批判？我们应当如何看待美国刑法实践中这种嘴上批得毫不留情，手上用得怡然自得的人格分裂式的现象？第二部分主要对这些问题进行讨论。

① Lawrence M. Solan. Law, Language, and Lenity[J]. William and Mary Law Review, 1998, Vol. 40, No. 1: 144.

(一)宽宥原则的基本原理

在美国,宽宥原则特殊地位的形成并非"无中生有",而是主要来源于两个方面的原因:一方面,承袭自普通法的传统,法治的历史赋予宽宥原则独一无二的正当性。另一方面,作为一项法律制度,宽宥原则具有宪法方面的基础。特别是对以"高级法"的信仰起家的美国法治而言,如果说历史是宽宥原则的经验正当性来源的话,那么其体现出的宪法原则就是理性正当性的来源。在美国,宽宥原则的宪法基础,包括宪法中的分权原则、正当程序原则、平等保护原则以及刑法中的罪刑法定原则,等等。其中,分权原则和法律正当程序的原理是美国学界公认的宽宥原则的理论基础。

1.分权原则

在美国,立法、行政、司法三个权力理论上完全分立,分别交付给三个部门,这三个部门都拥有各自的权力,它们是互相平衡、互相制约(check and balance)、互相掣肘、互相审查的权力关系,任何一支不能独自做大。①关于《刑法》条文的严格解释建立在对个人权利关怀的基础上,并且以基本的分权原则为依据,即设置刑事处罚的权力属于立法者,而非司法者。因此,宽宥原则可能比法律解释本身还要古老。②考虑到刑罚的严厉性,特别是刑事处罚往往与公众道德谴责相伴相生,只能由立法者来定义犯罪行为,而不能是司法者。个人不应当因为未经立法者犯罪化的行为而受到处罚。③正因为如此,美国的宽宥原则一开始就与单纯的"严格解释"传统不同,其关注点更多的是公民个人权利的保障。同时,"严格解释"的概念带有一定的误导性。对法律条文进行缩小解释,事实上是为了通过避免扩大解释,而做出有利于被告人的决定。而严格解释这一法律方法中的"古董"可能也被高估了,它在没有任何法律可以解释的时代是不可能单独出现的。严格解释的传统在产生时是为了应对一系列复杂的情况,实现一系列复杂的目的。④宽宥原则在普通法系统中已经存在了如此长的时间,主要原因在于其减少了

---

① 王昶编著:美国宪法精解(上卷)[M].北京:中国政法大学出版社,2016:9.

② United States v. Wiltberger, 18 U.S. (5 Wheat.) 76, 95 (1820).

③ United States v. Bass, 404 U.S. 336, 348 (1971).

④ Livingston Hall, Strict or Liberal Construction of Penal Statutes[J]. Harvard Law Review, 1935, Vol.48: 749.

对分权和正当程序的担忧并且为法律解释提供了连续性。①

　　然而，分权作为权力架构的最初理想型，在美国并非一蹴而就，相对弱势的司法权通过长期政治努力和艰苦的你争我夺才在所谓"三权分立"中逐步找到了自己的定位。而在筚路蓝缕的求生之路上，抱紧"法治"这根救民稻草，动辄把法律文本之上作为自己的"免死金牌"的做法可谓司空见惯。而这正是宽宥原则在刑法领域快速发展的历史性的背景。如果说分权作为一种启蒙时代的政治理想，成了推动美国社会权力分配的中坚力量的话，那么宽宥原则作为分权原理在刑事司法领域的具体表现，就构成了美国刑事法治现代化发展的推动力量。

　　2. 法律正当程序（Due Process of Law）的原理

　　宽宥原则在两个层面上深化了正当程序原则的理论目标。首先，该原则申明了正当程序对于给予犯罪嫌疑人合理"公平警告"的要求。在麦克伯耶尔（McBoyle v. United States）案中，霍姆斯大法官曾有过经典的论述："尽管一个罪犯不太可能在行为前谨慎地考虑法律文本的含义，但是以通常可以理解的语言给予其违法后果的公平警告却是合理的。为了达成这样的效果，犯罪的界限必须尽量定义的清晰。"②其次，宽宥原则通过在法律条文语言模糊的情况下，做出有利于被告人的解释，这也在某种程度上促进了正当程序原理的应用。③作为法律解释的基本框架，宽宥原则自动发挥作用，限制可能出现的在法律文本语言模糊地带进行不合理扩大解释的可能，从而为被告人提供平等的保护。"公平警告"的理念，是刑事程序宪法化过程的基础，也是罪刑法定原则作为宪法与刑法之间的"摆渡人"，必不可少的"船桨"。而正当程序的基本原理也塑造了美国人看待宽宥原则的程序性视角。关于这种程序性视角的具体内容，我们在第三部分再作讨论。

　　对普通法传统的承袭，分权原理在法治中的体现，再加上正当程序的基础性要求，三个美国社会的基础性法治共识成掎角之势共同拱卫着宽宥原

---

　　① Sarah Newland. The Mercy of Scalia: Statutory Construction and the Rule of Lenity[J]. Harvard Civil Rights-Civil Liberties Law Review, 1994, Vol. 29, 206.

　　② McBoyle v. United States, 283 U.S. 25, 27 (1931).

　　③ Julie R. O'Sullivan. The Federal Criminal "Code" Is a Disgrace: Obstruction Statutes as Case Study [J]. The Journal of Criminal Law and Criminology, 2006, Vol. 96, at 643.

则在刑法中的地位。难怪宽宥原则无论是"有名"还是"无名",无论是普遍受到讨论还是大量遭到批判,都已经改变不了其在刑法解释当中的基础性地位。数百年至今,宽宥原则早期的形象早已面目全非,但是在随时代发展变化的表述之下,这些理论基石并没有消亡。无怪乎,虽然饱受争议,但是宽宥原则始终没有消失在法官的视野中,无论是法律实用主义时期的暴风骤雨,还是后现代法学崭露头角时代的氤氲雾气,宽宥原则一直站在理论批判风暴之眼的中心,也始终发挥着罪刑法定原则派生原则的操作性机能。下面我们集中对批判宽宥原则的观点进行梳理和探讨。

(二)关于宽宥原则的理论争议

尽管宽宥原则具有悠久的历史,这一原则仍然受到了很多的批判。甚至于有学者主张以扩大解释来取代严格解释的传统。[1]这些批判聚焦在宽宥原则本体论[2]和功能论两个不同的方面。在对宽宥原则的诸多批判意见当中,对宽宥原则功能论的反思最具有典型意义。

所谓对宽宥原则功能论的反思,是指对宽宥原则是否真的能够实现其所追求的理论目标提出疑问。联邦最高法院在反对该规则适用的一系列判例中所持有的正是这一立场。例如,在布拉布里特(United States v. Bramblett)案中,法庭认为刑法规范必须严格解释,并不意味着所有的《刑法》条文都必须按照可能的最小范围进行解释,而完全无视立法意图。[3]在加斯金(United States v. Gaskin)案中,法庭认为如果宽宥原则的适用会导致扭曲甚至破坏法律文本的明显含义或立法意图的话,那么该原则就没有任何意义。[4]在R.L. C.(United States v. R.L. C.)案中,苏特大法官从多元主义立场提出了对宽宥原则的反对意见。他认为,宽宥原则并非总是"最小语义范围"

---

① Livingston Hall. Strict or Liberal Construction of Penal Statutes[J]. Harvard Law Review, Vol.48, No. 5, 760.

② 所谓本体论批判是指对法律解释确定性本身提出疑问,这种看法否认宽宥原则的存在,认为宽宥原则的存在仅仅是为了掩盖特殊历史时期法院特殊的政治目的。相关论述多见于批判法学者的著述当中。本书对本体论的批判观点暂不做讨论,理由在于在笔者看来,即便宽宥原则掩盖一些法律规则之外的政治目的,这并不能否认其作为美国刑法中的基本原则的经验性存在的事实。

③ United States v. Bramblett, 348 U.S. 503, 509–510(1955).

④ United States v. Gaskin, 320 U.S. 527, 529–530(1944).

的解释,本案中当那些非文本的事实可以更清晰地呈现立法原意的情况下, 在一定范围内更加宽泛解释的合理性已经被证明。①

与英国为了解决"法官造法"导致死刑滥用的问题不同,美国版宽宥原则的地基并非建立在坚固的水泥地上。分权的权力架构或者公民获得"公平警告"的理论目的比之遏制死刑滥用的英国实践要间接得多。因此,在案件所要实现的社会目标如此唾手可得的情况下,要法官坚决选择宽宥原则的"苦修之路"就显得非常艰难。毕竟从美国二百余年法治快速发展的进程来看,并不是每一个对法律确定性的偏离之举都损害法治,我们需要一个理论模式,这个模式不像普遍模式那样严厉地要求减少法律的不确定性和政府的自由裁量权。②

而要对法律进行严格解释在美国人看来就更像是批判者为了理论逻辑的完整性而对无法改变的现实的一种挑战。就像有的学者指出的一样,批评家永远是鼓动最高法院宣布一项横扫一切的规则,一劳永逸地消除不确定性。但是,历史的经验表明,这样的建议是有很大问题的,无论其愿望是多么的良好。包罗万象的教条所造成的危害通常要比它想解决的更多,无论是从最高法院自身的角度,还是从公共政策来看,都是如此。因此,合情合理的是,应该期望规则作为源自多样化判决的延伸而逐步显现,希望它们会因为其演化的本性而很好地适应现实。③新近制定的法律中假如存在模糊性,对它们的解释就不仅要保持法律内部的一致性,而且要与以前的法律保持一致。实践中的威胁是,在追求未表达出的立法意图的幌子之下甚至是自我欺骗之下,普通法法官实际上将追求他们自己的目标和期望,将他们创制法律的倾向从普通法延伸到制定法领域。④

对于一部制定法是否在权衡基础上更准确地表述此含义而非彼含义的

---

① United States v. R.L. C., 503 U.S. 291 , 306(1992).

② [美]安德鲁·奥尔特曼.批判法学——一个自由主义的批判[M].北京:中国政法大学出版社, 2009:30.

③ [美]罗伯特·麦克洛斯基.美国最高法院(第三版)[M].任东来、孙雯、胡晓进译.北京:中国政法大学出版社,2005:163.

④ [美]安东宁·斯卡利亚.联邦法院如何解释法律[M].蒋惠岭、黄斌译.北京:中国法制出版社, 2017:16-17.

问题,我们本来就很难提供一个统一的、客观的答案。如果再往天平的一端或另一端加上某些不能确定的重量,就几乎不可能期待统一性和客观性。到底应该多"狭义"地理解需要狭义解释的某类制定法? 一个宽泛的意图应该表达得多清楚才会摆脱宽泛性? 从某种程度上说,进入诉讼中的每一部制定法都是"模糊的"。使用宽宥原则之前如何判断这些规则是模糊的? 这些存在于司法判决中的问题并不存在答案。即便没有专横恣意,这些人为的规则也会导致司法判决难以预知。[1]如果法律语言是开放的,同时又难以发现可精确定义的意图,那么法官就必须避免"恣意地掺入个人的理念",同时也必须避免"僵化思维"。因此,法官应该如何在"恣意"与"僵化"的边界之间移动?(严格解释)传统的答案是一种态度(attitude),此态度拒绝接受任何有关法律、解释或者联邦宪法的一元化理论或宏大理念。它推崇寻求意图的必要性;它呼吁司法节制,要求法官"心怀敬畏地担当着法律的声音"。同时它在我们的民主政体内所发现的不只是一种司法节制的证成理由。[2]

由此可见,无论是司法实践层面上联邦最高法院判例中的说理,还是学术理论中学者们的探讨,宽宥原则所引发的争议早已超越了司法中理性主义宏大学说的"自圆其说"与经验主义个案细节的"你争我夺",而进入了一个全新的视域当中。批评家们急于表达批判的意见,而理论背后要实现的目标反而"乱花渐欲迷人眼",这些反对意见的提出者本身的目的早已淹没在对宽宥原则机能质疑的"口水"当中。失去立场的批判与没有依据的褒扬在效果上并没有这么大的差别。反对者的势力如此强大,从各自角度将宽宥原则的理论与实践尽情鞭笞,而反对者的说理又不够强大,在很多现实的问题面前,法院为了案件结果让人心服口服又不能放弃宽宥原则这个自带"正义光环"的优质司法工具。结果是批判越多,宽宥原则反而在一次次的实践应用中获得了愈发稳固的地位。

例如,围绕《美国法典》第18编第924条(C)条款中"使用"这一概念的争

---

[1] [美]安东宁·斯卡利亚.联邦法院如何解释法律[M].蒋惠岭、黄斌译.北京:中国法制出版社,2017:39.

[2] [美]斯蒂芬·布雷耶.积极自由——美国宪法的民主解释论[M].田雷译.北京:中国政法大学出版社,2011:13-14.

论,在诸多批评意见的背景中,表现出了宽宥原则在现代法律解释中不可替代的重要价值。《美国法典》第924条(C)条款规定加重处罚"对正在进行毒品买卖犯罪或者与毒品买卖犯罪有关系的人,使用(use)或者携带(carries)枪支"的行为。尽管该条款并没有对单纯"持有"枪支的行为进行处罚,但是其也没有对什么构成"使用枪支"做出明确的规定。事实上,毒品走私犯罪中经常出现武器并没有被瞄准或者开火的情况,有的法院对仅仅把枪支作为购买毒品对价的当事人也按照"使用"进行相似的处罚。当然,出于刑事政策考虑的观点会不留情面地指出,即便是以枪支为交换毒品的对价,也增加了在犯罪过程中将其作为武器使用的危险,谁也不能保证行为人不会在遇到缉捕走投无路时不会顺手拿起作为对价的枪支进行反抗,因而采取扩大解释的结论有利于打击毒品犯罪。而这种观点在史密斯(Smith)案中最终成主流观点。但是,这样的做法不利于当事人获得"公平警告",因此对"使用"这一术语严格解释,有利于保障被告人预测行为法律后果的权利,也有利于法律解释的连续性。①毫无疑问,法庭不会选择对法律概念进行最狭义的解释。在法律解释的世界中,法庭会应用宽宥原则,但是这种应用必须是在对立法目的,之前案件中法院的意见,法律条文的整体框架,立法发展的历史以及其他上下文语境等一系列问题进行细致考量以后的应用。同样,法庭完全有可能将宽宥原则作为指导,而不会简单地做出"国会不要求对每一个法律术语进行最狭义的解释"的结论。宽宥原则更像是法律解释结论合理与否出现对立观点时的"救火队员",您可能会有用不上它的时候,但绝不能简单地否认它的存在和作用。毕竟一定程度上的自由裁量权是法律解释的必要组成部分。通常保守主义的法庭更倾向于对《刑法》条文做扩大解释,而自由主义的法庭更倾向于做出有利于被告人的解释。②

　　除此以外,对宽宥原则的批判还从定罪延伸到量刑领域。宽宥原则在法理上有一个基础性的缺陷被学者和法官彻底忽略,即无论是法学理论,还

---

① Sarah Newland. The Mercy of Scalia: Statutory Construction and the Rule of Lenity[J]. Harvard Civil Rights-Civil Liberties Law Review, 1994, Vol. 29, 202.

② Lawrence M. Solan. Law, Language, and Lenity[J]. William and Mary Law Review, 1998, Vol. 40, No. 1: 121.

是司法实践都把该原则当作一个定罪过程中"要么全有要么全无"的方案，而在量刑的问题上宽宥原则面临理论上的破产。具体来说，宽宥原则作为一种合理的法律解释的工具，在量刑的语境下收效甚微。[①]如果单纯从有利于被告人的角度考虑宽宥原则的适用，在量刑上尽量从轻在效果上要直接得多，但是显然这一点并未获得司法实践的认可。更为根本性的是，严格解释和有利于被告人的两个基本原理在量刑方面会出现错位，至少如果在量刑上有利于被告人，就应该尝试更多应用从轻处罚的有关情节，而更多应用的政策反映到解释时往往是扩大性质的。这种批判虽然有过于纠结逻辑的嫌疑，但是如果仔细思考，在定罪领域也是如此。比如，对美国刑法中的"辩护理由（defenses）"，即凡是被告人针对有罪指控而提出的证明自己无罪或者不应当被追究刑事责任的事实和理由，[②]也可以这么思考，如果说入罪过程中，从轻的解释往往是缩小或者严格的解释，那么在出罪过程中，从轻的解释往往是扩大的解释。而这一点也是宽宥原则原理层面存在的疑问之一。在美国刑法中，传统上罪刑法定的基本原理以及派生原则更像是保障权利之盾，其积极的侧面是随着时间演化逐步产生的。实际上，宽宥原则所面临的所有批判，都是传统罪刑法定消极侧面所遭受批判的具体化。宽宥原则在美国发展的历史，也是罪刑法定作为保障公民权利积极之"矛"演化的历史。对这一点，我们在后述实践应用部分再作详细讨论。

（三）对相关争议的分析

在对宽宥原则的批判进行考察之后，我们有必要对其背后的立场进行梳理。概括来说，对宽宥原则功能性的批判有三个主要的观点：一是法律不可能总是作最狭义的解释，也不可能总是做有利于被告人的解释；二是当宽宥原则与清楚的立法意图、文字合理的含义以及立法发展的历史等发生冲突的时候，选择宽宥原则会造成不合理的个案结果；三是宽宥原则虽然具有悠久的历史，但是其很容易沦为法官掩饰自己真正目的的工具。

第一种批判的意见针对的是宽宥原则本身，采取的更多的是逻辑上的

---

① Phillip M. Spector. The Sentencing Rule of Lenity[J]. University of Toledo Law Review, 2001–2002, Vol. 33: 512.

② 刘士心.美国刑法中的犯罪论原理[M].北京：人民出版社，2010:129.

"归谬法"。这种在逻辑上"要么全有要么全无"的策略,本身没有什么进行讨论的意义。如果宽宥原则真的是要对法律条文永远作最狭义的解释,它就不可能存在到今天。这种在逻辑上追求完美的尝试,在认识论上经验主义占主导的美国司法中注定只能是为了批判而批判的无奈之举。就像是美国司法能动主义与司法克制主义之间的关系一样,司法能动主义并不总是自由主义的,司法克制主义也不总是保守主义的。如果我们看一下具体政府侵权的目的和后果,并且把司法能动主义和司法克制主义置于具体的背景之中,最明显的模式和最普遍化的模式都是很复杂的,都与实质目标而不是司法手段有更多关系。例如,在新政期间,那些支持社会福利和限制童工而不支持利润最大化的那些人倾向于支持司法克制主义。如果一个人支持种族平等和正义,反对20世纪60年代的种族隔离,这个人经常就会支持司法能动主义。如果在1973年以前,一个人支持禁止堕胎,那他就是支持司法克制主义,但是在1973年之后,同一个目标的实现则需要司法能动主义,司法能动主义将毫不迟疑地废除罗伊诉韦德案判决中支持个人选择的判决。①历史证明,在司法的过程中能够持久存在并发挥影响的法律原则,一定不是非黑即白的极端策略。如果说,司法是对不同权利衡量的过程的话,那么就不可能有简单的"一揽子"策略。如果这种批判意见的缺陷是如此明显的话,那么联邦最高法院为什么还在判决中有类似的论述呢? 换个角度来看,第一种批判实际是为了不适用宽宥原则的目标而做的注解,是当适用宽宥原则得出的个案结论与个人目标不一致的时候,在逻辑上试图给该原则重重一击的权宜之策。而这也在事实上说明了后面两种批判意见的存在价值。

第二种批判的意见针对的是宽宥原则的适用。在第二种批判观点看来,宽宥原则只是诸多法律解释策略中的一种,不应因为它古老、具有宪法依据和普通法传统就优于其他解释方法。与"非黑即白"的批判意见不同,这种观点实际上反对的是机械地适用宽宥原则,而这种观点与美国法治历史和法治思想发展的历史息息相关。在19世纪的最后十年,对形式主义的

---

① [美]戴维·凯瑞斯编辑.法律中的政治——一个进步性批判[M].信春鹰译.北京:中国政法大学出版社,2008:6-7.

不满与日俱增。一群理论家——我们称他们为工具主义者——开始激烈地批判形式主义。这群人的领袖有奥利弗·温德尔·霍姆斯,罗斯科·庞德,约翰·杜威和约翰·奇普曼·格雷,"法律工具主义"渐成气候。[1]一方面,社会变化速度的加剧导致了传统的司法克制主义在解决现实问题面前显得捉襟见肘,另一方面,经过长期努力,已经在分权架构中稳固了自己地位的司法权,开始展望更加遥远的未来,通过解释法律达到目的的考量逐渐超越了将舆论矛盾"甩锅"给立法者的愿望,法律工具主义开始大行其道。以此为背景,严格解释的策略在时代洪流面前多少显得有些势单力孤。与法律实证主义的理性主义认识论基础不同,在司法正义经验主义的认识论之下,对于案件的经验性事实的关注,以及背后折射出的正义的冲突的考量,要超越理论的逻辑完整性成为了法官判决的核心要素。我国刑法学界所谓的罪刑法定主义从绝对主义转向相对主义正是发生在法律实用主义走上历史舞台的阶段。"有利于被告人"也正是绝对主义和相对主义罪刑法定之间最大的区别。

法律实用主义之下对宽宥原则的批判,不仅符合时代发展的潮流,也现实地推动了宽宥原则从严格解释的侧面,转向了有利于被告人的侧面。这种转型不仅在随后催生出了"宽宥原则"这一称谓,也现实地成就了宽宥原则的一次涅槃重生。然而,作为批判者的法律实用主义思潮本身,一方面推动了宽宥原则的发展;另一方面,也为今天宽宥原则所遭受的新的困境埋下了伏笔。功利主义的价值理论是法律工具主义和现实主义的突破之一,使得美国的理论家和法官们从对确定性的过分信仰和自我设置的形式主义枷锁中解放出来。不幸的是,这一解放过程在当时其成果固然令人称快,但某种程度上却使得美国法律理论失去了船舵,法律实用主义终于陷入了"行为主义的魔沼"中。20世纪六七十年代对法律的经济分析的兴趣日厚,更晚些时候出现了批判法学运动(the Critical Legal Studies Movement)。[2]

我们把与宽宥原则变迁无关的法律思想暂时放在一边,经验主义认识

---

① P.S.阿蒂亚、R.S.萨默斯.英美法中的形式与实质——法律推理、法律理论和法律制度的比较研究[M].金敏、陈林林、王笑红译.北京:中国政法大学出版社,2005:212.

② P.S.阿蒂亚、R.S.萨默斯.英美法中的形式与实质——法律推理、法律理论和法律制度的比较研究[M].金敏、陈林林、王笑红译.北京:中国政法大学出版社,2005:212.

论灵活而有目的性的特点具有"双刃剑"的属性,在第二次世界大战以后引发了一定程度的反思。同物理世界的知识不同,伦理价值显然不能从经验证据中发现,也不能被清楚地基于经验证据。换句话说,价值看起来只是相对的,产生自人类经验的具体的和个别的变化莫测。怎样才能具有合法性地确定实体价值和目标? 到了1940年,大多数现实主义者都已经放弃了纯粹经验研究的努力。思想潮流和国际事件的联合把对民主进行理论正当化的任务推到了美国思想的最前方。这也催生了大名鼎鼎的法律程序思想学派。①按照法律程序理论,具体定义司法决策的过程被称作"理由充分的详细阐述"。理由充分的详细阐述要求法官总是为判决给出理由、以细致方式表述出这些理由,并且假定"类似案件应当类似处理"。②对法律实用主义工具主义的反思,以及理性主义在一定程度上的回归事实上就构成了对宽宥原则的第三种批判。

第三种批判意见与前两种最大的不同在于,其批判的对象不再是宽宥原则本身,而是适用宽宥原则的人,也就是法官。就像很多人心目中宽宥原则的支持者斯卡利亚大法官曾经论述的一样,法律文本不应作严格解释,同时也不应该作过于宽泛的解释,而应作合理的解释,应当包含所有其应该包含的含义。③很明显,斯卡利亚大法官更加倾向的是文本解释而非宽宥原则。当法律文本指向更加宽泛的责任时,他往往持多数意见而排斥对被告人有利的解释结论。④或者说,对斯卡利亚大法官而言,当宽宥原则有利于他的立场时,他就应用该原则。反之,他就弃之如敝屣。而在法律过程学派,以放大镜对法院和法官行为的严格审视下,第三种批判观点的产生同样是一个自然而然的过程。

法律过程学派的理论家坚持认为,如果一位法官想要把事情做好,那么

---

① [美]斯蒂芬.M.菲尔德曼.从前现代主义到后现代主义的美国法律思想——一次思想航行[M].李国庆译.北京:中国政法大学出版社,2005:212-213.

② [美]斯蒂芬.M.菲尔德曼.从前现代主义到后现代主义的美国法律思想——一次思想航行[M].李国庆译.北京:中国政法大学出版社,2005:223-224.

③ [美]安东宁·斯卡利亚.联邦法院如何解释法律[M].蒋惠岭、黄斌译.北京:中国法制出版社,2017: 32.

④ Chapman v. United States, 500 U.S. 453, 455(1993).

他或她应当只做我们所说的东西。实际上,回头看看法律程序学者,他们常常显得如此傲慢、但却乏味,以至于他们让人感到迷惑:为什么聪明的学者把自己全部事业都用于表述想"类似案件类似对待"这种陈腐的格言呢?现实主义者已经不可救药地质疑了兰德尔主义的抽象理性主义,而现实主义者自身的经验主义也受到类似的贬损。①

对"教义学"的执着解决不了法治所面临的根本性问题,对传统信条的重申只能是在认识论基石动摇的情况下的无奈之举。当理性主义的、自圆其说和经验主义的目的性、工具性都解决不了时代为美国法治提出的难题的时候,古老的信条就成为了争论当中最为"趁手"的武器。当时代无法满足人们的心理对法治的信仰时候,曾经法治辉煌的时代就成了所有人的愿景。而这也是宽宥原则历经数百年,经历无数批判与沉浮,事实上在当代反而焕发出活力,展示出其无可比拟重要性的原因。当法官被刑事政策、立法原意、社会舆论、立法历史、不同政见等一系列要素困在"做出选择"的"囚笼"当中时,要做出判决、说服人心,恐怕也只能拿出那些无论任何人都无法彻底推倒的法律信条了吧。所以,第三种批判意见在时代上最新,但是离批判的核心最远,把对原则的批判转嫁到对司法体系和法官行为的批判,不仅避免了法治信仰者的回击,也以一种"揭露现实"的方式赢得了支持者的信任。但是,这种批判本身对于法治而言是有害的,因为这种批判混淆了"事实"与"现实"的界限。事实是,司法制度和法官行为确实是值得关注和研究的内容,其中确实隐含了不少侵犯公民权利的风险,但是现实是,对司法制度和法官行为的批判动摇了所有人对法治的信仰。在战术上,批判者胜利了,但是在战略上他们引发了近代以来法治所面临的的最大的危机。

当我们再次审视对宽宥原则诸多的批判意见,我们看到的不是对一个法律原则对或者错的争论,不是一个司法原理用或者不用的纠结,而是一种法治初创时期的理念在时代的洪流当中被无可挽回地冲刷,是社会发展对法治演变鬼斧神工般改造遗留下的"活化石"。我们不能说,普通法时代的

---

① [美]斯蒂芬.M.菲尔德曼.从前现代主义到后现代主义的美国法律思想——一次思想航行[M].李国庆译.北京:中国政法大学出版社,2005:226.

严格解释是宽宥原则唯一的表现形式,也不能说有利于被告人是宽宥原则真正的核心要义,宽宥原则今天的样貌是被美国刑法实践不断塑造形成的,事实上其也塑造了美国刑事程序宪法化的现状。宽宥原则是在理性主义时期法律实证主义的严格解释,是法律实用主义手中有利于被告人的基本原理,同样也是今天虽然饱受诟病,但是在判例的历史中留下了数千个身影的现代主义法治的宝贵遗产。①

如果我们忽略了时间这个维度的意义,或者不把美国法治现代主义过程的背景考虑进来,那么在某一个具体的节点上对宽宥原则的批判都是很难反驳的。但是宽宥原则旺盛的生命力本身,就是对所有批判最有力的反驳。关键在于,是什么赋予了宽宥原则如此旺盛的生命力。在我看来,"应用"是其中最关键的要素,也是美国刑法宽宥原则对我国罪刑法定原则的发展提供的最大启示。

三、"宽宥原则"的司法适用

宽宥原则在美国刑法的适用具有特殊性。这种特殊性表现为"程序性"的思考方式,其中一个重要的问题就是司法程序中何时需要适用宽宥原则。就像有学者指出的一样,尽管宽宥原则被视为传统的法律解释原则,但是法庭应当在法律解释的什么阶段诉诸该原则并不明确。因为,在适用宽宥原则之前,法庭必须确认法律条文是模糊的,法律解释的方法和背景材料影响着宽宥原则的适用范围。一方面,如果认为宽宥原则是法律解释最终的阶段,那么其适用范围必将受到限制。相反,如果把宽宥原则作为整个法律解

---

① 实际上,我国刑法学对罪刑法定原则的很多认识与宽宥原则发展的历史阶段高度重合。例如,我们罪刑法定原则的派生原则包括禁止类推解释,我国学界的共识是罪刑法定原则在垄断资本主义阶段由绝对向相对转化,表现在派生原则上就是禁止类推解释转变为禁止不利于被告人的类推解释。实际上,有利于被告人正是严格解释从"无名"转变为"有名"的过程。不是说,要把美国宽宥原则的历史生搬硬套进我们的理论当中,而是说了解"有利于被告人"原理变化的过程,我们能够更好地理解从绝对到相对时期到底发生了什么,从而理解下一个阶段罪刑法定主义及其派生原则的发展变化。

释的背景原则,那么就要求在一般意义上对法律进行严格解释。①这也就是美国宽宥原则司法适用的主要特色,何时适用比如何应用更加重要,下面我们对这种程序性的思维模式进行考察,并思考这种思维模式与我国罪刑法定司法化模式的主要不同。

(一)关于宽宥原则适用顺序的理论探讨

所谓"适用顺序"就是在整个法律解释程序中宽宥原则什么时候出场,是在最初充当第一道战线,还是在最后作为最后一道保障。这一点表面上看很简单,但是却现实地保证了该原则能够"用得上"。

第一种策略广泛地被州和联邦层面的法院所采纳,其将宽宥原则至于法律解释策略分层的最后一层。根据这种观点,宽宥原则在阐释法律条文内容过程的最后阶段发挥作用,②当穷尽一切努力仍然无法在不同解释结论之间寻找出最优的结论时,通过有利于被告人的方式做出选择。③简言之,就是除非相互矛盾的解释结论无法做出选择,宽宥原则就不发挥作用。在莫斯卡尔(Moskal v. United States)一案中,法院的表述已经非常清楚,宽宥原则在下述状况下才发挥作用,即"当穷尽语言和逻辑,立法历史和立法政策的方法后,仍然对法律条文预期范围存在合理的怀疑时"。④这种适用方法就是上文提到的"救火队员",两种解释策略僵持不下的时候,需要一个能够找出答案的方法,就像过去村民的纠纷要找族长评理一样。当一个案件法律解释不存在争议,或者至少是在法庭的法官之间能够达成一致的时候,宽宥原则就没有出场的必要。表面上看,这种策略法律实用主义韵味十足,但是这种策略能够广泛为人所接受并不是偶然。宽宥原则作为美国宪法原则的组成部分,是刑法的基础性原则,不一定每一个案件都要冲锋陷阵。就像压轴的节目往往最精彩一样,重要的原则不能滥用,否则就会影响到他的权威性与公信力。而在法律解释最末,当矛盾难以弥合时再搬出作为法治必要条件的"大杀器",实际上是经济而又有效的原则。因为政治对于民主的

---

① Sarah Newland. The Mercy of Scalia: Statutory Construction and the Rule of Lenity[J]. Harvard Civil Rights-Civil Liberties Law Review, 1994, Vol. 29, 198.

② Callanan v. United States, 364 U.S. 587, 596(1961).

③ United States v. Bass, 404 U.S. 336, 347(1971).

④ Moskal v. United States, 498 U.S. 103, 108(1990).

忠诚是稳固的，所以法律对于法治的忠诚也是稳固的。就像政治理论家问了什么是民主的必要条件一样，法律理论家问了法治的必要条件是什么。①

　　第二种宽宥原则司法适用的策略，由斯卡利亚大法官（Justice Scalia）在一系列案件的反对意见中首先提出。这种观点主张在法律条文文本本身足以独立支持一个更加狭窄的解释时，宽宥原则的作用是拒绝基于政策（policy）、立法发展史（legislative history）或者其他原因对法律所做出的扩大解释。换言之，这种理论把宽宥原则置于法律解释方法分层的中间层：首先，法官要识别出法律文本的本来含义，在不应用宽宥原则的前提下解决法律文本的模糊性。其次，法官再应用宽宥原则限制任何超出上述"文本的本来含义"以外的，非基于法律文本解释方法的更加宽泛的解释结论。②就像斯卡利亚大法官表述的那样："如果宽宥原则具有意义的话，那么这种意义表现为法庭不应当运用一种模糊的一般性目的凌驾于毫无疑问清晰的专门术语之上。法庭也不应当在解释词语时让那些对专门术语不熟悉的人就算是想象也不可能想到。"③"如果有意义的话"恰恰说明了斯卡利亚法官对于宽宥原则适用的真实态度。经常的情况是，法官们为自己的选择找到确定的法律推理，或者采取那些看起来最容易的或者最没争议的内容，而这经常涉及忽略或者是扭曲互相对立的观点、权威、事实或者社会现实。有些法官这样做时具有清醒的意识，而且以此作为工具，但更经常的情况是，他们思想的程序涉及一个不那么自觉，没有明确目的性地对法律资料的操控，它提供一个幻觉——既为他们自己也为别人——说法律支持或者要求他们这样做。在这个意义上，我们可以把法官看成在法律决策的过程中影响和改变法律，或者把法律理解为或者使法律成为他们所生产的或者所建构的产品，他们在编制法律资料和法律决定的过程中生产和重新建构了法律。④

---

　　① [美]斯蒂芬.M.菲尔德曼.从前现代主义到后现代主义的美国法律思想——一次思想航行[M].李国庆译.北京：中国政法大学出版社，2005：219.

　　② Zachary Price. The Rule of Lenity as a Rule of Structure[J]. Fordham Law Review, 2004, Vol. 72: 891-892.

　　③ Moskal v. United States, 498 U.S. 103, 132(1990).

　　④ [美]戴维·凯瑞斯编辑.法律中的政治——一个进步性批判[M].信春鹰译.北京：中国政法大学出版社，2008：12-13.

当法律文本即便有可能倾向于扩大处罚范围时,仍然以有利于被告人为立场,限制刑法规范的适用是宽宥原则的第三种适用策略。在这种策略之下,法官第一步需要找到所有法律文本可能的解读,引入所有可能的解释方法。紧跟着宽宥原则从中挑选出范围最为狭窄的选项。结果是宽宥原则成了有利于被告人的"单行路"。①当然,第三种观点在美国学者的眼里多少有一些"理所当然",先找出所有的解释,再选择最狭义解释的想法其实是一厢情愿的期待。第三种方法在法律解释最初适用宽宥原则的结局是,只需要找出最狭义的解释即可。事实上,除了在以限制普通法死刑适用为目标的时代,直接选择适用最狭义解释结论的方法根本行不通。因此,我们把讨论聚焦在前两种适用方法上。

通过回顾上文中对宽宥原则的批判意见,我们可以直观地感受到在法律解释的最后阶段和在中间阶段适用宽宥原则到底有什么不同。在法律解释的最后阶段适用宽宥原则的第一种策略实质上是拿该原则当作意见争执不下时候的救火队员,宽宥原则被当作一种具有绝对正当性的"司法标准",只不过这个标准不是必须进行检验的。在这个时候宽宥原则更多的是一种法治发展历史遗留下来的信条。在法律解释中间阶段适用宽宥原则,本质上就相当于没有宽宥原则,这时候如果扩大很有必要,扩大解释的结论也很合理,法官就会默认忽略该原则,而如果扩大解释在某法官看来不合理就立马在自己的武器库当中找出宽宥原则,给对手决定性的打击。这种情况下宽宥原则更像是一把十字螺丝刀,遇到十字螺丝才派上用场,否则就干脆马放南山、枪炮入库。第一种策略关注的是宽宥原则基本原则的地位,第二种策略关注的是解释的结论是不是合理。实际上,对宽宥原则的认识产生出了离散的特征,要么是高高在上的法律原则不容置疑,要么是信手拈来的工具只追求合理。而这两者的统一既是美国宽宥原则司法适用的全貌,也是该原则数世纪之内饱受质疑,但是到今天仍然屹立不倒的重要原因。

(二)关于宽宥原则适用顺序理论的实践分析

实际上,上述三种策略都曾经在美国司法实践中发挥过作用。在本部

---

① Zachary Price. The Rule of Lenity as a Rule of Structure[J]. Fordham Law Review, 2004, Vol. 72: 894.

分，我们用一个典型案例来看看应用三种策略在具体案件当中会产生什么样不同的推理和结果。我们选择经典的史密斯（Smith v. United States）一案作为对象进行分析。

史密斯案的关键问题是对美国法律中"使用（use）"一词的解释，根据《美国法典》第18编第924条（C）（1）条款对在毒品交易犯罪或者在毒品交易犯罪的过程中，使用（use）枪支（gun）处以5年有期徒刑，当所使用的武器是机关枪（machine gun）时处以30年的有期徒刑。被告人约翰·史密斯及其同伙从田纳西州到佛罗里达州企图以冲锋枪为对价购买毒品，并打算以更高的价格卖出营利，被乔装改扮的探员发现而遭到逮捕。争议的焦点在于，其在交易中把一只MAC-10冲锋枪作为换取毒品"以物易物"的筹码。在上诉中，上诉人辩解称，对在贩毒过程中或与贩毒行为相关"使用"枪支要加重处罚的规则仅仅适用于把枪支作为"武器"使用的场合，《美国法典》第924条（C）（1）条款不适用于把枪支作为毒品对价进行交换的场合。[1]表面上看事实并不复杂的史密斯案，实际上是关于宽宥原则适用的一场精彩的司法"肉搏战"，无论是代表多数意见的奥康纳大法官，还是代表反对意见的斯卡利亚大法官，他们的意见对美国宽宥原则司法适用的发展都具有历史性意义。

从判决的结论来看，奥康纳法官在陈述中认为，关于用枪支交换毒品的行为是否构成《美国法典》第924条（C）（1）条款中的"使用枪支"，我们的结论是构成无疑。该案的经典之处在于双方的唇枪舌剑背后隐含的对法律的理解方式。

我们先从反对意见开始，斯卡利亚大法官从法律文本解释的方法入手，到宽宥原则的要求落脚，分三个层次提出了反对意见。第一层反对意见，斯卡利亚引用迪尔（Deal v. United States）一案中的论述，认为"法律解释的一个基本原则是词语不能进行孤立的解释，而必须置于上下文的语境中去理解。"[2]他用戏剧性的语言辩驳了多数意见：当有人问你，你是不是"使用拐杖"的时候，他不是在询问你是不是把你祖父的"带银把手的拐杖"在客厅中

---

① Smith v. United States, 508 U.S. 223, 225(1993).

② Deal v. United States, 508 U.S. 129, 132(1993).

展示,而是问你走路时需不需要依靠拐杖。①同样,当我们说使用枪支的时候,不是说要用枪支换东西,而是要把它当作武器来使用。这一点,多数意见的结论与平均人看到"使用枪支"这个概念时的第一反应不符。把枪支当"钱"来使用,也不是使用枪支的本来含义,因此不应当对当事人加重处罚。第二层反对意见是从立法历史的角度,来发掘立法原意。斯卡利亚在反对意见中认为,根据美国量刑指南(United States Sentencing Guidelines)的内容,在以下情况下要对行为加重处罚,包括开枪射击、挥舞展示枪支或者持有枪支,以及其他使用方法。这里无论是射击,还是展示、持有,都是把枪支当作武器来使用的方法,都是为了利用枪支武器的特性。因此,作为其他使用方法,也必须把枪支当做武器来使用。②这实际上是通过体系解释的方法,试图通过立法原意反驳多数意见的精妙招式。第三层反对意见,提到了宽宥原则的司法适用。斯卡利亚引用了阿达莫救险公司(Adamo Wrecking Co. v. United states 434 U.S. 275)一案中对贝斯(United States v. Bass)一案的引用,在宽宥原则之下,《刑法》条文存在模糊的地方,争议解决要有利于被告人。③本案中,即便是上述两个理由不能驳倒多数意见,宽宥原则也可以作为最后一招。而斯卡利亚论述中的微妙逻辑事实上也暴露了他本人作为宽宥原则的"支持者"的真实立场:宽宥原则作为救火队员,在需要说服对方的关键时刻出来"救场"。奥康纳对反对意见的反驳同样堪称经典,她针对反对意见的每一个层次进行了专门的驳斥。

关于斯卡利亚主张的语义解释方法,奥康纳首先梳理的反对意见的论述逻辑,语言当然不能离开上下文进行解释,一个词语单独来看可能是模糊的,但是当与上下文联系起来的时候就可能是清晰的。有鉴于此,上诉人和反对意见认为"使用"一词在与"枪支"组合的时候,其语义范围应当比平时要小。具体而言,其主张合理人不会马上把"用枪支换毒品"作为"使用枪支"的一种形式。上诉人和反对意见因此辩称,法律条文中的"使用",包括

---

① Smith v. United States, 508 U.S. 223, 245(1993).

② Smith v. United States, 508 U.S. 223, 244(1993).

③ United States v. Bass, 404 U.S. 336, 348(1971).

没有开枪射击的情况，但是必须以利用枪支的毁灭性目的为前提。①奥康纳紧跟着反驳道，上诉人的推理具有明显的缺陷，遇到使用枪支时的第一反应是"武器"是一回事，而"使用"本身包括多种其他可能是另外一回事。②当一个词语没有在法律中被明确定义时，我们一般根据其通常和自然的文义来对其进行解释。③以此为依据，在查阅了权威字典和参考先前判例的基础上，④奥康纳认为既然"作为武器"的定语没有出现在"使用"之前，那么"使用"就应该包含从中获得利益的含义，因此"使用枪支"不仅限于将其作为武器，利用枪支获得好处也属于"使用"的范畴。

关于斯卡利亚法官主张的体系解释的方法，是奥康纳法官批驳的第二个重点内容。这里奥康纳用体系解释的观点本身打击了斯卡利亚所谓体系解释的论理方式。她认为，反对意见所依据的"美国量刑指南"并没有明确要求对"使用枪支"只能以其本来意图的"当作武器"来解释。这种推理方式，只是反对意见的主观上的臆断。更何况，即便我们假设当议会在1986年通过《美国法典》第924条（C）（1）条款时的讨论中对"使用"一词有过更加狭义的理解，但是这种立法意图完全在后来的条款中体现出来。反对意见对立法原意的揣度只是一个合理而非必要的推论。更何况如果真的从体系解释的角度来说，在第924条（C）（1）条款后面第924条（d）条款证明立法者对"使用"一词恰恰采取的是扩大的立场，因为第924条（d）条款中规定"使用"不仅包括作为武器使用，还包括钱物交易或者以物易物。⑤

应该说奥康纳对斯卡利亚利用体系解释对立法原意的观点的批驳具有关键性的作用。但是这还不是这位大法官全部的论理，在史密斯案中奥康纳法官对斯卡利亚的第三层论理进行了进一步的批驳，而对宽宥原则的批驳完成了对反对意见的"降维打击"。在论述时，奥康纳指出，即便有很小的

---

① Smith v. United States, 508 U.S. 223, 229-230(1993).

② Smith v. United States, 508 U.S. 223, 230(1993).

③ Perrin v. United States, 444 U.S. 37, 242(1979).

④ 奥康纳法官从翻阅字典开始，引用了 Webster's New International Dictionary(2d ed. 1950)和 Black's Law Dictionary(6th ed. 1990)，随后她又援引了 Astor v. Merritt(111 U.S. 203)一案中的观点。从字典入手回归判例的思路体现出了其文本解释的特色。

⑤ Smith v. United States, 508 U.S. 223, 236(1993).

可能进行更加狭义的解释,这本身并不说明宽宥原则在本案中的可适用性。相反,这一珍贵的法律原则仅在当穷尽一切可能的手段后,法庭仍然不得不面对模糊条文的场合,才会得到适用。①在对文本含义和立法意图进行考察之后,史密斯案中的"使用"一词,显然不属于此类情况。宽宥原则不能证成一种难以接受的法律解释,也不能反对一种广为接受的术语的含义。

当法庭唇枪舌剑的硝烟散去,一个案件似乎得到了解决,同时一个法律基本原则的时代命运也翻开了崭新的一页。如果我们暂时放开史密斯案中"使用"这一术语的解释问题,从更高的角度去看待这个宽宥原则适用的经典案例,我们会惊奇地发现两位法官之间对宽宥原则本身的共识要远远大于两人对案件结论的分歧。当狭义解释的主张对立法原意做了更加宽泛地猜测,当扩大解释的方法严格探求文字在字典上的含义,实用主义面孔在这个经典案例的折射下显得若隐若现。奥康纳法官并不反对宽宥原则的适用,否则也不需要以查字典的严谨态度探寻词语含义可能的边界,只是在史密斯案中适用宽宥原则得出的结论在她看来并不合适。斯卡利亚法官也并非彻底支持宽宥原则,否则完全可以像谢尔顿(United States v. Sheldon)案一样,把宽宥原则摆在法律解释的第一步,阉割所有扩大解释的可能,只是在他看来不用宽宥原则就不能得出合理的解释。这就是宽宥原则在美国的实践命运——可用而不必用。到今天,在联邦最高法院的层面上,作为"不得已"情况下选择,在穷尽法律解释方法仍然难以得出结论的时候,才是宽宥原则大展身手的时机。从首发到替补,宽宥原则的三种司法适用策略中在适用顺序上不断后移多多少少表明了宽宥原则在法官"说理武器库"中的地位。虽然我们不能否认,宽宥原则作为罪刑法定原则的派生原则,与罪刑法定一样,出现了退潮的趋势,影响在逐步缩小,但是不管是数据库中那上万宽宥原则判例的"化石",还是数百年发展过程中不断演变的进程,都说明了宽宥原则不可动摇的法律基本原则的地位。一种明明白白的"备而不用",要好过偷偷摸摸地"避而不谈"。更何况,"备"了就难免有"用"上的一天,如果说在法律公平正义领域"良知"要远比"知识"重要的话,像宽宥原则一样

---

① 参见 Moskal v. United States, 498 U.S. 103, 108(1990); United States v. Fisher, 6 U.S. 358, 386 (1805); United States v. Bass, 404 U.S.336, 347(1971), etc.

作为人类法治发展历史中最基础的"良知"经历数百年的沉淀之后,大浪淘沙淘出的精华,是我们无论如何也不能彻底破坏的。这一点不仅仅在美国刑事司法实践中如此,在我国罪刑法定原则的实践应用中也是如此。只不过,我国更多地承袭了大陆法系的法律传统,对法律解释有着更多的要求也有着更高的期待,因此宽宥原则在我国,或者说禁止不利于被告人的类推解释的基本原则如何发挥作用是非常重要的基础性的问题。

(三)宽宥原则与我国罪刑法定原则司法适用的客观比较

从罪刑法定原则司法适用的角度来看,虽然宽宥原则和我国的禁止不利于被告人的类推解释的派生原则比较类似,但是实际上二者存在着天壤之别。除了司法制度和法律文化上的差异之外,二者最关键的区别在于存在方式和理论目标。在美国刑法中,宽宥原则是操作原则,是"救火队员",是在无数判例中反复被争论而随时代变迁的司法武器库中的"镇宅之宝",其目标是得到更加合理的司法结论,从而在社会价值多元的背景下弥合后现代主义法学对自由主义批判所导致的法治危机。在我国刑法中,禁止不利于被告人的类推解释原则是罪刑法定的延伸,是刑法学和刑事司法需要遵守的法治信条,其在理论上的正当性毋庸置疑,在实践中难以适用的问题不易解决。在刑事法治中该原则更多的是知识,是准则,是标准,是不容置疑但是难于应用的法律信条,在教义学背景下,禁止类推解释更多的是刑法理论试图指导司法实践的重要工具,其理论目标是为刑事法律解释提供一个可参考的"正确答案"。

一个法律原则产生时候的特征往往决定了自己的命运和发展。宽宥原则以限制普通法死刑泛滥为目的的基因决定了其注定会在"解决问题"的方向上大展身手。而禁止类推解释的罪刑法定派生原则,作为理性主义认识论之下罪刑法定原则的延伸决定了其必然对于司法实践经验性的内容关注较少,因此理论正当性与实践适用性会发生一定程度的脱离。我们并不是说,美国的实践比我们的实践好,应该直接借鉴。相反,美国宽宥原则受到的批判和司法实践中对于该原则适用与否越来越失去明确标准的态度,既昭示了宽宥原则的危机,也说明了理论正当性的不足是宽宥原则所面临的核心难题。只不过,我们可以从美国刑事司法的做法中找到一些共通性的经验,这些经验或许可以在一定程度上解决我国罪刑法定原则派生原则在司法实践中缺位的困境。毕竟,人类法治的历史浩如烟海,其中的法律原则多如牛毛,在其中能够在今时今日继续发挥作用,对我国法治建设有所裨益的反而是凤毛麟角。找到一个正当且不容置疑的法律原则容易,能够客观把握其发展历程分析其主要特征,解决现实面临的一些问题,才是刑法学理论孜孜以求的目标。

第一个美国宽宥原则值得注意的特点是"用得上",从谢尔顿(United States v. Sheldon)案到麦克伯耶尔(McBoyle v. United States)案,从莫斯卡尔(United States v. Moskal)案到 R.L. C.(United States v. R.L. C.)案,法院从没有回避对宽宥原则如何适用正面的讨论与观点的交锋,今天该原则的现状正是在不断交锋中形成的。这一点从在数据库中检索出的近万个判例可以初见端倪。而我国禁止类推解释的罪刑法定派生原则则大不相同,在中国裁判文书网中以"类推解释"为关键词搜索刑事判例,会发现与罪刑法定二十余年的历史成为鲜明对比的是,类推解释仅仅留下了五十余个案例。①而且这些判例具有明显的特征,我们以高级法院二审的三个判例为例,这组判例中一个典型的特点是上诉人主张的上诉理由包括一审法院存在"类推解释"的问题,违反罪刑法定原则要求的嫌疑。在黄某某等三名被告人走私普通货物罪一案中,辩护人提出"本案属于共同走私犯罪,内部管理关系松散。黄某某在走私中处于从犯地位,认定黄某某对本案所有走私次数与逃税金额承担刑事责任,类比于黑社会性质组织犯罪首要分子的规定,属于不利于被告人的类推解释,为刑法所禁止。"②在于某某、徐某某走私、贩卖、运输、制造毒品、非法持有、私藏枪支、弹药一案中,徐某某在上诉时主张"将使用快递寄送毒品行为定性为运输毒品,是对'运输'作类推解释。"③在杨某某、严某某走私、贩卖、运输、制造毒品罪一案中,上诉人严某某及其辩护人认为

---

① 详情参见在中国裁判文书网以"类推解释"为关键词的检索结果(http://wenshu.court.gov.cn/website / wenshu / 181217BMTKHNT2W0 / index. html? pageId=ecbcaffe048be1a4ef5e57e6e6f4068e&s8=02),最后访问时间 2020-4-9,15:22 A.M.

② 具体案情,参见《黄某某等 3 被告人走私普通货物二审裁定书》,(2019)浙刑终 417 号。

③ 具体案情,参见《于某、徐某某走私、贩卖、运输、制造毒品、非法持有、私藏枪支、弹药二审刑事判决书》,(2016)粤刑终 13082 号。

"原判违反罪刑法定原则,适用了类推解释的方法认定上诉人严国雄构成贩卖毒品罪。"①我们且不论三个案例的具体结论是否合适,三个案例的二审法院在一审是否存在"类推解释"的问题上,采取了一致的回避态度,对一审是否存在"类推解释"的问题不愿置喙。当面临质疑的时候,作为刑法最重要基本原则的罪刑法定连直接回应,"亮剑"的态度都没有,难怪不少学者认为我国罪刑法定原则在立法化之后遇到了诸多的实践困境。党的十九届四中全会通过的《中共中央关于坚持和完善中国特色社会主义制度 推进国家治理体系和治理能力现代化若干重大问题的决定》第四部分强调"健全社会公平正义法治保障制度",要求"努力让人民群众在每一个司法案件中感受到公平正义"。要建立公平正义法治保障制度,首先要塑造"社会公平正义"的理念,缺乏关于"公平正义"的共识,就难以满足"感受到公平正义"的社会心理需求。特别是近年来发生的"赵某某非法持有枪支案""王某某非法经营罪案"等引起广泛争议的案例,更是揭示出了刑事司法"公平正义共识"的重要性。罪刑法定原则是刑事法领域最基础的共识,罪刑法定原则的式微是造成公平正义共识缺位的重要原因。广泛争议的案例中,似乎为了回应舆情压力而选择司法策略,成为了刑事司法实践无法回避的难题。明明讨论应该聚焦于规则的解释和适用,结果往往回归到其他的公平正义看法和个人的道德主张。刑法学理论的失语,易造成社会公众对司法结论提出疑问。当刑法学理论只能作为诸多观点中的一种出现在公众视野当中的时候,刑事司法公信力就会面临永无止境的其他观念的挑战。而对刑事司法结论缺乏安全感和信任感的社会公众而言,要让其"感受到"公平正义,就可能有更加崎岖的道路等在前方。如果不能引导公平正义共识的方向,就很难控制社会心理复杂多变的现实,对社会心理不加梳理,类似上述个案公平正义的困境就可能无休止地上演,最终损害的依然是刑事司法的公信力。具体到禁止类推解释,笔者认为,更加合理的方法应该是把多元价值之间的衡量纳入是否属于类推解释的判断当中,这样禁止类推解释才能成为共识,引导社会公平正义的观念。而这就要求对禁止类推解释不能避而不谈,不能环顾

---

① 具体案情,参见《杨某某、严某某走私、贩卖、运输、制造毒品二审刑事裁定书》,(2015)粤高法刑四终字第341号。

左右而言他,必须在司法判例中真正把该原则用起来。建立适用基础上的争论,总要好过漂浮在书本上的原理。

第二个美国宽宥原则值得注意的特点是程序性的思考方式,也就是上文提到的与应该如何确定合理范围相比,何时适用宽宥原则是更加重要的问题。这样做的合理性在于,无论设立了多么精妙的标准,不到具体的问题上就永远不知道能不能解决问题。这也是在我国类推解释与扩大解释之间的区别难以得出一致结论的重要原因。无论是"语义可能的范围",还是"公民的预测可能性",听起来头头是道,用起来迷迷糊糊,这也就导致了一个无法回避的现象,"合理而需要的解释就是扩大解释",特别是在新兴类型的犯罪当中,这一点表现得更加明确,例如网络犯罪。与传统犯罪相比,网络犯罪具有成本低、传播迅速,传播范围广,互动性、隐蔽性高、取证困难等特点,具有严重的社会危害性。因此,考虑到网络犯罪与传统犯罪相比的异质性,将其作为独立的研究对象,既符合时代发展的需要,又能为刑法理论创造新的学术增长点,可谓"一石二鸟"之策。自然而然的,在研究网络犯罪的众多成果中,主张扩张适用和解释刑法,扩大刑法在治理网络犯罪中作用的大方向就显得有些顺理成章。然而,以研究对象异质性为基础扩展刑法适用范围的做法,看似创造了新的学术增长点,却存在与罪刑法定主义相冲突的潜在风险。特别是在刑法学出现知识大爆炸现象的背景下,与缺乏研究中的新鲜血液相比,更加可怕的是"理论共识"逐渐淡化的趋势。毕竟,与巧妙地释理相比,一贯的立场更加具有打动人心的力量。因此,研究网络犯罪不能脱离罪刑法定主义的基本要求,具体而言,应该处理好三个方面的关系。

第一,要辩证地看待网络犯罪与传统犯罪之间"异质性"与"同质性"的关系。网络犯罪,无论是以网络为对象的犯罪,还是以网络为手段、方法的犯罪,与传统犯罪相比都具有较为明显的异质性。这种特殊性要求刑法理论必须具体问题具体分析。然而,不能因为网络犯罪的异质特征而忽略了刑法理论整体上的同质性,通过创造模糊的网络犯罪的概念,不断扩大网络犯罪概念的外延,看似是开创了刑法学研究的新领域,实则是为了突出研究重要性,而选择性地对网络犯罪异质性的过分强调,这一点在对以网络为手段犯罪的研究中表现得较为明显。当然,更不能因噎废食,放弃刑法理论的整体性。

客观地说，所有的犯罪类型都具有自身的特点，也正因为如此，对各类犯罪同质性的把握是维系刑法学理论体系性的关键。如果为了研究的需要过分夸大研究对象的重要性，就可能导致刑法学理论研究"碎片化"的危险，进而动摇刑法学的核心。试想，当网络犯罪、经济犯罪、反恐刑法等每一个前沿的学术创新点，都因为强调自身特性而无视刑法理论整体性的时候，就可能会潜移默化地破坏刑法话语的"共识"，也可能无声无息地动摇刑法学的根基。当学术研究因为对象的异质性而陷入"自说自话"的状态时，没有针锋相对的学术论战，没有看待问题的基本立场，刑法学就可能面临一场因为研究不断离散化而导致的危机。当然，这并不是说不应当针对研究对象的特殊性，具体问题具体分析，更不是说不应该对网络犯罪进行专门研究，因为当对象的特殊性较为突出时，通过横向串联，打破知识的藩篱，对更好解决问题有所裨益。只是在网络犯罪的研究中，要注意避免"海螺壳里摆道场"自说自话，防止"拿着放大镜找特殊性"，而忽视了刑法理论是牵一发而动全身的体系。而这种作为"共识来源"的各类犯罪的"同质性"，表现为罪刑法定主义的基本要求。

第二，应当谨慎对待"处罚必要性"与"扩大解释"边界的关系。这一点应该说是上面一对关系的具体化。如果过分强调网络犯罪的异质性，那么一个顺理成章的结论是，在法律解释的问题上倾向于扩大处罚范围，主张对法律规范进行扩大解释。或者说，网络犯罪危害性大，预防难度较大，手段多样，形式复杂，因此有必要严惩。特别是在以网络为手段的犯罪中，例如网络诈骗，由于网络带来的犯罪手段的便宜性，往往容易被认为具有较大的处罚必要性。既然处罚必要性较大，扩大解释就变得理所应当。

这里存在两个隐患。一是即便扩大解释并不违反罪刑法定主义的基本原理，不同的犯罪类型都有自己的异质性，也都有自身特殊的处罚必要性，以网络为手段的诈骗行为要扩大解释，以电信为手段的诈骗行为也要扩大解释，结局是诈骗罪的法律解释必然远远超过其过去的边界，与罪刑法定主义的基本初衷不相符。二是处罚必要性关涉"处罚感情"，因此以处罚必要性为由主张扩大解释，实际上是在"讲理"。法律绝不能不讲理，也绝不能因为讲理就忘了法治的要求。同样犯罪行为的处罚必要性，在每个人心里引起的处罚感情不同,因此很容易将刑法解释推入"跟着感觉走"的境地,从而存在削弱刑事司法公信力的可能,毕竟"公说公有理,婆说婆有理",你有你的道理,他有他的主张。扩大解释和类推解释的界限,也容易在强烈的处罚感情面前受到冲击。那么,表面上看有理有据地以处罚必要性为由主张扩大解释的做法,反而应该格外谨慎。

第三,要正确处理刑事立法作为预防网络犯罪手段的"前置性"与刑法"补充性"的关系。在对扩大解释可能造成的困境充分警惕的前提下,过分重视网络犯罪异质性可能推出的第二个结论,就是充分发挥刑事立法的作用,通过修改立法对网络犯罪处罚前置化,甚至通过立法对网络犯罪处罚严厉化。当然,从罪刑法定原则的要求出发,修改刑事立法对网络犯罪进行规制本身,并不存在任何问题。但是,一者从预防网络犯罪实效性的角度来看,网络技术监管与刑罚处罚相比是更为重要的手段。要有效地解决问题,关键在跳出常识的桎梏,寻找到问题解决的"七寸"。要在刑罚法的视域内预防网络犯罪,必然面临刑法补充性、滞后性的困境。就好像某些重大疾病的特效药价格昂贵,廉价仿制药的流行又会对知识产权保护制度和药品监管制度造成破坏,单纯靠法律体系内部的方法很难弥合这样的冲突。在这种情况下,抛开针锋相对的双方,另辟蹊径,将特效药纳入医保是解决问题更为有效的方法。因此,靠刑事立法解决预防网络犯罪的问题,必须与严格的网络监管相配合。二者即便要通过刑事立法扩大或者加重处罚,也必须警惕对网络犯罪异质性的过度重视。如果每一类具有特殊性的犯罪,最终都要回归刑事立法,那么刑事立法可能出现过度膨胀的趋势。特别是在经济社会高速发展的背景之下,新问题层出不穷,新类型的犯罪给人以"新松恨不高千尺,恶竹应须斩万竿"的感觉,且不说《刑法典》规模的过度扩大本身就是一个难题,新犯罪类型之间横纵交叉带来的可能的困惑在于,条文规定越是复杂细致,就越可能出现需要解释的规范。解决问题的方式本身,也可能会带来新的问题,因此用刑事立法预防网络犯罪就必须兼顾刑法补充性的原则。

当然,要考虑罪刑法定主义的要求,并不是反对网络犯罪的研究。相反,正是因为网络犯罪的研究既有实践价值,又有理论意义,十分重要,才必须在研究过程中做到防微杜渐、未雨绸缪。刑法学理论需要一个作为"理论共识"的内核，只有这样新的领域层出不穷，新的理论遍地开花，才不会产生刑法学逐渐分裂的危险。如果说刑法学内核最核心的部分是罪刑法定原则，那么如何既保证充分考虑研究对象的特殊性，又努力维护学科的核心要义，不仅仅是网络犯罪研究所面临的问题，也是刑法学应对知识大爆炸背景下共识缺乏威胁的重中之重。

总之，当我们以理性主义的认识论忽略具体案件中林林总总的细节而希望大笔一挥解决类推解释与扩大解释区别的时候，线画得越清楚，解决问题时就变得越模糊。而如果我们以经验主义认识论对案件的"一枝一叶"进行解剖分析，类推解释和扩大解释的区别就变成了对扩大解释合理与否的判断，可能会陷入"一事一论"的境地，法律适用的确定性就会遭受破坏，禁止类推解释的派生原则就可能被架空。如何避免在"确定的含混"和"灵活的僵化"之间摇摆不定，既是今天禁止类推解释原则需要面对的困境，也是整个刑法学在认识论上面对的最大挑战。我们不能继续沉醉于理性主义认识论下的思维模式，用完善犯罪论体系的方式追究学术逻辑上的圆满，通过对于案件细节的过滤，形成简单抽象的原则用以指导法官的实践，实现"教义学"的目标。这样做只会不断撕裂理论与实践之间的互动，导致追求教义学的努力，成为埋葬教义学的肇始，这就是造成今天中国刑法学理论上的热热闹闹与刑法理论在实践中的平庸无为之间巨大反差的认识论层面的根源。同时，我们也不能逐渐陷入经验主义认识论当中无法自拔，执着于要为每一个案例中的特殊情况做利弊权衡，这样导致的结果就是动摇了社会公众对刑事法治的信仰，没有人再去关注法律条文及其背后的原理，公众对投身个案正义的争论的热情淹没了刑法谦抑性与补充性的堤坝，最后动摇了刑法学本身存在的根基。

无论是理论与实践在一定程度上的脱节，是典型个案中刑法理论的失语，是比较研究之下引用借鉴者的自说自话，是不断追逐热点忽略了对刑法学基础性问题的研究，还是刑法理论"理想主义面具之下现实主义者"的特征为人所诟病，本质上都与认识论上的模糊不清有关。要解决这些困境，就涉及在理性主义与经验主义之间寻找到一个平衡点，探索超越理性主义与经验主义的认识刑事法律现象规律"可寻迹性"的超验主义认识论。而要做出超越理性主义与经验主义的藩篱，开创超验主义的刑法学认识论框架，说起来容易，做起来无比困难。一方面，教义学作为刑法学的传统，奠定了理性主义的理论基石，刑法学存在本身就是为实践提供理论基础和指导，就必须在复杂的事实之上探索规律，离开这一点刑法学这个学科的危机就变得无可避免。另一方面，面对越来越复杂的社会发展现实，法官在司法裁决过程中没办法回避任何一个现实问题，舆情、政策、立法原意等要素敏感的神经会随时被案件的细节牵动，拿抽象的原理解决所有这些复杂的案件情节对司法机关来说非常困难。抛弃了理性主义司法就沦为"一事一论"，离开经验主义学科就沦为"自说自话"，刑法学的处境每一位同仁恐怕都有所感受。无论如何，解决问题的第一步，必须是承认问题存在，不接受问题存在，甚至于明知有问题而故意无视问题都会导致整个学科在认识论困境的沼泽中越陷越深。

回到罪刑法定原则，如果说1997年《刑法》废除类推制度的时候对类推解释的禁止是罪刑法定原则理论发展的自然延伸的话，那么今天看来我国罪刑法定原则的这一派生原则多少显得有些曲高和寡。对比宽宥原则的发展历史，我们要解决的首要问题是如何让禁止类推解释原则能够用得上，实际上禁止类推解释和宽宥原则不仅在内容上有很多的交叉，在作用上也有很多的重合。理想的方式是把对个案正义的争论纳入到类推解释禁止的原理当中进行讨论，引导刑事公平正义共识在刑法基本原理的场域内产生。一方面作为法治历史上地位显赫的基本原理，禁止类推解释具有毋庸置疑的正当性基础，应用这一原则具有强大的"仪式感"，能够在多元价值的博弈之中维持刑事法治的基础"共识"。另一方面，类推解释与扩大解释的区别不是在原理层面上"大笔一挥"勾勒出来的，而是在对一个个案例的反复争论当中被逐渐描述清晰的。这样关于个案正义的讨论，无论是学术理论的争鸣，还是社会舆论的参与，都会被限制在罪刑法定的"角斗场"当中，再争吵也仍然是一个刑法问题，可以避免舆论的乱流对司法公信力堤坝的冲击。同时，在法律原则适用的过程当中，也兼顾了经验主义认识论对个案细节的关注，避免了无的放矢的困惑。如果说，美国宽宥原则的主要特点的话，这样的认识论对我国刑法理论而言，具有参考的价值。后面我们再对这种认识论上的突破进行具体的阐释，也就是我们所谓的"最高限度罪刑法定"与"最低限度罪刑法定"的分层。对罪刑法定原则进行分层不是为了"理论创新"而是为了"推进实践"，这一点是继续进行讨论的基础。我们在后续章节中对这个问题进行进一步地讨论。

第五章　最高限度与最低限度罪刑法定的
划分及其意义

分层策略是我国罪刑法定原则研究中的重要问题。传统的分层策略中,无论是积极与消极罪刑法定,形式与实质罪刑法定,还是绝对与相对罪刑法定都存在一个共同的缺陷,即缺乏明确的理论目的性,无法对接我国刑事司法实践的现实需求。我国的刑事司法实践需要具有明确目的性,针对现实问题的分层策略。这种目的性可以描述为,既坚持罪刑法定基本原理,又增加其司法适用性;既兼顾罪刑法定的司法话语,又对接罪刑法定的大众话语;既维护罪刑法定的既有话语体系,又促进罪刑法定的自我进化。最高限度与最低限度罪刑法定的分层策略,正是以实现三个"既……,又……"为目标,考虑到我国罪刑法定主义"启蒙"与"反思"阶段同时存在的现实,根据罪刑法定司法化的现实需要,而设计出的新的罪刑法定原则的分层策略。

在我国,罪刑法定原则是否存在分层的现象,恐怕是一个仁者见仁、智者见智的问题。说罪刑法定存在分层现象的人,恐怕很难理直气壮,因为我国关于罪刑法定原则的研究并没出现类似分层的提法。同样,否认罪刑法定存在分层现象的人,也无法回避一个事实,就是我国学界关于罪刑法定原则最重要的研究范式就是区别罪刑法定原则的不同侧面。如有的学者指出,我国罪刑法定原则研究存在三大理论问题:一是绝对的罪刑法定与相对的罪刑法定;二是形式的罪刑法定与实质的罪刑法定;三是消极的罪刑法定与积极的罪刑法定。[①]这三个理论问题事实上就是三种不同的罪刑法定原则的分层策略。毫不夸张地说,中国罪刑法定原则的分层问题是罪刑法定研究中的关键问题。那么,为何我国刑法罪刑法定三大理论问题都与分层有关? 换言之,罪刑法定原则为何需要分层? 要回答这个问题,必须对传统

---

① 陈兴良:《罪刑法定主义的逻辑展开》,载《法制与社会发展》2013年第3期,第51-57页。

的罪刑法定观念进行反思。分层源于价值冲突,罪刑法定原则需要分层,是因为罪刑法定原则存在内部矛盾。如有学者指出,可能让罪刑法定暴露其自身矛盾的至少有两类刑法规定:一类是纯正情节犯,另一类暂称其为纯正兜底犯。[1]在我国,罪刑法定的分层具有理论市场,证明学界对罪刑法定的内在冲突存在一定的认识。但是现有的分层策略,无论是绝对与相对的罪刑法定,形式与实质的罪刑法定,还是消极与积极的罪刑法定,不是大陆法系刑法理论的舶来品,就是在"自圆其说"大方向之下的学理之争,都存在一个共同的问题,即缺乏一个明确的理论目标。罪刑法定原则在发展变化的过程中,形成了多种形式的内部冲突和外部冲突。[2]每存在一种价值冲突,就能产生一种分层策略,但是为了节省理论成本,罪刑法定原则的分层策略应当以法治本土资源现状,以及刑事司法实践的需要为出发点。

在我国,罪刑法定本土化所面对的最重要的冲突就是罪刑法定理念的树立过程,与罪刑法定原则的改造、调整过程交织在一起。如有学者指出,在刑法中,罪刑法定主义并不排斥在一定限度内的自由裁量权,以此增加刑法的适应性,但严格规则对于刑罚来说,永远居于更为重要的地位。[3]实际上,尽管罪刑法定原则立法化完成已经二十余年,但罪刑法定理念在我国仍然处在逐渐获得接受的阶段当中,与此同时,随着风险社会的到来,传统的、形式的、绝对的罪刑法定原则又在纷繁复杂的社会现象面前显得力不从心,从而表现出调整和建构的需要。这样罪刑法定的严格性与灵活性之间产生了不可避免的矛盾和冲突。解决这样的矛盾和冲突,需要这样一种罪刑法定原则,一方面具有严格性,能够作为刑法第一性的基本原则维护刑事司法的公信力,另一方面具有灵活性,能够给司法机构留下足够余地,回应社会的需求进行法律解释。"最高限度的罪刑法定"与"最低限度的罪刑法定"的分层,正是在这种考虑之下进行的对罪刑法定原则的工具化改造。

---

① 白建军:《坚硬的理论,弹性的规则——罪刑法定研究》,载《北京大学学报(哲学社会科学版)》2008年第6期,第30页。

② 车剑锋:《罪刑法定原则的边界——以英美法中"Marital Rape Exemption"的废除为例》,载《广东广播电视大学学报》2014年第6期,第47-48页。

③ 吕安青:《罪刑法定与自由裁量权》,载《环球法律评论》2004年夏季号,第250页。

一、现有的罪刑法定原则分层策略及其缺陷

要研究罪刑法定原则分层的策略,首先要从方法论的层面上对分层有一个整体性的把握。罪刑法定的分层建立在三个要素的基础之上:一是随着更多的价值、原理被纳入罪刑法定原则的范围之内,罪刑法定原则必须存在内部的价值冲突,"铁板一块"的原则不存在分层的契机;二是分层必须有一个明确的目标,否则就是"空对空"的理论阐述,既然要分层,就必须直接针对罪刑法定存在的问题,突破过分强调"自圆其说"的窠臼;三是分层必须建立在已有学术积累的基础之上,对罪刑法定进行分层并不是在学术话语上追求"语不惊人死不休",而是对已有罪刑法定研究的一种提炼与升华,以一种全新的角度看待已有的学术智识。当然,我们必须首先搞明白分层在方法论层面上的特征。

(一)方法论视角下分层与分类的区别

表面上看,分层与分类在方法上存在类似之处。但是,本书中的分层与传统上的分类却存在本质上的不同。第一,在分层的方法之下,各层概念核心的异质性要远大于同质性,而在分类的方法下,各层概念核心的同质性要远大于异质性。与分类相比,分层的目标不是对象的类型化,而是将矛盾引入体系中,通过体系内对立面向的冲突性,提升整个系统在解决外部问题上的适应性。刑法中的犯罪构成,就是分层方法适用的典型例子。犯罪构成是刑法规定的,反映行为的法益侵犯性与非难可能性,而为该行为成立犯罪所必须具备的违法构成要件和责任构成要件的有机整体。①尽管违法与责任共同涵盖于犯罪构成体系当中,但是违法更多是客观的,是对行为的评价,而责任是主观的,是对行为人应受处罚性的评价。二者无论在对象、评价标准,还是在判断方法上都存在本质上的区别。然而,二者共存于犯罪构成体系当中,为行为构成犯罪与否的判断提供了更多的角度和灵活性。比如,有些行为虽然造成了巨大的法益侵害后果,但是由于特殊情况行为人不

---

① 张明楷:《刑法原理》,商务印书馆2011年版,第90页。

具有可责性,或者虽然行为人应当承担责任,但是客观上行为不具有违法性,那么都可以认定行为不构成犯罪。而这种出罪与入罪的灵活性,来源于违法与责任之间明显的异质性。如果仅仅是分类,那么就会在犯罪认定上出现"一荣俱荣,一损俱损"的局面,反而不利于法官根据个案的特征灵活地做出决断。第二,与分类相比,分层具有明确的目的性。分类是在共性的基础上强调差异性,其依据往往是分类对象的特征。而分层更多是以达成一定的理论目标或实践目标为目的。因此,目的万变,分层策略亦万变。分层的目的性主要表现在,就同一对象,以不同的理论目的为出发点,可能会出现在同一话语体系中的不同分层策略。"二元行为无价值论"中"二元"的内涵就是一个根据不同理论目的进行不同分层的典型例子。表面上看,二元论是行为无价值论与结果无价值论结合的产物,实际上,不同学者根据不同的理论立场和目的,赋予了"二元"不同的内涵。如有日本学者指出,行为无价值论是一个多义的概念,就行为"无价值"的内涵,有认为其是指行为违反国家的道义(如小野清一郎),违反社会伦理秩序(如团藤重光),违反公序良俗(如牧野英一),缺乏社会相当性(如藤木英雄、福田平),具有规范违反性(如井田良),等等。①关于行为无价值内涵的不同定义,尽管都涵盖在二元行为无价值论的话语体系当中,但却是关于违法性本质不同的分层策略。不同学者的学术目的不同,关注点就有可能大相径庭,因此随着时代变化、社会现实变化、刑法理论的变化,关于违法性本质的分层策略也会层出不穷。有学者甚至认为,其实并不存在彻底的结果无价值论或彻底的行为无价值论。所谓的结果无价值论,不过是更侧重于法益侵害的二元论。②第三,与分类的固定性相比,分层的方法具有社会回应性的特征。分类的依据是对象的固有属性,因此,根据不同属性可以有不同的分类方法。分层以实现一定的理论目的为出发点,而目的的确定必须以特定的时代特征、社会环境为背景,因此分层策略之间并非是与否、对与错、真理与谬论的关系,而是

---

① 张明楷:《行为无价值论的疑问——兼与周光权教授商榷》,载《中国社会科学》2009年第1期,第99-100页。

② 劳东燕:《结果无价值论与行为无价值论之争的中国展开》,载《清华法学》2015年第3期,第68页。

为回应社会环境的需求做出的不同选择。由于分层的方法具有回应性的特征,那么就罪刑法定原则而言,在不同时代和社会发展阶段,也必然存在不同的分层策略。

(二)现有罪刑法定原则的分层策略分析

以异质性、目的性和回应性为标准,目前我国关于罪刑法定原则的理论分层策略可以分为积极罪刑法定与消极罪刑法定、实质罪刑法定与形式罪刑法定以及绝对罪刑法定与相对罪刑法定三种策略。

1."积极罪刑法定"与"消极罪刑法定"的分层

我国刑法对于罪刑法定原则有表述极具中国特色,除了"法无明文规定,不定罪处罚"的基本含义之外。第三条的前半段规定:"法律明文规定为犯罪行为的,依照法律定罪处刑。"就第三条前半段与后半段的关系问题,我国学者初步对罪刑法定原则进行了分层。有学者指出:此条文前段规定的是积极的罪刑法定原则,后段规定的是消极的罪刑法定原则。积极的罪刑法定原则与消极的罪刑法定原则的统一,运用刑罚权惩罚犯罪,保护人权与约束刑罚权,防止滥用,保障人权的统一,这就是罪刑法定原则的全面的正确的含义。[①]

积极罪刑法定与消极罪刑法定的划分,在我国具有相当的特殊性。这种特殊性表现在该分层策略并未明确地发挥任何作用,其内涵也仅仅是寥寥数语,其作用似乎主要是成为批判观点的标靶。如有学者认为,(《刑法》第三条)根本缺陷在于仅仅考虑了罪刑法定的入罪禁止机能,恰恰扼杀了罪刑法定之出罪机能的发挥。[②]有学者认为,其致命错误在于将刑法的机能与罪刑法定原则的机能混为一谈,将"刑法机能是保障机能与保护机能的统一"这一观点,生搬硬套地用于阐述罪刑法定原则的机能。[③]有学者认为,《刑法典》第三条造成了《刑法》与《刑事诉讼法》不协调的局面。[④]既然积极

---

① 何秉松:《刑法教科书(上卷)》,中国法制出版社,2000年,第68-69页。

② 付立庆:《善待罪刑法定——以我国刑法第三条之检讨为切入点》,载《法学评论》2005年第3期,第49页。

③ 周少华:《罪刑法定与刑法机能之关系》,载《法学研究》2005年第3期,第51页。

④ 刘志远、喻海松:《论罪刑法定原则的立法表述》,载《中国刑事法杂志》2005年第5期,第13页。

与消极罪刑法定的区分存在这么多的问题,我国学者当然顺理成章地认为,我国《刑法》第三条在外在表述方式以及内在价值、旨趣、功能等方面,均与已经形成国际话语共识的当代罪刑法定原则有着重大的差异,彼此可以说是形似而实非,南辕而北辙。①这样的规定从根本上背离了罪刑法定主义的初衷,很难再称之为"罪刑法定",充其量只能说是"中国式的罪刑法定"。②因而,应当将"积极方面"即罪刑法定原则表述的前半部分毅然决然地删去。③

上述批判意见并非没有道理,但是其论述存在两个重要的缺陷。第一个缺陷是批判观点有一个隐含的逻辑,即由于世界各国关于罪刑法定原则的表述已经形成共识,那我国的罪刑法定就不应该独具特色。如有学者指出,既然我们宣称自己要昂首阔步地向法治国度迈进,那么为什么还非要保留如此"中国特色"呢?④一方面,关于罪刑法定的规定,世界各国在立法上的共识远未实现,英美法系国家的代表美国和大陆法系国家的代表日本都没有在立法层面上明确规定罪刑法定原则,那么何谈世界性的"共识"?虽然"法无明文规定不为罪,法无明文规定不处罚"是罪刑法定的学理起源,但是规定了罪刑法定原则的各国的立法表述也不尽相同。另一方面,即便退一步说,就算是存在一种通行的罪刑法定立法例,我们也不一定必须严格保持一致,否则我国刑法中的诸多特色规定,例如共犯的概念、胁从犯的规定等,是否也必须按照通例进行修改呢?第二个缺陷在于批判观点基本一致地采取了修改立法表述的方法解决积极罪刑法定与消极罪刑法定的矛盾。实际上,积极与消极罪刑法定的划分本来就是对《刑法》条文的学理解读,是一种学说,为了批判学说而主张修改立法,本身就是对法的确定性价值的忽视,本身就有违反罪刑法定原则理念的倾向。事实上,与其为了解释结论而修改立法,以图获得理论的完整,还不如修正理论来更好地阐释立法。例如

---

① 梁根林:《罪刑法定视野中的刑法合宪审查》,载《法律科学(西北政法学院学报)》2004年第1期,第27页。

② 劳东燕:《罪刑法定本土化的法治叙事》,北京大学出版社2010年版,第189页。

③ 武玉红:《论罪刑法定原则的"中国特色"》,载《政治与法律》2002年第2期,第58页。

④ 陶红雅:《对"中国特色"罪刑法定原则的法理反思》,载《中国青年政治学院学报》2008年第3期,第72页。

有学者提出,(《刑法》第三条)前后两个分句一并表达着罪刑法定的本义。[①]当然,批判意见存在商榷的余地,并不是说积极与消极罪刑法定的分层不存在问题。只不过,现有的批判并没有抓住该分层策略的核心矛盾而已。

2."形式罪刑法定"与"实质罪刑法定"的分层

形式与实质罪刑法定的分层,其主要对象是罪刑法定原则的派生原则。在我国,通说认为罪刑法定的派生原则可以分为形式侧面和实质侧面,形式侧面包括:成文法主义或法律主义、禁止事后法(禁止溯及既往)、禁止类推解释、禁止不定刑与绝对不定期刑。实质侧面包括:刑罚法规的明确性原则和刑罚法规内容的适正的原则。[②]罪刑法定的形式侧面旨在约束司法权力,维护法律的确定性,而实质侧面旨在约束立法权力,在既存法律存在正当性瑕疵的情况下,主张突破形式合法性的限制,从而获得实质的正当性。表面上看,二者在功能旨趣上大相径庭,甚至南辕北辙,似乎难以跨越"对立",实现"统一"。实际上,如果考虑到形式与实质罪刑法定的分层是我国借鉴日本刑法学理论这一点,这种"对立统一"又并非完全无法理解。"二战"以后,日本刑法的发展深受美国刑法的影响,在考察美日两国法律制度的基础上,罪刑法定的内涵由最初的形式侧面发展到现在的兼具实质侧面,这是一个确切的历史发展过程,也是有据可查的史实。[③]关键的区别在于,美国刑法中的罪刑法定原则以美国的司法制度为基础,形式侧面与实质侧面可以以司法制度为依托,实现求同存异,共同服务于"司法目的"的大局。当需要强调法律确定性时,美国法院可以主张运用宽宥原则(Rule of Lenity)或称严格解释原则,相反当需要对法律正当性进行审查,追求个案正当性时,又可以通过违宪的司法审查手段,以明确性原则(Void-for-Vagueness Principle)为工具,宣布不明确的法律无效。因此,美国刑法罪刑法定原则的派生原则兼具实质与形式侧面,而又不会产生无法弥合的冲突,是以司法制度为基础的。且不论日本刑法如何包容罪刑法定形式侧面与实质侧面的冲突,在我

---

① 熊建明:《罪刑法定之中国法典表达考究》,载《东方法学》2015年第5期,第34页。

② 张明楷:《罪刑法定与刑法解释》,法律出版社2009年版,第26—46页。

③ 苏彩霞:《罪刑法定的实质侧面:起源、发现及其实现》,载《环球法律评论》2012年第1期,第64页。

国,解决法律合法性与正当性的冲突缺乏相应的司法制度做基础。因此,当需要维护法律的确定性,主张罪刑法定的形式侧面时,我们要靠刑法解释来解决这一矛盾,同样当刑法明文规定的犯罪行为不具有处罚必要性需要出罪或需要将没有刑法明文规定的行为入罪时,我们同样需要依靠刑法解释。这样要实现形式侧面需要解释,实现实质侧面同样需要解释,可谓进亦解释,退亦解释。那么,不同解释策略之间的矛盾表现出来,取代了形式侧面与实质侧面皆是对公民权利保护的共同点,因而,罪刑法定形式侧面与实质侧面的矛盾和形式解释与实质解释之间的矛盾难免被混为一谈。这样,主张罪刑法定原则实质侧面是刑法实质解释正当性来源的观点,在我国显得自然而然。[1]实质解释论者的真实理论目标是把解释结论的合理性纳入到罪刑法定的话语体系中,用罪刑法定刑法第一原则的地位,提升自己解释结论的正当性。实际上,所谓罪刑法定原则的形式侧面与实质侧面的冲突,其实是刑法中的形式与实质的矛盾,也可以说是法律形式主义与法律实质主义的矛盾。就罪刑法定原则的形式侧面与实质侧面而言,根本就不存在所谓冲突。[2]或许不能仅限于对罪刑法定原则与刑法解释之间的理想模型的一味追逐,而应当跳出罪刑法定原则和刑法解释的循环,形而上至对这一循环研究目的的关注,形而下至对刑法解释制度的具体研究。[3]在缺乏解释制度支撑的前提下,罪刑法定形式侧面与实质侧面难免会遭遇英雄无用武之地的尴尬处境。

3."绝对罪刑法定"与"相对罪刑法定"的分层

与前两种分层策略不同,"绝对罪刑法定"与"相对罪刑法定"的分层具有典型的时间性的特征,简言之就是在存在时间上,绝对罪刑法定在前,相

---

[1] 当然,实质解释论者就罪刑法定实质侧面与刑法实质解释关系的观点也存在差异。例如,刘艳红教授与苏彩霞教授认为罪刑法定的实质侧面内容要求对刑法规范作实质解释,而张明楷教授则基本认为二者之间不存在内在联系。(参见:劳东燕:《刑法中的学派之争与问题研究》,法律出版社2015年版,第36页及以下)但刘艳红教授、苏彩霞教授的观点,在实质解释论者中更具代表性。因此,此处暂时对实质解释论者间的分歧不做讨论。

[2] 陈兴良:《形式解释论的再宣誓》,载《中国法学》2010年第4期,第34页。

[3] 聂慧苹:《罪刑法定原则与刑法解释的纠缠与厘清》,载《中国刑事法杂志》2013年第3期,第26页。

对罪刑法定在后。相对罪刑法定实际上是绝对罪刑法定的替代品或进化版。表面看来将绝对与相对的对立概括为分层较为勉强,实际上二者的对立反映出的是法律确定性和灵活性的对立,因此,将其描述为分层策略也并无不可。

早期的罪刑法定原则是一种严格的、不容任意选择或变通的原则,更多地强调对司法的形式限制,反对司法的自由裁量。在理论上,也称之为形式的、绝对的罪刑法定原则。绝对的罪刑法定原则描绘了一幅排除了法官自由裁量的严格、明确的法律适用图景,但其一旦进入现实世界,就迅速变得黯淡,显得相当不切实际。为了应对社会生活的发展和理论的非难,适应社会的发展,摆脱理论上的困境,绝对罪刑法定原则最终演变为现代各国所奉行的相对罪刑法定原则。[1]这种转变表现为罪刑法定原则的派生原则从排斥习惯法到允许习惯法为刑法的间接渊源;从禁止不定刑和不定期刑到禁止绝对不定期刑;从禁止类推到禁止有罪类推;从禁止刑法溯及既往到禁止重法溯及既往。[2]罪刑法定由绝对向相对的演进,从本质上反映出人们对社会秩序和个人自由、社会保护和人权保障关系认识上的变化和深化。[3]尽管相对罪刑法定对罪刑法定原则的传统边界进行了大幅度的突破和扩展,但罪刑法定主义的价值取向并没有改变,相对罪刑法定最基本的功用仍然是限制刑罚权,只不过,它取消了对刑罚权不必要的限制。[4]

相对罪刑法定其实是妥协与折中的产物。一方面,社会高速发展,禁止法律解释,机械依照法律条文的绝对罪刑法定不能适应社会的发展,司法实践在罪刑法定的要求上急需灵活性。另一方面,放松罪刑法定的要求,又会产生倒退到"罪刑擅断"时代的担心。因此,要放开,又要有条件地放开是相对罪刑法定主义的实质。由于相对罪刑法定具有明确的目的性和回应性,目前世界各国刑法中的罪刑法定主义都采取相对罪刑法定主义,使司法权

---

① 张军主编:《刑法基本原则适用》,中国人民公安大学出版社,2012年,第14-15页。

② 孟红:《罪刑法定原则在近代中国》,法律出版社,2011年,第23-24页。

③ 陈正云、曾毅、邓宇琼:《论罪刑法定原则对刑法解释的制约》,载《政法论坛(中国政法大学学报)》2001年第4期,第75页。

④ 周少华:《罪刑法定与刑法机能之关系》,载《法学研究》2005年第3期,第52页。

具有一定的能动性,从而应对复杂的犯罪现象。[1]因此,绝对与相对罪刑法定的分层策略已经成了一种法治传统。但也正因为如此,绝对与相对的分层策略本身已经成为了罪刑法定实践性研究的"鸡肋",只能作为一种刑法思想史上的成果供人借鉴。

(三)现有罪刑法定原则分层策略的核心疑问分析

对现有的三种罪刑法定分层策略,不乏批判观点,其中不少的批判观点非常犀利,值得借鉴。但是,现有批判观点批判的对象往往比较具体,对罪刑法定分层问题缺乏一个整体的审视。如果说分层以"异质性""目的性"和"回应性"为基础的话,那么异质性是前提,如果对象不具有鲜明的异质性,那么就谈不上分层;回应性是保障,确保分层策略自我发展、进化,以符合不断前进的时代的需要;而目的性是关键,没有明确的理论目的,分层就变成了在社会发展的海水退潮之后留在沙滩上的贝壳,孤独地诉说着时代的声音,却难以逃脱被人遗忘的命运。现有的三种罪刑法定分层策略的核心疑问正是缺乏明确的目的性。简言之,就是分层想干什么,能干什么并不明确。

积极与消极罪刑法定的分层在欠缺目的性的问题上,比较具有代表性。该分层策略实际上是对我国《刑法》第三条的解读,从逻辑方法上主要采取的是演绎的方法,即从条文表述中自然而然地推论出存在"积极罪刑法定"的结论。尽管从逻辑上说,存在积极罪刑法定的观点并没有什么瑕疵,但是,"积极罪刑法定"要解决的问题为何? 刑事司法实践中表现出积极罪刑法定精神的判例又有哪些? 积极罪刑法定本身无法回答这些问题。所以,作为一种纯粹的理论,这种分层策略必然处于"存在可,不存在亦无不可"的尴尬处境。对其批判的观点也是如此,因为欠缺目的性,批判的观点也只能从罪刑法定的核心原理出发,通过演绎否定积极侧面的存在。无论多么完美的演绎,也难以掩盖一个事实,在欠缺目的的背景下,批判者与批判对象之间的对决更像是"空想"与"另一种空想"的较量,如上所述,其实只要改变对《刑法》条文的理解,二者争议的必要性就显得值得商榷。形式与实质罪

---

[1] 陈兴良:《罪刑法定主义》,中国法制出版社 2010 年版,第 36 页。

刑法定、绝对与相对罪刑法定也是如此。形式与实质罪刑法定原则实际上是对"二战"后日本罪刑法定原则最新发展的理论借鉴,绝对与相对罪刑法定更是刑法学史上的理论成果,随着时代与社会的发展,绝对罪刑法定已经式微,相对罪刑法定已经为绝大多数国家所接受。因此,这两种分层策略都是静态的知识,作为了解罪刑法定原则发展历程去学习尚可,如果在我国主张类似的分层策略就可能出现曲高和寡的难题。也正是因为如此,在我国,尽管罪刑法定原则的分层策略之间的理论之争不断,但是很少在司法实践中遇到关于积极与消极罪刑法定,形式与实质罪刑法定或者绝对与相对罪刑法定之间明确冲突的案例。那么,这样的不能解决实践问题却带来理论纷争,浪费大量学术资源和成本的分层策略,必然是值得怀疑的。

造成我国罪刑法定分层策略缺乏目的性的原因较为复杂,概括起来大概有三点。一是我国罪刑法定原则本身缺乏司法目的性,因此其分层策略缺乏可靠的目的性参考。罪刑法定原则产生之初具有明确的目的性,即限制司法擅断。然而,在我国,罪刑法定原则始终是舶来品,其理念属性要远远大于其目的属性,这也导致了我国部分刑法学者过于强化了立法权和司法权的分立,过于强调对法官裁量权的限制而没有认识到罪刑法定实际上是一个在立法和司法的整个过程中得以实现的动态原则。我们似乎过于将罪刑法定作为一种标语,而非实践的准则。①这样罪刑法定变成了公理和标准,司法实践既无法运用罪刑法定,亦无法改造罪刑法定。而这种罪刑法定目的性的欠缺,是其分层策略欠缺目的性的根源。二是作为舶来品,罪刑法定原则现有的分层策略多是静态的知识,是对国外已有研究成果的介绍。仅仅了解国外研究的"结果"是不足以借鉴相关经验的,要了解罪刑法定分层的目的就必须对罪刑法定原则分层的过程以及其"背后的内容"有一个概括的把握。任何一个分层策略的最终达成,都是利益、价值妥协与折中的结果,仅仅理解最终分层的结论,无法理解相应分层理论真正意图达到的理论目标。例如,形式与实质罪刑法定的分层,是我国借鉴日本罪刑法定原则研究的成果。事实上,日本的现行宪法和现行刑法都没有关于"罪刑法定原

---

① 樊百乐:《普通法视野中的刑事类推与罪刑法定——以美国法为例》,载《刑事法评论》2006年第2卷,第458页。

则"的明确规定,而根植于大陆法系基本理念的日本刑法理论,为了能为形式主义的罪刑法定原则找到法律依据,就不能不将日本现行《宪法》第三十九条中的"程序",硬生生地解释为与字面含义互为径庭的实体,将程序性要求硬塞成了实体性要求。[①]因此,所谓罪刑法定原则的实质侧面,其实是日本刑法学界为了兼顾大陆法系刑法传统与英美法程序性的要求作出的妥协与折中。我们引入日本罪刑法定原则的分层策略,却忽视了日本罪刑法定的现实需要,难怪形式与实质罪刑法定的分层看似合理,却难以派上大用场。三是我国关于罪刑法定原则理性主义的研究范式,阻碍"现实问题"的发现。关于罪刑法定原则的应用研究主要有两种基本范式,一种是用理念去套实践中的做法,来解决实践正当性的标准来源问题。另一种是从实践中归纳出理论的问题,以实现实践与理论的互动。1997年《刑法》生效以来,曾经师承苏俄刑法的我国刑法理论逐渐靠向更加具有体系性、逻辑性和操作性的德日刑法。一方面,理论话语的转型逐渐超出了中国刑法理论传统意义上的舒适区,在创造大量学术增长点的同时,也造成了刑法理论的自我怀疑。另一方面,德日刑法理论虽然精致,但是其根基建立在德日社会发展的基础之上,改革开放以来我国社会经济高速发展,社会现实与德日刑法发展过程中的社会状况难以完全匹配,这也导致了刑法理论与社会现实的部分脱节。如有学者指出,去熟悉化的刑法知识也在悄无声息地走着一条去常识化的道路。[②]那么,向前看,德日刑法理论的轮廓尚模糊不清,向后看,刑法理论与社会现实的对接又路径不明,我国刑法学迫切需要一个正当性来源和标准。罪刑法定原则正是横空出世,为我国刑法理论提供正当性来源和理论自信的"救世主"。罪刑法定原则对于刑法理论具有塑造作用,体现在提供价值标准、确立逻辑前提、勘定知识边界三个方面。[③]正因如此,罪刑法定的研究在我国必然偏重理性主义的路径。在理性主义的路径之下,

---

① 陈忠林:《刑法的界限——刑法第1-12条的理解、适用与立法完善》,法律出版社2015年版,第88-89页。

② 石聚航:《"去熟悉化"与"去常识化"之间:刑法学知识转型的反思》,载《环球法律评论》2014年第1期,第105页。

③ 陈兴良:《刑法教义学的发展脉络——纪念1997年刑法颁布二十周年》,载《政治与法律》2017年第3期,第6页。

113

罪刑法定本体就是目的本身,其分层策略自然不可能去追求其他目标。

分层的关键是目的性,在全球罪刑法定主义退潮的大背景下,罪刑法定对我国而言具有特殊性。其他国家罪刑法定主义的发展都是由启蒙转向反思,而我国是启蒙与反思同时进行,这就要求我们必须保证反思不会破坏启蒙的进程,又要保证启蒙不会抑制反思从而陷入僵化,其中的关键就是提出一个具有明确目的性的合理的分层策略。

二、本土化视角下罪刑法定原则理想的分层依据

尽管一般说来分层的方法必须存在明确的目的性,但是并非所有的目标都适合作为分层方法的目标。分层策略目的性存在着最基本的要求或者说是目的性的一般性原理。

如果说分层是以内部的系统性冲突,来实现外部问题合理解决的认识论方法,那么单一价值目标就没有必要通过分层方法来解决,否则本来不存在价值矛盾的简单问题,反而会因为分层的引入而复杂化。以罪刑法定原则为例,如果我们认为罪刑法定的目标就是限制司法权力,实现形式法治,并无其余,那么我们就没必要采取形式与实质罪刑法定的分层策略,更不需要在罪刑法定的实质侧面中探寻实质解释论的正当性来源。如有学者认为,罪刑法定的价值目标是在形式公正中实现刑法的安全价值,而刑法解释的价值目标则是如何突破罪刑法定的束缚寻求实体公正。[①]这样,实现罪刑法定的目标,只要限制刑法解释的范围就好,引入实质的罪刑法定反而会处处掣肘,阻碍形式罪刑法定目标的实现。

因此,分层策略所指向的目标,往往是存在冲突、难以兼顾的复合目标。一方面,既然是复合目标,那么必然存在多个具有冲突性的子目标。这里有两个要点,一是必须存在多个不同的目标,否则就无需分层。二是这些目标必须存在价值冲突,难以调和,否则虽然存在多个目标,但是在同一个方向上,也不需要分层。当某个话语体系中存在冲突价值,纠缠不清时,与其任

---

① 吴丙新:《罪刑法定与刑法解释的冲突》,载《法学论坛》2001年第5期,第102页。

其处于混沌,对其内生性冲突所导致的模糊性置若罔闻,不如通过分层的方法,同一系统,不同问题,不同方法,不同答案。表面上看,貌似充满了对立,实际上实现了平衡。例如,行为无价值与结果无价值所追求是完全对立的理论目标,表面上看,二者的矛盾难以调和,然而不同的具体问题,无论其理论诉求偏向于行为无价值还是结果无价值,都可以在二元论中寻找一个解决的思路,这就是将系统内的冲突性转化为解决问题上的适应性典型的分层策略。另一方面,在对立的同时,存在冲突性的子目标之间,必须具有沟通的可能性,并统一在一个更大的框架之下。分层不是不同理论目标间的各自为政,不是一事一论,其既不是确保解决问题策略的一致性、确定性,也不是探寻解决每个具体问题的合理性而罔顾整体性。分层追求的应该是在解决问题上的可循迹性,即在冲突表象下掩盖着的暗合性与一致性。这种可循迹性通常隐藏在"既……,又……"的复合目标中,我们当然不能要求一块布"既是黑的,又是白的",但是在罪刑法定原则分层策略的问题上,我们却能找到合理而有效的"既……,又……"标准。

(一)既坚持罪刑法定基本原理,又增加其司法适用性

理念性与工具性从来都是一对矛盾的概念。理念性不可避免地要求抽象化,任何原理抽象化之后剩余的都是正当的大道理,很难被反驳。工具性则不可避免地要求具体化,任何原理具体化之后,在获得可操作性的同时,必然会牺牲其绝对意义上的正当性。罪刑法定原则在产生之初是一种理念性的存在,彼时"法无明文规定不为罪,法无明文规定不处罚"对多数国家而言是一个刑事法治的基本原理,是一种理念。而在立法化的浪潮之后,罪刑法定原则作为一种法律原则出现在法官面前,就面临着应用的问题,而此时工具性的问题就被拿到了桌面上。例如,从绝对到相对罪刑法定的过渡实际上是罪刑法定理念化向工具化的一种过渡。在相对罪刑法定的语境下,罪刑法定原则所要体现的根本精神就是"有利于被告人"。[1]"有利于被告人"实际上就是罪刑法定主义历史上工具化的一个抓手和着力点。以资产阶级革命为背景,因为罪刑法定理念深入人心,所以相应的工具化改造也被

---

① 刘宪权:《罪刑法定原则在我国60年的演进》,载《法学论坛》2009年第5期,第15页。

普遍接受。在我国,罪刑法定主义的命运颇为坎坷。作为一种理念,罪刑法定原则在1997年《刑法》中完成了立法化的进程。立法化并不意味着罪刑法定主义就获得了普遍的认可,成为了中国刑事法治的共识,其实作为舶来品,罪刑法定主义在我国同时经历着理念化与工具化两种进程。一方面,罪刑法定的理念欠缺与本土资源的结合,抽象化的进程尚未完成。如有学者指出,我们不能不对罪刑法定在当代中国的命运始终抱有"保守的乐观"态度,能否真正超越技术层面和制度层面实现罪刑法定原则向罪刑法定理念的升华,仍需要努力。①另一方面,罪刑法定的工具属性尚有待开发,可操作的罪刑法定制度仍未形成。如有学者指出,立法化仅是一个开端,如果不想使罪刑法定原则成为一句法律口号或者一条法律标语,必须使罪刑法定原则在司法活动中得以切实地贯彻落实,这就是罪刑法定的司法化。②坚持罪刑法定理念化的观点,认为坚持罪刑法定主义限制司法权力的形式原理比一切当下的司法目标重要得多,并且对司法化的观点提出了警告。如有学者指出,对于罪刑法定原则,不要以为"它"不会说话,就欺负"它",甚至虐待"它"。不然,当有一天我们想起了"它"的好处,真正想把"它"扶正,恐怕也得付上成倍的代价了。③坚持罪刑法定司法化的观点则主张,就罪刑法定主义的立法化与司法化这两者而言,也许司法化是更为重要的。④罪刑法定原则是如此的重要,以至于很难对其作用进行夸张,而我们最好也不要做这样的夸张。⑤一边要强化理念,一边要工具化改造,我国的罪刑法定原则难免陷入一种"精神分裂"的状态中,也无怪乎,罪刑法定原则是否发挥其应有的作用始终是一个被人诟病的问题。其他国家可以先完成理念化,再进行工具化改造,而我们国家的法治进程兼具"启蒙"与"反思"的特性,只能在理念化的同时,进行工具化改造,这种内生性的矛盾,看似难以协调,其实合理的分层策略可以很好地兼顾理念化的要求和工具化的要求。因此,在我国,理

---

① 闻志强:《重申罪刑法定的基本理念》,载《法商研究》2015年第1期,第120页。

② 陈兴良:《罪刑法定司法化研究》,载《法律科学》2005年第4期,第38页。

③ 杨兴培:《反思与批评——中国刑法的理论与实践》,北京大学出版社2013年版,第34页。

④ 陈兴良:《罪刑法定原则的本土转换》,载《法学》2010年第1期,第9页。

⑤ 车剑锋:《罪刑法定原则的边界——以英美法中"Marital Rape Exemption"的废除为例》,载《广东广播电视大学学报》2014年第6期,第49页。

想的罪刑法定分层策略的第一个要求是"既坚持罪刑法定基本原理，又增加其司法适用性"。

（二）既兼顾罪刑法定的司法话语，又对接罪刑法定的大众话语

刑事案件作为一种经验性的现象，除了法律之外，会受到不同标准的检验。从罪刑法定本身约束司法权力的出发点来看，实际上罪刑法定限制了司法机关对案件评价标准的范围，而社会大众看待刑事案件的角度和标准则是极为多元的，因此，罪刑法定问题的司法视角与大众视角必然存在着冲突。比如，最近发生的赵春华案当中争议的枪支的认定标准问题。由于目前没有法律、法规、规章对枪支做出定义或解释，只能根据《枪支管理法》第四十六条规定："本法所称枪支，是指以火药或者压缩气体等为动力，利用管状器具发射金属弹丸或者其他物质，足以致人伤亡或者丧失知觉的各种枪支。"但是，此规定未包含可供执行的、具体的量化标准，需要由有关机关做出进一步规定。《枪支管理法》第四条明确规定"国务院公安部门主管全国的枪支管理工作"，据此，公安部作为枪支管理主管部门有权制定相关规定，本案依据《公安机关涉案枪支弹药性能鉴定工作规定》《枪支致伤力的法庭科学鉴定判据》认定赵春华用于经营用的道具属于枪支，从法律的角度来说并不存在问题。但是，社会舆论对法律的规定并不买账，所持看法可以分为几类。有人认为，上述认定枪支的标准与常识不符，赵春华所设射击摊位是非常常见的娱乐项目，很难与"枪支、弹药"的观念吻合。有人认为，处罚持有枪支的赵春华，却不处罚生产上述枪支的企业，存在不合理性。有人认为，赵春华生活不易，女儿又马上要结婚，一审判处有期徒刑3年6个月，让人觉得量刑过重，欠缺人情味。这些观点并非完全没有道理，但是此处在枪支认定标准的背后隐含着一个更大的矛盾。如果要求法院不采用公安部的相关文件，认定赵春华持有的工具并非枪支，主审法官明知有相关规则而不用，可能面临被追责的风险。如果法官坚持照章办事，遵守罪刑法定原则的要求，社会舆论又会对判决结果表示质疑。这样主审法官难免陷入"进亦忧，退亦忧"的两难境地。社会大众与司法机构的对立，是对刑事司法公信力最大的威胁。如有学者指出，民众的认可乃是司法权威的来源，在因果关系上，民众的认可是"因"，司法机关拥有权威是"果"。从习惯和惯例角度来

看,权威的实现依赖于民众的同意。①因此,从纸上的、观念中的罪刑法定到现实的、司法运作中的罪刑法定很大程度上取决于立法、司法体制与立法、司法人员的法律素质与法律修养;取决于能否将普通民众的理性情理融入立法、司法运作中来。②这样,如何沟通司法话语与社会大众话语,便成了罪刑法定司法化的必然要求。

(三)既维护罪刑法定的既有话语体系,又促进罪刑法定的自我进化

1997年《刑法》颁布以来,我国的罪刑法定原则从无到有,走的是借鉴、引进的道路。这一点应该是我国刑法学界不得不面对的问题。罪刑法定理念并非我们的理念,罪刑法定理论并非我们的理论,罪刑法定派生原则并非我们的派生原则,有关于罪刑法定的知识体系建立在德日刑法,特别是日本刑法的基础之上。过去我们的刑法学理论"一穷二白",引入别国的理念是加强我国法治建设的"近路"不假。然而,随着时代的发展,罪刑法定原则完成"嫁接"之后并未与本土的法治资源相结合。理念还是20年前的理念,观点还是20年前的观点。除了偶尔被拿出来当作刑法理论或司法实践正当性的来源之外,我国罪刑法定原则仍然停留在"知识"层面上。然而,即便如此,经过20年,尽管有些故步自封,我们必须承认我国罪刑法定原则研究基础的话语体系已经形成,因此要根据现实性的需要对罪刑法定原则进行分层,必须处理好分层策略与既有话语体系的关系。一方面,必须维护罪刑法定的既有话语体系,这是合理的分层策略必须坚持的基本要求。尽管罪刑法定原则本土化的进程存在困境,但是并不意味着对已经广为接受罪刑法定的理论体系,应当推倒重来。且不说现有的罪刑法定话语体系已经作为常识出现在各类刑法教科书中,更不用提每年关于罪刑法定原则汗牛充栋的研究成果,否定既有的话语体系,损害的是罪刑法定的公信力,存在架空罪刑法定原则的危险。相反,如果能在现有话语体系内,根据司法实践和刑法理论的需要,探索合理的分层策略,则会自然而然地共享现有罪刑法定研

---

① 刘雁鹏、冯玉军:《对"通过重塑司法权威化解民意审判"之批判》,载《法学评论》2014年第4期,第81页。

② 王耀忠:《现代罪刑法定原则社会保护机能真义之检讨》,载《河北法学》2010年第8期,第88页。

究的公信力,达到事半功倍的效果。另一方面,罪刑法定原则本土化的进程,必须是罪刑法定自我进化的过程。尽管现有罪刑法定话语体系已经成为一种通识,但是罪刑法定原则在司法实践中逐渐展现出的问题,也越来越引起我国学者的重视。例如有的学者指出,在刑法中规定罪刑法定,并不意味着已经实现了罪刑法定。[①]罪刑法定原则的实现需要该原则在司法实践当中现实地发挥限制武断的刑事司法、赋予公民预测自己行为法律后果的预见可能性、保障人权的作用,否则即使立法上明文规定了罪刑法定原则,其也不过是"社会主义法制橱窗里的展品"。[②]另有学者指出,《刑法》规定罪刑法定之后,在对"罪刑法定原则推崇备至"的同时,也对"罪刑法定原则功能的发挥产生了困惑"。[③]这种困惑表征出了当下学术意义上的罪刑法定在实践领域所遭遇的尴尬。[④]甚至有学者对于罪刑法定原则的意义产生了怀疑论的认识,认为"罪刑法定写入《刑法》12年来,司法解释和审判实践都证明了这个原则的彻底失败。"[⑤]既然意识到了问题的存在,那么根据本土法治资源的现实,对罪刑法定原则进行一定程度的工具化改造,就成了必然的要求。

因而,罪刑法定原则分层,需要一个具有正当性、必要性和可操作性的理论目标,必须既坚持罪刑法定基本原理,又增加其司法适用性;既兼顾罪刑法定的司法话语,又对接罪刑法定的大众话语;既维护罪刑法定的既有话语体系,又促进罪刑法定的自我进化。"最高限度的罪刑法定"与"最低限度的罪刑法定"的分层策略,正符合上述三个"既……,又……"标准的要求。

---

① 李洁:《论罪刑法定的实现》,清华大学出版社2006年版,第64页。

② 劳东燕:《罪刑法定本土化的法治叙事》,北京大学出版社2010年版,第199页。

③ 吴丙新:《关于罪刑法定的再思考》,载《法制与社会发展》2002年第2期,第96页。

④ 吴丙新:《刑事司法的实体法渊源——罪刑法定原则的刑法解释学分析》,载《当代法学》2004年第1期,第100页。

⑤ 邓子滨:《中国实质刑法观批判》,法律出版社2009年版,第136页。

三、"最高限度的罪刑法定"与"最低限度的罪刑法定"的分层策略

应当承认传统的罪刑法定分层策略,在罪刑法定主义发展的过程中,在不同的国家发挥过重要的作用。但是,我国本土化法治资源所处的发展阶段与三种传统分层策略产生的时代存在明显的差异性。因此,将三种策略作为一种学术史的知识进行学习尚可,想通过其解决中国罪刑法定司法化的问题却无异于"画饼充饥"。中国罪刑法定原则的学术研究,最缺乏的就是创新,是建立在实践需要基础上,具有明确目的性、时代性与回应性的理论创新。从没有罪刑法定到罪刑法定原则立法化,在不断的借鉴、学习中,罪刑法定原则走过了二十余年的时间,在其初创阶段靠着"学海无涯苦作舟"的精神和"他山之石可以攻玉"的气势,单纯地介绍可以撑起罪刑法定主义的大半边天。未来,如果想罪刑法定根植于中国的刑事法治土壤,就必须对其进行工具化改造,否则,一旦"新鲜劲儿"过了,罪刑法定如何在我国自处就可能成为问题。而"最高限度罪刑法定"与"最低限度罪刑法定"的分层,就是这样一种工具化改造的尝试。

(一)最高限度罪刑法定的内涵

所谓最高限度的罪刑法定,是司法重叠共识的表象,即以"法无明文规定不为罪、法无明文规定不处罚"的罪刑法定本体为根本的对于罪刑法定原则的严格理解。这种理解类似于我国学者当下对于罪刑法定原则的态度。在愿望的罪刑法定之下,公民对于司法行为能够产生直接的理解,并且以对于罪刑法定原则的信赖为媒介,将这种理解转化为信赖,从而催生司法公信力。最高限度的罪刑法定是罪刑法定主义理想的最高表现形式,传统的罪刑法定原则的理念和内涵都以最高的标准出现。最高限度的罪刑法定原则不接受任何其他价值的挑战,也不存在任何可以妥协的余地。这种理想,如同为司法实践提供方向的灯塔,可以无限靠近,但是永远无法实现。然而,表面上看,最高限度的罪刑法定原则存在的合理性存在疑问,其实,这种程度的罪刑法定原则,既是罪刑法定原则的最初的雏形,也是其最易于理解的

表达,因而,其是沟通精英话语与普通大众认识的桥梁。①

　　将罪刑法定原则分层为"最高限度的罪刑法定"与"最低限度的罪刑法定",其实是为了实现一种罪刑法定司法化的超验主义框架。与此相似的是富勒关于道德的划分。富勒将道德划分为"愿望的道德"与"义务的道德",如果说愿望的道德是以人类所能达到的最高境界作为出发点的话,那么,义务的道德则是从最低点出发。它确立了使有序社会成为可能或者使有序社会得以达致其特定目标的那些基本规则。②作为"二战"之后,法律与道德之间大混战中独特的解决问题的思路,富勒的观点展现了康德的超验主义的认识论。超验主义是为了调和理性主义和经验主义之争而产生的,其核心的观点可以概括为"超验的理性提供综合的先验知识,但仍然能够提供有关客观世界的信息。"③富勒借鉴康德超验主义的认识论,实际上是巧妙地回避法律与道德的冲突问题,而将对于法律合法性的实质性道德质疑,转化到制度和程序层面。他认为,虽然愿望的道德与法律不具有直接的相关性,但它的间接影响却无所不在。④要证明法律具有合法性,是相当困难的,但是只要一个国家的法律体系具有最基本的"义务的道德"——即富勒所谓的"法治八原则",那么法律就是可能的。

　　最高限度的罪刑法定原则与"愿望的道德"相类似,是一种罪刑法定主义的观念形象。这种观念形象不仅仅是现代形式法治的根基,也是对罪刑法定主义基本原理的宣誓,在司法中运用的还是罪刑法定主义的保证。最高限度的罪刑法定原则限制的不仅仅是刑事司法活动,刑事立法、学术研究同样应当受到这种罪刑法定理想的约束。如有的学者指出,对刚刚步入法治社会的后发型的我国来说,正确认识形式合理性及罪刑法定原则的局限性,分析其利弊并做出形式合理性优先选择具有重要意义。⑤

---

　　① 车剑锋:《罪刑法定原则司法化问题研究》,天津社会科学院出版社2016年版,第206-207页。

　　②[美]富勒:《法律的道德性》,郑戈译,商务印书馆2005年版,第8页。

　　③[美]斯蒂芬.M.菲尔德曼:《从前现代主义到后现代主义的美国法律思想———一次思想航行》,李国庆译,中国政法大学出版社2005年版,第43页。

　　④[美]富勒:《法律的道德性》,郑戈译,商务印书馆2005年版,第8页。

　　⑤ 王瑞君:《罪刑法定、形式合理性及其代价与选择》,载《宁夏大学学报(人文社会科学版)》2008年第1期,第55页。

最高限度的罪刑法定原则的目的是让普通大众能够理解罪刑法定原则，自然而然地将罪刑法定原则作为保障自己人权和自由的保护伞，这就要求对其进行宣誓性的应用。例如，刑事诉讼法当中的审判监督程序。我国"刑事诉讼法"二百四十二条规定了提起再审的条件包括：（一）有新的证据证明原判决、裁定认定的事实确有错误，可能影响定罪、量刑的；（二）据以定罪量刑的证据不确实、不充分、依法应当予以排除或者证明案件事实的主要证据之间存在矛盾的；（三）原判决、裁定适用法律确有错误的；（四）违反法律规定的诉讼程序，可能影响公正审判的；（五）审判人员在审理该案件的时候，有贪污受贿、徇私舞弊、枉法裁判的。其中，第三项关于适用法律错误的标准问题，完全可以与刑法相联系，认为违反罪刑法定原则及其派生原则的法律适用，属于错误的法律适用。这样不仅促进了罪刑法定原则的司法化，有利于通过审判监督程序实现对于刑事司法"重叠共识"的培养，还有利于《刑法》第三条（罪刑法定原则）走入现实的经验世界，实现实体法与诉讼法的沟通。但是这种应用仅仅具有宣誓性的意义，并不是说，罪刑法定原则只能具有绝对化的司法意义。或者说，尽管我们承认存在理想状态之下的罪刑法定原则，但是作为价值的一种，在司法实践当中，应当允许对于罪刑法定原则边界的衡量。

因而本质上，最高限度的罪刑法定原则的概念是一种法治理想的表现形式，在这种理想之下，我们对于法律的确定性仍然怀有信念。因而，以增进司法公信力为目标，最高限度的罪刑法定是对接大众话语与精英话语的桥梁。这种沟通方式保证了即便出现表面上与"常理、常识和常情"不相符合的司法行为，大众也能以罪刑法定为理由，接纳其合理的方面。而这正是司法公信力逐渐提高的路径所在。

（二）最低限度罪刑法定的内涵

与最高限度的罪刑法定相比，最低限度的罪刑法定的内涵较为复杂。事实上，罪刑法定分层的目标，更多的是由最低限度的罪刑法定承担的。如果说罪刑法定司法运用的"可循迹性"是法律确定性和灵活性对立统一的结果，那么最高限度的罪刑法定主要的功能是保证"确定性"，而最低限度的罪刑法定的主要功能是为罪刑法定的司法化打开一扇透视实践需求的窗口，从而打造罪刑法定原则的工具属性。但是,要实现灵活性,最低限度的罪刑法定面临的一个最大的问题就是正当性的来源问题,换言之,罪刑法定的基本理念如此深入人心,在一定条件下对其做出突破的方法本身必然受到违反罪刑法定原则的质疑。因此,在确定最低限度罪刑法定的内涵时,必须考虑正当性的来源问题。那么,最低限度的罪刑法定在追求灵活性的同时,必须能够为现有罪刑法定主义话语体系所接纳。

本书主张的最低限度的罪刑法定实际上主要是指罪刑法定原则的派生原则。以派生原则作为最低限度罪刑法定的主体,有以下三点理由:一是,从本体论的角度来看,罪刑法定主义的派生原则,就是从罪刑法定主义中引申出来,对于刑法具有指导意义的一些操作规则。①既然是操作规则,那么就是可以根据需要调整的规范。罪刑法定主义的基本原理是不允许调整的,罪刑法定内涵的完善与更新是通过其派生原则体现出来的。②既然存在既能体现罪刑法定精神,又存在调节余地的罪刑法定派生原则,就没必要另辟蹊径,单独提出新的学术工具。否则,既是一种学术资源的浪费,又会给人造成挑战传统罪刑法定理论体系的印象。二是,从学术史的角度来看,每一次对罪刑法定主义进行重大理论调整,调整的对象都不是罪刑法定“法无明文规定不为罪,法无明文规定不处罚”的基本原理,而是罪刑法定派生原则。以罪刑法定原则由绝对向相对的转变为例,由绝对向相对实际上是罪刑法定原则根据社会发展的需要进行的一次自我调节,且不说调节的背景和社会情况,就调节的表现而言,则是通过派生原则的改造表现出来的,彼时“有利于被告人”的理念被融入派生原则中,是罪刑法定转型的经验性表象。这也说明了派生原则的可改造性。三是,从我国的现实需要来看,罪刑法定派生原则被引入我国多年,虽然作为静态的知识在司法实践中发挥的作用有限,但是作为一种学术传统,已经通过法学教育和学术研究深入人心。以其作为最低限度的罪刑法定原则可以在一定程度上弥补罪刑法定工具化改造正当性方面的疑问。此外,正因为我国罪刑法定派生原则还停留在借鉴和阐释的阶段,其就像一块学术“处女地”有待开垦,对已有学术成果

---

① 陈兴良:《罪刑法定主义》,中国法制出版社2010年版,第43页。

② 彭凤莲:《罪刑法定派生原则与罪刑法定原则变迁研究》,载《刑法论丛》2008年第1期,第144页。

善加利用可以避免过高的学术成本。只要紧密结合本土刑事法治资源发展的实际和需要,就能以我国的方式扩大罪刑法定与司法实践的接触面,从而脱离仅能作为常识的襄臼,进入工具化的改造的领域,最终促进罪刑法定司法化。

接下来必须要回答的问题就是最低限度的罪刑法定原则包括哪些罪刑法定派生原则。说最低限度罪刑法定的内涵是罪刑法定的派生原则,并不意味着现有的所有派生原则都可以纳入最低限度罪刑法定的范围之内。在确定派生原则的范围时主要要考虑三个因素。一是避开"学术化石"的干扰。有的罪刑法定派生原则不仅已经为各国所普遍接受,而且基本不存在争议的问题。因而,没有必要将其作为最低限度罪刑法定的内容。以"禁止绝对不定(期)刑"为例。该派生原则要求,法定刑必须有特定的刑种与刑度。如果《刑法》分则条文宣布禁止某种行为,但没有对该行为规定刑罚后果,那么,根据"没有法定的刑罚就没有犯罪"的原则,该行为便不是犯罪。[1]现代各国的刑法都规定了相对确定的法定刑[2],这一点已经成为全世界的通识,我国刑法也采取了相对确定的法定刑的立法模式,那么关于禁止绝对不定期刑的要求,在我国自然不存在问题和争议。因此,该派生原则只能作为一种关于罪刑法定原则"学术史"的存在,而难以发挥作用。[3]二是避开"学术愿景"的干扰。有些派生原则建立在别国法律制度的基础上,直接引入我国恐怕对解决问题没有什么帮助,却可能因配套制度,配套理念,配套完理念再修正制度,从而造成更多的麻烦。例如,"明确性原则(Void-for-Vagueness)"又称作"不明确则无效原则",该原则源于美国宪法第五修正案和第十四修正案中的正当程序条款要求,当一个《刑法》条文非常模糊以至于具有正常智识的公民只能猜测其内容,并且对其适用方式完全无法了解,

---

① 张明楷:《刑法原理》,商务印书馆2011年版,第31-32页。

② 张明楷:《刑法学教程》(第四版),北京大学出版社2016年版,第14页。

③ 当然关于我国"相对确定的法定刑"的立法模式也并非不存在争议。有学者主张:"我国刑法分则采用了相对确定的法定刑,但对部分犯罪没有规定相对确定的罚金数额,这一点并不完全符合罪刑法定原则的要求"。(参见张明楷:《刑法学(上)》第五版,法律出版社2016年版,第52页,注释27)但总的来说,我国学者对"禁止绝对不定(期)刑"原则的研究多限于介绍,在目前的立法背景下,的确难以探讨其应用的问题。

这个条款应当被宣告为无效。①在美国，明确性原则建立在违宪审查制度之上，是对立法正当性进行衡量的宪法原则。在我国，明确性已经作为通说成为罪刑法定原则的派生原则，但是与美国的法律制度不同，我国的本土法治资源中没有相应的宪法制度，那么明确性原则的应用必然存在困境。解决一个模糊的问题，不能靠引入更多的模糊性来完成，否则就不是解决矛盾，只是转移大家的注意力而已。三是必须保持一定的开放性。最低限度的罪刑法定不是一个封闭的疆域，其范围取决于社会现实的发展状况和司法实践的需求。因此最低限度罪刑法定的发展方向是随着社会不断变化，通过理论创新，不断引入新的内容。只有这样，最高与最低限度罪刑法定的分层策略才能保持蓬勃的生机。

因此，本书所谓最低限度的罪刑法定主要包括成文法主义、禁止溯及既往和禁止类推解释三个部分。其他派生原则并非不正确或不重要，罪刑法定分层实质上是对罪刑法定原则的工具化改造，那么最低限度罪刑法定的内容必须是拿起来既能好用，又能改造的"理论工具"。这三个派生原则在我国不仅根基深厚，而且都面临着现实性的问题。例如，成文法主义面临的是非正式法律渊源对刑事司法的影响问题，比如在少数民族刑事案件中，民族习惯法在通过《刑法》第九十条立法化之前与成文《刑法》如何协调的问题，就非常具有现实意义。而其他派生原则，特别是罪刑法定主义的实质侧面，则需要进一步的本土化，才能直接与司法实践的需求对接，目前其具有更多的理念属性，而非工具属性。因此，暂不列入最低限度罪刑法定的范围。

（三）关于最高限度罪刑法定与最低限度罪刑法定运作模式的初步设想

最高限度与最低限度罪刑法定的分层策略从初衷来看具有明确的工具意识和问题导向，但是，其与司法实践的系统性结合却是一个任重而道远的过程，不可能一蹴而就。本书囿于讨论主题和篇幅所限，不可能给出具有完全可操作性的结合方式，只能以三个"既……，又……"的目标为出发点，初

---

① 车剑锋：《美国刑法中的罪刑法定原则内涵辨正及其启示》，载《武陵学刊》2017年第1期，第81页。

步探讨最高限度与最低限度罪刑法定在司法实践中的运作模式。

最高限度罪刑法定发挥作用的关键是最大化罪刑法定原则的"标签作用",通过宣誓性的应用,不断扩大罪刑法定主义在我国刑事司法中的领地。以具有典型性的、社会结构复杂的案例为"特殊契机",增强罪刑法定原则在舆情引导方面的存在感,不断强化罪刑法定主义基本原理在社会大众心中的影响力和公信力。最高限度罪刑法定发挥作用的方式,就像是暗夜中的灯塔,以罪刑法定主义本身不容置疑的正当性,为司法裁判中的说理提供依据。具体而言,最高限度罪刑法定要达到的目标效果主要有三个方面:一是巩固罪刑法定主义的基本原理。如上所述,我国的罪刑法定原则同时面临着启蒙与反思的过程,要保证反思不会彻底破坏罪刑法定的信仰,就必须不断强化罪刑法定的基本原理,重申罪刑法定主义的重要意义。只有反复在社会关注的案件中扩大罪刑法定的标签效应,才能不断强化罪刑法定本身《刑法》第一原则的地位。二是对接社会大众话语,以最高限度罪刑法定与生俱来的正当性,提升司法被社会大众认可的程度。过去罪刑法定原则在刑事立法、司法和刑法理论中具有较高的影响力,可惜由于没有充分利用其标签效应,导致社会大众对罪刑法定原则并不敏感。实际上,罪刑法定的基本原理无论从哪个角度看来,对社会大众而言都是非常重要的防卫司法擅断的盾牌,以罪刑法定为桥梁,更容易让社会大众理解刑事司法的做法,从而间接提升司法公信力。三是维护罪刑法定原则学术研究既有的话语体系。罪刑法定最基本的原理从未过时,也不会过时,是我国学界的通说。在我国,抛弃罪刑法定的形式原理,而谈论罪刑法定的工具化改造,很难获得认可,甚至难免有"离经叛道"的嫌疑。最高限度的罪刑法定既是对现有学术传统的尊重,亦是为罪刑法定主义的工具化改造营造更为宽松的学术生态。

最低限度罪刑法定发挥作用的关键是强化罪刑法定派生原则的工具属性,以解决问题为根本出发点,通过在最低限度罪刑法定系统内化解刑事案件法律结构与社会结构的方法,赢得司法话语的可循迹性。最低限度罪刑法定运行机制是根据司法实践的需要,调整派生原则的范围和边界。有人可能不同意对派生原则进行改造,主张派生原则和罪刑法定的基本原理一样,是《刑法》的第一原则,不能调整。但是,实际上,我们现在所接受的所谓相对的罪刑法定,就是对罪刑法定派生原则进行改造的结果。既然各国在刑法史上可以根据现实需要对罪刑法定派生原则进行改造,那么根据我国本土法治资源的现实需要对派生原则进行划界也并无不可。具体而言,最低限度罪刑法定要达到的目标效果同样有三个方面:一是增加罪刑法定的司法适用性,促使罪刑法定原则从静态的知识发展为动态的工具。在现有罪刑法定话语之内,各个派生原则更像是"刻度尺",尺子本身不可调节,因此面对复杂的案件只能"量量而已",而最低限度的罪刑法定就像是可伸缩的"卷尺",在面对复杂情况的时候,可以通过自我调节,提高自身解决问题的能力。以美国刑法中的禁止事后法原则为例,过去判例制度中本不存在溯及既往与否的问题,后来随着美国社会的快速发展,遵循先例原则标准的降低与司法能动主义的兴起相辅相成,共同导致了大量新规范的产生,因而从 20 世纪 60 年代开始,催生了美国判例制度溯及既往问题的奥德赛之旅。[①]禁止事后法原则在美国根据实践需要的变迁正是最低限度罪刑法定所追求的对传统罪刑法定派生原则的工具化改造。二是兼顾罪刑法定的司法话语。最低限度罪刑法定不是口号,不是标签,是实实在在掌握在司法机关手里的工具。过去由于派生原则承继了罪刑法定基本原理的标签效应,缺乏足够的灵活性,使得司法实践对派生原则不得不退避三舍、敬而远之。最低限度罪刑法定要让司法实践对罪刑法定派生原则从不得不躲着走,到自然而然地亲近,再到自愿通过罪刑法定解决问题。这就需要转换视角,合理划定最低限度罪刑法定原则的边界。三是促进罪刑法定的自我进化。最低限度的罪刑法定并不是仅仅包括成文法主义、禁止溯及既往、禁止类推三个部分,只是说根据我国罪刑法定本土资源目前的现状,这三个派生原则与司法实践的需求更加吻合而已。因此,最低限度的罪刑法定是一个开放的概念,随着社会现实和司法实践需要的变化,其内涵也必然不断自我进化。

这样,最高限度的罪刑法定与最低限度的罪刑法定一起向着"既坚持罪刑法定基本原理,又增加其司法适用性;既兼顾罪刑法定的司法话语,又对

---

① 车剑锋:《刑事指导性案例溯及力问题研究——以美国刑事判例溯及既往问题的奥德赛之旅为借鉴》,载《安徽大学学报(哲学社会科学版)》2015 年第 5 期,第 136–137 页。

接罪刑法定的大众话语;既维护罪刑法定的既有话语体系,又促进罪刑法定的自我进化"的目标前进,共同搭建我国罪刑法定司法化的平台。

从历史的角度看,罪刑法定原则的分层是一个由来已久的现象,不同的分层策略在罪刑法定主义发展的不同阶段都发挥过重要的作用,也解决了各国不同的现实需要。我们要借鉴的应该是分层的方法论,而非学术史上以静态知识出现的他国的分层策略,否则难免会出现"南橘北枳""水土不服"的问题。以"启蒙"与"反思"并存,"解构"与"证成"同时进行为背景,我国罪刑法定要在司法实践中发挥其应有的作用,必须既坚持罪刑法定基本原理,又增加其司法适用性;既兼顾罪刑法定的司法话语,又对接罪刑法定的大众话语;既维护罪刑法定的既有话语体系,又促进罪刑法定的自我进化。最高限度的罪刑法定与最低限度的罪刑法定的分层策略,正是孕育于这样系统性的矛盾之中,又超脱于矛盾之外,以图以内部张力化解外部悖论的,对罪刑法定主义的工具性改造。当然,本书旨在从原理层面阐述最高与最低分层策略的必要性与合理性,要真正发挥其作用,还有待学界的目光反复往返于司法实践与罪刑法定之间的不懈努力。而这种努力,正是中国罪刑法定主义未来的方向所在。

第六章　罪刑法定派生原则本土化的困境及其出路研究

　　罪刑法定原则的派生原则原本应当是具有指导意义的操作规则,但是在我国的刑事司法实践中,作为舶来品的罪刑法定派生原则出现了"看不清""用不上""改不了"的困境。造成困境的主要原因在于我国刑法理论混淆了罪刑法定原则本体和其派生原则的关系,导致派生原则的绝对化、理念化与仪式化,背离了其操作规则的本质。要解决困境,就必须树立工具理性,对罪刑法定原则进行二次本土化,通过"最高限度罪刑法定"与"最低限度罪刑法定"的划分,根据刑事司法实践的需要,在具有典型性的个案中,对罪刑法定派生原则进行工具化改造。

　　罪刑法定主义的派生原则,就是从罪刑法定主义中引申出来,对于刑法具有指导意义的一些操作规则,它可以使我们全面地理解罪刑法定主义。[1]换句话说,尽管罪刑法定原则明确规定于我国《刑法》第三条中,但是其"法无明文规定不为罪,法无明文规定不处罚"的内容表述具有较强的原则性,难于具体把握,因而罪刑法定原则的内涵是通过派生原则的方式表现出来的。在我国,通说认为罪刑法定的派生原则可以分为形式侧面和实质侧面,形式侧面包括:成文法主义或法律主义、禁止事后法(禁止溯及既往)、禁止类推解释、禁止不定刑与绝对不定期刑。实质侧面包括:刑罚法规的明确性原则和刑罚法规内容的适正的原则。[2]如果说罪刑法定原则的内涵由其派生原则展现,那么罪刑法定原则在本土化过程中存在的问题,也会反应在其派生原则上。进一步,我们也可以说,罪刑法定原则的派生原则存在问题,会直接影响到罪刑法定原则在我国的命运。从1997年至今,罪刑法定原则在我国实现立法化已经经历了二十余个年头,罪刑法定主义从一个亟待引

---

① 陈兴良:《罪刑法定主义》,中国法制出版社2010年版,第43页。
② 张明楷:《罪刑法定与刑法解释》,法律出版社2009年版,第26-46页。

入的刑法理念,已经成为为刑法理论和司法实务所接受的刑法第一原则。在其派生原则上,理论界却存在相当多的误解,导致与罪刑法定原则并不匹配。①其中最为主要的误解可能在于,法定的应该是罪刑法定,而非其派生原则。换言之,我国《刑法》第三条明文规定的是罪刑法定的本体,其派生原则本来就是为了提升罪刑法定原则的可操作性,而对其进行的解释或者改造。派生原则本身是一种学理观点,一种建立在"适用"基础上对罪刑法定主义的扩展。我国学者恰恰是混淆了坚持罪刑法定原则与坚持其派生原则两个不同的问题,试图在派生原则的司法适用上,做到以不变应万变。如果说,我国罪刑法定原则的派生原则是在对我国刑事司法实践的高度概括和归纳的基础上形成的本土法治共识,那么坚持已经成为法治传统的派生原则也无不可。关键是,我国罪刑法定原则的派生原则并非产生于我国司法实践的现实状况,而是彻彻底底的理论舶来品。换句话说,在我国达成共识的派生原则的具体内容,实际上是综合了大陆法系与英美法系各个国家派生原则内容的结果。大陆法系是成文法体系,注重罪刑法定原则的法典化、成文化,因此它更多地强调的是一种形式主义的罪刑法定原则。与大陆法系不同,英美法系是不成文法系,因此它奉行的是一种实质主义的罪刑法定原则。②由于法律传统不同,各国罪刑法定派生原则内容也大相径庭。这正说明了,派生原则不应当是纯粹的理论建构。拿"新鲜出炉"的域外理论来套国内的司法实践,当然可能会出现各种水土不服的症状。在此基础上,本书试图在对罪刑法定原则的派生原则在我国本土化的困境进行考察的基础上,提出可能的解决策略。

一、罪刑法定派生原则本土化的困境分析

如果承认罪刑法定原则的派生原则是对罪刑法定本身的可操作化处理,以此为出发点,我们会发现世界各国在"法无明文规定不为罪,法无明文

---

① 聂昭伟:《罪刑法定主义派生原则的功能廓清》,载《上海大学学报(社会科学版)》2010年第2期,第32页。

② 罗翔:《冲出困境的罪刑法定原则》,中国法制出版社2007年版,第4页。

规定不处罚"的传统罪刑法定理念的基础上,结合自身法治发展的不同状况,逐渐形成了虽具有一定的相似性,但不尽相同的罪刑法定派生原则。在德国,罪刑法定原则的派生原则包括:禁止习惯法;禁止溯及既往;必须具有明确性;禁止类推。①在日本,罪刑法定原则的基本内容历来有排除习惯刑法、禁止类推适用、禁止溯及处罚、禁止绝对不定期刑四项。但实际上,罪刑法定原则的内容,并不仅限于此。②罪刑法定原则的实质内容,可以从刑罚法规的用语明确,并且内容适当,这样两个方面加以寻求,包括明确性原则和实体的正当程序。③在美国,不同学者对罪刑法定原则派生原则的归纳,存在较大的差别。将不同论述的交集部分提炼出来,美国刑法罪刑法定原则的派生原则包括:1.禁止事后法(Ex Post Facto Law),又称为禁止溯及既往(Non-retroactivity);2.宽宥原则(Rule of Lenity),又称严格解释原则(Strict Construction);3."明确性原则(Void-for-Vagueness)",又称作"不明则无效原则"。④须知以同样的基本原理,各国结合本土资源演绎出了不同的派生原则,作为一种"准学术史梳理",我国的罪刑法定派生原则主要是将上述大陆、英美法系国家中的派生原则作为静态的知识引入罪刑法定话语体系的结果,这样的理论来源导致了一个内生性的罪刑法定难题,那就是作为舶来品的派生原则,如何适应本土的法治资源。派生原则如何本土化的问题,正逐渐成为我国罪刑法定原则的短板,正如有学者指出的:"当我们为罪刑法定原则在《刑法典》中的'安家落户'而弹冠相庆时,别忘了'木桶理论'所提到的那块最低的木板。"⑤因此,罪刑法定的本土化问题远比人们想象得复杂,它是一个系统性的工程,而绝非毕其功于一役的简单运动。⑥本书认为,罪刑法定派生原则的本土化困境主要表现在:本体困境、实践困境、理论困

---

① [德]乌尔斯．金德霍伊泽尔:《刑法总论教科书》(第六版),蔡桂生译,北京大学出版社2015年版,第28页。

② 黎宏:《日本刑法精义》,法律出版社2008年版,第48页。

③ [日]曾根威彦:《刑法学基础》,黎宏译,法律出版社2005年版,第12-13页。

④ 车剑锋:《美国刑法中的罪刑法定原则内涵辨正及其启示》,载《武陵学刊》2017年第1期,第80-81页。

⑤ 杨兴培:《检视罪刑法定原则在当前中国的命运境遇——兼论中国刑法理论危机的到来》,载《华东政法大学学报》,2010年第1期第5页。

⑥ 劳东燕:《罪刑法定本土化的法治叙事》,北京大学出版社2010年版,第171页。

境三个方面。

(一)本体困境:"看不清"的罪刑法定原则实质侧面

所谓罪刑法定派生原则本土化的本体困境,是指派生原则本身出现的水土不服的症状。如上所述,我国罪刑法定原则的派生原则与其他国家不同,我国的罪刑法定派生原则是静态的理念,而德、日、美等国的罪刑法定派生原则除了理念,还是一种制度,甚至是一种文化。罪刑法定制度和文化需要相应理念经过与本国的司法实践长期的磨合才能形成,而理念则更容易"横空出世",但是也容易"水土不服"。我国罪刑法定派生原则本体困境主要集中于罪刑法定的实质侧面。

我国学者在论述罪刑法定实质侧面时,往往强调,实质的罪刑法定主义坚持法之内在价值高于实在的制定法,反对将法律的确定性绝对化,强调刑法规范的确定性应当以内容的正确性为基本前提,[①]即罪刑法定原则的实质侧面更要求刑罚法规在内容上必须符合公平正义的理念。[②]言下之意,罪刑法定原则的实质侧面原本就是罪刑法定的应有之义。[③]实际上,如果说作为罪刑法定原则实质侧面内容的明确性原则、实体正当程序原则等派生原则是对罪刑法定原则基本原理的进一步推论并无不可,但是罪刑法定形式与实质侧面的概念,并不是罪刑法定原则的应有之义,而是日本学者根据本国国情对罪刑法定原则做出的改造。"二战"以后,美国宪法中正当程序条款对后来的日本宪法产生了重大的影响,美国宪政中的实体正当程序,是罪刑法定实质侧面的起源。[④]日本的现行宪法和现行刑法都没有关于"罪刑法定原则"的明确规定,而根植于大陆法系基本理念的日本刑法理论,为了能为形式主义的罪刑法定原则找到法律依据,就不能不将日本现行《宪法》第三十九条中的"程序",硬生生地解释为与字面含义互为径庭的实体,将程序性要

---

① 唐稷尧:《罪刑法定视野下犯罪成立要件的实质化》,载《现代法学》2004年第3期,第113页。

② 郑泽善:《刑法总论争议问题比较研究Ⅰ》,人民出版社2008年版,第73页。

③ 张枝涛:《走出实质解释论的迷思——罪刑法定视域中的检视与质疑》,载《广东开放大学学报》2015年第4期,第32-37页。

④ 苏彩霞:《罪刑法定的实质侧面:起源、发展及其实现》,载《环球法律评论》2012年第1期,第60页。

求硬塞成了实体性要求。①因此,所谓罪刑法定原则的实质侧面,其实是日本刑法学界为了兼顾大陆法系刑法传统与英美法程序性的要求做出的妥协与折中。这种妥协与折中所导致的一个直接的后果就是造成了罪刑法定派生原则内部的矛盾。罪刑法定形式侧面是要求严格遵守法律的要求,而实质侧面则是要求对法律的正当性进行审查,这里隐含着两个冲突:一是成文法的局限性决定了刑法不可能对所有犯罪作出毫无遗漏的规定;二是成文法的特点决定了《刑法》条文可能包含了不值得科处刑罚的行为。②解决上述两个冲突的途径有:违宪审查与对刑法条款作合乎罪刑法定实质侧面的解释。③目前我国并不存在违宪审查的制度条件,因此,我国学者会自然而然地主张,在派生原则二元化的立场下,刑事司法者及理论工作者如果仍然意欲实现罪刑法定原则人权保障机能,就不能遵循形式的犯罪论和刑法解释论,不能单独坚持"司法克制主义"。④

表面看起来,实质解释的方法确实是解决问题的良药,但是从罪刑法定的角度来看,这服良药却颇为苦口。一方面,实质解释真正的根据是处罚的必要性和保护法益的要求,而并非罪刑法定原则的实质侧面。⑤这里罪刑法定实质侧面只不过是实质解释论正当性的来源之一。罪刑法定实质侧面的派生原则与实质解释论,只能说是理念相通,是一种非常间接的联系。意图对刑罚法规作实质解释,却打出罪刑法定实质侧面的旗号,这样的做法难免有"挟天子以令诸侯"的嫌疑。另一方面,实质解释必要性的来源,实际上是对罪刑法定原则派生原则人为割裂的结果。实际上,形式侧面的派生原则中并非没有实质的要素,例如在禁止类推解释的派生原则中,扩大解释和类

---

① 陈忠林:《刑法的界限——刑法第1-12条的理解、适用与立法完善》,法律出版社2015年版,第88-89页。

② 张明楷:《罪刑法定的两个侧面对法治的启示》,载《法学论坛》2003年第2期,第98-99页。

③ 苏彩霞:《罪刑法定的实质侧面:起源、发展及其实现》,载《环球法律评论》2012年第1期,第64页。

④ 刘艳红:《刑法的目的与犯罪论的实质化——"中国特色"罪刑法定原则的出罪机制》,载《环球法律评论》2008年第1期,第44页。

⑤ 这里并不是简单地探讨实质解释的正当性问题,关于形式解释与实质解释之争,囿于篇幅所限,本书不做过多的讨论。但是,在罪刑法定的视角下,如何协调实质解释与罪刑法定派生原则关系的问题,始终是实质解释论的疑问之处,也是罪刑法定实质侧面的模糊之处。

推解释的区别是一个关键问题。二者的划界不是一个简单形式的界分,实际上无论是扩大解释还是类推解释都超出了法条的字面含义,对其界分更多的是量的衡量,而这种衡量本身就是一种实质的观点。同样实质侧面中也并非没有形式的要素,例如我国学者认为明确性原则除了是立法原则,还是司法原则、解释原则。[①]实际上明确性原则也存在对罪刑法定形式侧面的考量。因此,德国的罪刑法定原则不区分形式与实质,但是也包含了明确性原则。既然形式侧面存在实质理性,实质层面也有形式关怀,那借鉴日本对罪刑法定原则进行人为的割裂,再通过实质解释的方法弥合二者的矛盾的思路,确实值得商榷。

(二)实践困境:"用不上"的罪刑法定派生原则

罪刑法定原则的派生原则不是罪刑法定原则本身,而是一些为了使罪刑法定原则更具有可操作性而创造出来的规则。以此为立场,与纯粹的理念相比,罪刑法定派生原则的工具属性是其根本属性。然而,在我国,无论是在司法实践中,还是在刑法理论中,罪刑法定原则的派生原则都没有发挥出"罪刑法定操作规则"的作用,反而有沦为了"社会主义法制橱窗里展品"的趋势。这种可能的趋势有两个层面的表现。

一方面,罪刑法定派生原则中的某些原则本身与我国的本土法治资源无法对接,导致无法适用。以"禁止绝对不定(期)刑"为例。该派生原则要求,法定刑必须有特定的刑种与刑度。如果《刑法》分则条文宣布禁止某种行为,但没有对该行为规定刑罚后果,那么,根据"没有法定的刑罚就没有犯罪"的原则,该行为便不是犯罪。[②]现代各国的刑法都规定了相对确定的法定刑,[③]这一点已经成为了全世界的通识,我国刑法也采取了相对确定的法定刑的立法模式,那么关于禁止绝对不定期刑的要求,在我国自然不存在问题和争议。因此,该派生原则只能作为一种关于罪刑法定原则"学术史"的

---

① 张明楷:《明确性原则在刑事司法中的贯彻》,载《吉林大学社会科学学报》2015年第4期,第25-27页。

② 张明楷:《刑法原理》,商务印书馆2011年版,第31-32页。

③ 张明楷:《刑法学教程》(第四版),北京大学出版社2016年版,第14页。

存在,而难以发挥作用。①再以"明确性原则"为例,"明确性原则(Void-for-Vagueness)"又称作"不明确则无效原则",该原则源于美国宪法第五修正案和第十四修正案中的正当程序条款要求,当一个刑法条文非常模糊以至于具有正常智识的公民只能猜测其内容,并且对其适用方式完全无法了解,这个条款应当被宣告为无效。②在美国,明确性原则建立在违宪审查制度之上,是对立法正当性进行衡量的宪法原则。在我国,明确性已经作为通说成为罪刑法定原则的派生原则,但是与美国的法律制度不同,我国的本土法治资源中没有相应的宪法制度,那么明确性原则的应用必然存在困境。为此,有学者主张走出困境的唯一出路便是引入判例制度。③也许通过引入判例制度,方便法官根据先例的裁判要旨适用法律,能够在一定程度上解决不明确法律带来的可能的法律适用不统一的问题。但是解决一个模糊的问题,不能靠引入更多的模糊性来完成,否则就不是解决矛盾,只是转移大家的注意力而已。如果通过引入判例制度来解决明确性原则的困境,只怕会带来更多的理念性、制度性、操作性的困境。④此外,也有学者认为,从主张明确性原则的国家的实践来看,以刑罚法规不明确为由而判定其无效的情况并不多,多数情况下,法院是通过解释使被认为不明确的规定变得明确起来,从而避免了和明确性原则之间的冲突。⑤该观点存在混淆相关与因果的嫌疑。首先,从法官解释法律的目的来看,法律解释是司法工作的必要部分,其需要实现的是司法目的,而不是罪刑法定的明确性要求。其次,从效果看,法官解释法律可以在某个案件中解决处罚必要性与明确性原则的冲突

---

① 当然关于我国"相对确定的法定刑"的立法模式也并非不存在争议。有学者主张:"我国刑法分则采用了相对确定的法定刑,但对部分犯罪没有规定相对确定的罚金数额,这一点并不完全符合罪刑法定原则的要求"。(参见张明楷:《刑法学(上)》第五版,法律出版社2016年版,第52页,注释27)但总的来说,我国学者对"禁止绝对不定(期)刑"原则的研究多限于介绍,在目前的立法背景下,的确难以探讨其应用的问题。

② 车剑锋:《美国刑法中的罪刑法定原则内涵辨正及其启示》,载《武陵学刊》2017年第1期,第81页。

③ 劳东燕:《罪刑法定的明确性困境及其出路》,载《法学研究》2004年第6期,第81页。

④ 尽管我国目前已经创立了案例指导制度,但该制度不仅与西方的判例制度不同,也并非为了解决罪刑法定明确性的困境而引进的。我国的案例指导制度在摸索过程中遇到的障碍和困难,也说明了为解决明确性的困境而创设法律制度的观点可能会带来的高昂的制度成本。

⑤ 黎宏:《刑法学总论》(第二版),法律出版社2016年版,第20页。

问题,但假如存在不明确的法律的话,即使个案中问题缓解了,不明确的法律还在。因此,法官解释法律与明确性原则的要求之间只是表面上的相关,而非因果。那么,明确性原则与我国本土法治资源的无法对接,也导致了其工具性的极大削弱。

另一方面,罪刑法定原则的实践困境表现在司法实践和刑法理论对罪刑法定派生原则的要求存在回避,甚至无视的态度。当然,刑法理论和刑事司法实践在很多问题上存在基本立场的不同,刑法理论重视的是理论的体系性和正当性,因而要求自圆其说,刑事司法实践涉及到案件复杂的法律结构和社会结构,更关注司法目标的达成。在理论或实践中,偶然出现与罪刑法定派生原则的要求存在冲突的情况,恐怕在所难免。但是,如果在某个问题上,无论是刑法理论,还是司法实践都倾向于回避,甚至突破罪刑法定派生原则的要求,则说明派生原则与我国本土法治资源之间的矛盾已经较为明显。以刑法理论中的不纯正不作为犯理论为例。不纯正不作为,是指刑法分则原本以作为形式设定的犯罪,然而却以不作为的方式实施的情形。[①]从实定法的角度看,为了避免来自罪刑法定主义的批评,一些国家和地区,尤其是大陆法系国家和地区(如德国、奥地利、韩国)在《刑法》总则中规定了处罚不纯正不作为犯的条款,但由于立法技术和法律语言自身特点等方面的原因,立法者仍无法将不纯正不作为犯的全部构成要件明确记述下来,因而仍面临来自罪刑法定主义之明确性原则的疑问。[②]

在不纯正不作为犯与罪刑法定原则冲突的问题上,我国学界存在三种观点。第一种观点直接否认冲突的存在。这种观点承认不纯正不作为犯理论争论的焦点是处罚不纯正不作为犯是否与罪刑法定原则中的禁止类推解释原则、明确性原则相违背。但是经过分析认为处罚不纯正不作为犯并不违反罪刑法定原则的要求。[③]第二种观点试图转移不纯正不作为犯与罪刑法定之间的矛盾,有的学者认为不真正不作为犯论的核心,说到底,是保护

---

① 郑泽善:《不纯正不作为犯新论》,载《求索》2016年第2期,第59页。

② 许成磊:《不纯正不作为犯理论》,人民出版社2009年版,第99页。

③ 李晓欧:《不纯正不作为犯研究》,对外经贸大学出版社2014年版,第71—74页。

法益原则和罪刑法定原则之间如何协调的问题。①另有学者认为,在不纯正不作为犯符合罪刑法定与否的问题上,必须在罪刑法定所要求的明确性与现代刑法体系的开放性之间寻求一种必要的平衡,片面地追求任何一种价值最终带来的可能都是灾难性的后果。②第三种观点试图在不纯正不作为犯理论内部探寻自圆其说的方法,例如有学者认为(明确)作为义务只能是刑事法律义务之外的其他法律义务,是解开不纯正不作为犯与罪刑法定原则冲突的突破口。③有的学者认为,限定作为义务的范围与明确等价性的判断标准,都是为了将不纯正不作为犯的处罚规制在罪刑法定原则允许的范围之内。④

　　第一种观点否认不纯正不作为犯与罪刑法定原则存在冲突,然而现实是与德国刑法不同,我国《刑法》条文中没有有关不纯正不作为犯的规定,要以刑法条文没有规定的理论定罪处刑,无论从哪个角度来看,都难逃罪刑法定主义的诘问,否认这一矛盾难免有"掩耳盗铃"的嫌疑。第二种观点另辟蹊径,在解决罪刑法定原则与不纯正不作为犯理论的问题上采取了全新的视角,看似为解决问题提供了全新的思路,实则是巧妙地回避了矛盾。罪刑法定原则是刑法的第一性原则,而不纯正不作为犯理论是一种学术理论,一旦理论与基本原则发生冲突,其很难在基本原则之外寻求正当性来源。第二种观点实际上是把不纯正不作为犯理论放在法益保护原则的大背景下来看,把其与罪刑法定的冲突描述为不同刑法基本原则之间的衡量与冲突,这样就避免了在理论与原则的冲突中"吃亏"。这种观点看似具有强大的理论张力,但实际上并没有解决矛盾。一者将不纯正不作为犯违反罪刑法定的嫌疑描述成罪刑法定与法益保护原则的冲突,并没有解决不纯正不作为犯理论正当性来源的问题。司法实践不能仅以保护法益的需要为借口,就不顾罪刑法定的要求。二者法益保护原则虽然是刑法的基本原则,但并不意味着,在与罪刑法定原则发生冲突时,选择法益保护原则就必然具有合理

① 黎宏:《结果本位刑法观的展开》,法律出版社2015年版,第118页。
② 郝艳兵:《不纯正不作为犯的作为义务适用论》,法律出版社2015年版,第28页。
③ 陈荣飞:《罪刑法定原则视域中的不纯正不作为犯——不纯正不作为犯的规范结构之维》,载《社会科学家》2010年第5期,第72页。
④ 刘士心:《不纯正不作为犯研究》,人民出版社2008年版,第58页。

性。因此,第二种观点尽管在看问题的角度上,具有较强的吸引力,但是不能解决不纯正不作为犯与罪刑法定原则之间的冲突的问题。第三种观点,对不纯正不作为犯的罪刑法定困境有警醒的认识,但是试图从该理论内部寻找突破口,以图使其符合罪刑法定要求的做法在方法论上来讲是难以实现的。在罪刑法定主义的要求之下,如果不纯正不作为犯不能符合罪刑法定的要求,那么首先要解决的问题是该理论是否具有存在必要性的问题。这个问题不能解决,无论怎样调整其内部的某个观点,都最多只能达到自圆其说的效果,并不能从根本上解决这一矛盾。如果考虑到不纯正不作为犯以司法实践扩大处罚范围需要的出发点,那么仅仅自圆其说是远远不够的。更为重要的是上述三种观点都存在着一个内生性的问题,导致其必然不能彻底解决理论与原则冲突的问题。如果某个理论超出罪刑法定的要求,那么必然意味着存在着某类型行为具有高度的处罚必要性,这个理论是处罚这类行为的正当性依据,如果想要处罚此类行为,应当从原则本身入手寻找方法,而不能环顾左右而言他。否则,如不纯正不作为犯理论的现状一般,可能会出现"看着矛盾丛生,用着自然而然"的困境。在我国的刑事司法实践中,学术理论对不纯正不作为犯与罪刑法定关系的暧昧不清,也导致了司法实践对该理论适用的混沌不明。

我国司法实践中出现了"无视"罪刑法定原则的要求,直接适用不纯正不作为犯理论的判例。例如徐某某故意杀人案,2012年11月18日凌晨2时许,被告人徐某某为达到与被害人姜某拉发生性关系的目的,不顾姜某拉反复提出回仙村工厂的要求,强行搭载姜某拉驾驶摩托车高速前往徐某某家中,当摩托车行驶至广东省增城市增江街增正公路联益村谢屋村路口时,姜某拉被迫跳下摩托车,并摔下斜坡致昏迷,徐某某逃离现场。当天凌晨3时许,徐某某再次去到上述地点,盗取姜某拉的三星无线移动电话1部。之后,徐某某用汽油焚烧姜的尸体,并将残骸就地掩埋。法院认为,"本案是不作为的间接故意杀人案,徐某某是否履行对姜某拉的救助义务才是本案定性的关键。因为无论姜某拉当时的伤情程度如何,徐某某作为驾驶人员,又是在不顾姜某拉的反对,强行搭载其回自己家,直接导致姜某拉跳车的情形下,徐某某有义务对姜某拉进行基本的救助或者求助行为。然而,在本案中徐某某根本没有实施救助或者求助的举动,而是驾车离开,违反其救助被害人的作为义务。徐某某主观上对姜某拉的死亡持放任的故意,客观上没有履行因其先行行为而产生的救助义务,最终致姜某拉死亡,徐某某构成不作为的故意杀人罪。"①这个案例法院判决的结果并不存在什么疑问,关键是运用"不纯正不作为犯理论"的说理模式存在商榷的余地。虽然法院没有使用"不纯正不作为犯"的提法,但是故意杀人罪是典型的作为犯罪,法院认为徐某某的行为构成"不作为的间接故意杀人案"显然是间接采用了不纯正不作为犯理论。问题是,我国《刑法》中并没有关于不纯正不作为犯的规定,因而,法院只能回避不纯正不作为犯的提法,直接认定徐某某的行为构成不作为故意杀人。②而这背后体现出的则是在强烈的处罚必要性背景下,司法机关对罪刑法定原则的回避态度。

　　除了不纯正不作为犯理论外,不少犯罪论体系中的理论也存在类似问题。例如,期待可能性理论同样存在着与罪刑法定派生原则相冲突的问题。期待可能性的理论就其实质而言,不过就是法外用情。为何?因为情有可原。③然而,如果因为情有可原就放弃罪刑法定,那么罪刑法定派生原则在我国理论与实践中的尴尬处境就可想而知了。因此,我们可以得出结论:罪刑法定原则的派生原则无论是在刑事司法实践中,还是在刑法理论中都没能很好地发挥其应有的作用。

---

　　① 参见《徐某某犯故意杀人罪二审裁定书》,(2014)粤高法刑一终字第104号。

　　② 徐某某案中间接采用不纯正不作为犯的做法并非唯一,采取类似"不作为故意杀人"表述的案件还有很多。例如,张某某、廖某某等故意杀人案,2013年7月22日22时左右,暂住杭州市萧山区河庄街道新江村3组22号的被告人张某某出门接湖南涟源籍女友刘某回租房。当张行至新江村新农桥西侧村道时,因琐事与湖南凤凰籍人蒋某乙发生争执、扭打。被劝开后,张某某回租房取来一把西瓜刀,并以女友被人调戏,要求帮忙打架为由,先后纠集同乡廖某某、覃某某,由覃某某驾驶自己的面包车在新农桥附近寻找蒋某乙欲行报复。当车行至新农桥西侧村道一无名小桥附近时,张某某发现在村道上同向行走的蒋某乙,即持西瓜刀下车朝蒋某乙追砍,廖某某亦持铁片下车对蒋追打,覃某某则驾车跟随。为逃避张某某等人的追打,蒋某乙跳入村道南侧的围垦后横河中,在泅水至河中央后体力不支,张中立、廖某某、覃某某见状未行施救反驾车逃逸,终致被害人蒋某乙溺水身亡。法院认为,"三被告人伙同殴打他人,迫使他人落水后未予施救,径行离开现场,致人死亡,主观上显系放任他人死亡的心态,故其行为均已构成不作为的故意杀人罪",参见:《张某某、廖某某等故意杀人罪二审刑事判决书》,(2014)浙刑一终字第148号。有的判例中甚至存在认定"不作为故意伤害罪"的论述,参见:《金某某故意伤害罪二审裁定书》,(2013)藏法刑一终字第1号。

　　③ 杨兴培:《反思与批评——中国刑法的理论与实践》,北京大学出版社2013年版,第165页。

(三)理论困境:"改不了"的罪刑法定派生原则

既然罪刑法定派生原则在我国司法实践和刑法理论中均存在困境,那么我们的第一反应应该是如何根据本土法治资源对派生原则做出调整。然而正是这种调整的需要,引出了我国罪刑法定派生原则的第三个困境,即其难以根据现实需要进行改造。在我国存在一种普遍的认识,罪刑法定是一种具有至高地位的,不可妥协与折中的、单一的终极价值。[1]这种认识也自然而然地适用到了罪刑法定派生原则的身上。既然不可妥协,自然也不允许存在问题,因此,即便发现罪刑法定派生原则的问题,要对派生原则本体进行调整,也需要足够的学术勇气。

以"禁止溯及既往"的派生原则为例。我国《刑法》第十二条规定了刑法条文溯及力问题应当采取"从旧兼从轻"的基本原则。在我国,刑法法律渊源的情况相对复杂,在司法实践中出现了不符合"从旧兼从轻"原则要求的现象,表现在三个方面。首先,刑事司法解释时间效力存在与"从旧兼从轻"相冲突的问题。2001年12月7日颁布的《最高人民法院、最高人民检察院关于适用刑事司法解释时间效力问题的规定》对于刑事司法解释的溯及力做出了明确的规定,但是其中第二条与第三条存在一定的矛盾。《规定》第二条的内容为:"对于司法解释实施前发生的行为,行为时没有相关司法解释,司法解释施行后尚未处理或者正在处理的案件,依照司法解释的规定办理。"第三条的内容为:"对于新的司法解释实施前发生的行为,行为时已有相关司法解释,依照行为时的司法解释办理,但适用新的司法解释对犯罪嫌疑人、被告人有利的,适用新的司法解释。"从文字上看,第二条认可了刑事司法解释的溯及既往的效力,而第三条则要求适用"从旧兼从轻"的原理,这样《规定》同时肯定和否定了刑事司法解释的溯及力。[2]其次,非正式法律渊源的溯及力问题尚未受到重视。以案例指导制度中刑事指导性案例的溯及力问题为例,在我国案例指导制度构建的过程当中,缺乏对于指导性案例溯及

---

① 车剑锋:《刑事案件社会结构与罪刑法定原则关系初探》,载《北京理工大学学报(社会科学版)》2014年第6期,第123页。

② 郑泽善、车剑锋:《刑事司法解释溯及力问题研究——对美国司法实践中禁止溯及既往原则的借鉴》,载《政治与法律》2014年第2期,第75页。

力问题的考虑。既然，案例指导制度具有一定的拘束力是事实，那么当指导性案例创造了新的法律规范或者变更先前的法律规范时，是否对该案例颁布之前的行为有效的问题，就具有进行探讨的必要。①否则，将来指导性案例越来越多，出现就同样问题新旧指导性案例发生冲突时，再考虑其溯及既往与否的问题，可能就会造成司法实践中的困惑。最后，刑法修正案溯及力问题同样纠缠不清。刑法修正案也是刑法条文，根据十二条的规定，其溯及力本不应当存在问题。然而，自《刑法修正案（八）》始，就新刑法修正案的溯及力问题，我国采取了"刑法条文（修正案）+时间效力的解释（司法解释）"的模式，相关司法解释中关于溯及力的规定与《刑法》第十二条多有冲突之处。"从旧兼从轻"原则在司法实践中是否遇到了问题？如果出现问题，是否有必要对"从旧兼从轻"原则进行反思和修正？如果需要对"从旧兼从轻"原则进行调整，应该如何看待司法实践的需要与罪刑法定原则，或者说与《刑法》第十二条之间的关系如何？

由此观之，我国刑法规范溯及既往与否的问题确实存在着乱象。我国学者并非没有注意到上述问题，但是其对于"禁止溯及既往"派生原则的态度却颇有值得商榷之处。有的学者无视乱象的存在，坚持必须严格适用"从旧兼从轻"原则。②有的学者视"从旧兼从轻"原则为准绳，对实践中违反该原则的现象进行批判。③有的学者对"从旧兼从轻"原则进行各种解释，为实践中的乱象寻找各种正当性理由，证明其没有违反罪刑法定原则。④此几类观点，展示出了"从旧兼从轻"原则"改不了"的无奈。既然实践中已经产生了与"从旧兼从轻"原则相冲突的现象，那么无论是批判实践、无视矛盾，还

---

① 车剑锋：《刑事指导性案例溯及力研究——以美国刑事判例溯及既往问题的奥德赛之旅为借鉴》，载《安徽大学学报（哲学社会科学版）》2015年第5期，第137页。

② 相关观点参见蒋涛：《罪刑法定下我国刑事司法解释的完善》，中国政法大学出版社2015年版，等等。

③ 相关观点参见杨新京：《〈刑法修正案（八）〉溯及力研究》，载《国家检察官学院学报》2011年第6期；刘宪权、王丽珂：《我国〈刑法修正案（八）〉时间效力司法解释规定评析》，载《法学杂志》2011年第8期；陈佑武、彭辅顺：《刑法解释的时间效力与人权保障》，载《中国刑事法杂志》2011年第6期，等等。

④ 相关观点参见陈荣飞、肖敏：《刑法修正案（八）的溯及力研究——兼评〈最高院关于刑法修正案（八）时间效力问题的解释〉》，载《法治研究》2012年第5期；曲新久：《论从旧兼从轻原则》，载《人民检察》2012年第1期，等等。

是"巧舌如簧"地去自圆其说都不能从根本上解决问题。如果实践中自发地出现了各种各样与"从旧兼从轻"原则相冲突的现象,那么,恐怕是原则本身出了问题。根据现实需求,对"从旧兼从轻"进行调整和建构,以预测和指导未来司法实践的需求,才是更为有效的思路。然而,我国刑法理论界对这样的方法采取了集体回避的态度。这也导致了即使罪刑法定原则的派生原则与司法实践存在冲突,我们也无法对其进行调整。也正因为如此,事实上,我国有关罪刑法定派生原则的一切问题都缺乏基本的实践立场。无论是扩大解释和类推解释的区别,"明确性"的内涵,"从旧兼从轻"的适用范围,脱离了对刑事司法实践的考量,都是理论的"空中楼阁",各种观点在自圆其说的基础上,根本不可能分出高下,即便分出高下,也只是在更深程度上刑法理论自圆其说的学术努力而已。

二、罪刑法定派生原则本土化困境产生的原因分析:对罪刑法定原则与罪刑法定派生原则的混淆

"看不清、用不上、改不了"罪刑法定派生原则本土化的困境可见一斑。描述罪刑法定派生原则的困境不是目的,"本土化困境"的产生必然有"本土化原因"推动,找到这些原因,才能克服罪刑法定派生原则的困境,使其顺利与本土法治资源对接。

在诸多原因中,有一个具有根本性的原因,即我国刑法理论始终把罪刑法定原则与罪刑法定原则的派生原则混为一谈。实际上,具有法定地位的是罪刑法定原则,其派生原则是各个国家针对各自法治发展的情况,为提升罪刑法定原则的可操作性而对罪刑法定原则本体进行的理论阐释。[①]正因如此,各国的罪刑法定原则同宗同源,但是派生原则却不尽相同。罪刑法定原则本身是刑法的第一原则,罪法定、刑法定的要求既然明文规定在法典当中,当然必须谨慎对待,但是其派生原则本就是为了适应实践需要而对罪刑

---

① 在我国,除了刑法第3条规定了罪刑法定原则之外,第12条规定了"从旧兼从轻"的原则,因此严格地说,罪刑法定原则的派生原则,除了禁止溯及既往之外,都不具有法定地位,是一种对罪刑法定原则的理论建构。此处及以后为了方便论述,不再单独强调这一区别。

法定严格性的一种修正,如果把对罪刑法定原则本身的态度,放在派生原则上,那么本来是可操作化工具的罪刑法定派生原则就会越俎代庖,渐渐绝对化、理念化、仪式化,从工具走向理念,从灵活走向机械,进而使罪刑法定原则陷入原本不存在的本土化困境。

(一)绝对化:忽视理论灵活性

将罪刑法定原则与罪刑法定派生原则混同带来的第一个问题是使得罪刑法定原则的派生原则逐渐绝对化,从而背离了其增加罪刑法定原则可操作性和灵活性的初衷。从历史来看,各国选择罪刑法定主义作为现代刑法的基本原则或基本理念,并非因为其无懈可击,而是与罪刑擅断相比,其代价更小。[①]罪刑法定原则的主要问题就是无法适应社会的高速发展,高度复杂的刑事案件社会结构,使得片面强调刑事案件法律结构的罪刑法定原则显得多少有点"迂腐"。对此,各国兼顾自由和安全价值,在坚持罪刑法定原则的基础上,对其内容作了适当变通。也即罪刑法定原则由绝对走向相对。[②]罪刑法定尽管经历了由绝对向相对的转化,但当今世界各国并未放弃这个原则,罪刑法定依然体现出强大的生命力。[③]罪刑法定原则由绝对转向相对,表面上看是罪刑法定原则发生了转变,实则"法无明文不为罪,法无明文规定不处罚"的要求并没有发生任何变化,变化的是作为罪刑法定操作规则的派生原则,从禁止溯及既往到禁止不利于被告人的溯及既往,从禁止类推解释到禁止不利于被告人的类推解释,等等。罪刑法定由绝对到相对的变化,实际上是针对社会现实需要,刑法理论对罪刑法定派生原则的一种工具化改造。20世纪初的这次变革,已经为我国多数学者所承认。我国学者对这次变革的意义也给予了高度评价,如有学者指出,相对的罪刑法定原则留下了解释空间,而罪刑法定原则的能动性和对社会现实的回应性以及所能赢得的公众认同皆与其间。绝对的罪刑法定原则因其"绝对"而必将陷入极端与片面,而极端与片面常常意味着顾此失彼,甚至彼此皆失。[④]由于将

---

① 李洁:《论罪刑法定的实现》,清华大学出版社2006年版,第83页。

② 孟红:《罪刑法定原则在近代中国》,法律出版社2011年版,第23页。

③ 王瑞君:《罪刑法定的实现:法律方法论角度的研究》,北京大学出版社2010年版,第35页。

④ 马荣春:《刑法的公众认同》,中国政法大学出版社2015年版,第72页。

罪刑法定派生原则和罪刑法定原则的基本要求相混淆,我国刑法学把坚持罪刑法定原则基本要求的形式标准贯彻到派生原则上,导致不能根据司法实践的需求和社会的发展状况对罪刑法定原则派生原则做出调整。试问从相对到绝对,是各国刑法学历史上对罪刑法定派生原则的改造,对这种改造的成果我们甘之如饴、全盘接受,那么现今,当相对罪刑法定派生原则与我国社会现实发生矛盾时,为何根据本国情况进行相应调整就是离经叛道?这种绝对化的理念,使得我国罪刑法定原则变成了书本上的教条,既难"新瓶装旧酒",亦无法"老树发新芽",无怪乎会陷入看不清、用不上、改不了的境地。

(二)理念化:缺乏制度基础

将罪刑法定原则与罪刑法定派生原则混同带来的第二个问题是将罪刑法定原则派生原则理念化,从而制约了相应罪刑法定制度的产生。罪刑法定原则走入中国,不应当仅仅是法律文本的走入,也应当努力让其真正走入生活。①罪刑法定原则在我国本来就缺乏必要的制度支撑,如果把罪刑法定派生原则理念化,会使罪刑法定给人一种"空泛"的印象。我国学者存在一种将罪刑法定过于理念化的倾向,如有学者指出:"能否真正超越技术层面和制度层面实现罪刑法定原则向罪刑法定理念的升华,仍需要我们在多方面做出努力。"②理念与制度的主要区别在于,理念正确但遥不可及,只能是我们心中永远难以达到的目的地,而制度是我们一步一步接近理念的阶梯。罪刑法定原则作为一种刑事法治理念规定在《刑法》第三条,是为我们明确了一个方向,并非要求我们一步实现罪刑法定的最高标准,否则,我们无法解释为什么《刑法典》当中有如此众多的空白罪状的问题,刑事司法解释中还有众多模糊不清需要进一步解释的问题,也无法解释为什么很多刑法理论与罪刑法定存在冲突,明显超然于实定法之外,却仍然占有一席之地。罪刑法定派生原则是罪刑法定的"操作守则",其不应当是高高在上的理念,而应当是一项项具体的制度。如果罪刑法定原则本就是一种理念,其派生原则也被理念化,则罪刑法定原则可能由"空对地",转为"空对空"。罪刑法定

---

① 于志刚:《罪刑法定原则认识发展中的博弈》,载《法学》2010年第1期,第21页。

② 闻志强:《重申罪刑法定的基本理念》,载《法商研究》2015年第1期,第120页。

派生原则的目标应当是"以具体的原则,解决具体的实践问题",换言之,与罪刑法定原则本体相比,罪刑法定派生原则应当关注的是标准为何? 什么情况下是对派生原则的违反? 违反的后果是什么? 什么情况下需要对派生原则进行调整等具体问题。我国罪刑法定派生原则过于理念化的问题正是导致其实践困境的重要原因。

(三)仪式化:欠缺工具理性

将罪刑法定原则与罪刑法定派生原则混同带来的第三个问题是将罪刑法定派生原则仪式化,无论是刑法理论,还是司法实践对罪刑法定派生原则的应用,带有强烈的"宣誓性"色彩。然而,当真正的罪刑法定问题出现时,往往又无法识别,转而将罪刑法定争论转为具体问题探讨。在我国,罪刑法定派生原则常见出场方式包括"证成"和"批判",所谓"证成"是指在论证某个观点时,声称自己的观点符合罪刑法定派生原则的要求,从而自然使观点获得无可置疑的正当性。所谓"批判"是指在批判他人观点时,往往请出罪刑法定派生原则作为根据,似乎指责对方的观点违反罪刑法定主义,就在根本上消除了对方观点存在的基础。然而,罪刑法定原则虽然是刑法的基本原则,却不是刑法的"唯一正解",符合罪刑法定原则的,未必是合适的,表面上看与罪刑法定派生原则存在冲突的现象,也未必不存在合理性。否则,刑法中存在大量的"空白罪状"的现象,明显与"明确性原则"的要求不符,我们是不是应该立刻填补这一"明确性漏洞"呢? 答案显然是否定的。因此有学者指出,在我们的刑法学界,"违反罪刑法定原则"这样的责难似乎用得太过频繁了一些。实际上,中国刑法学界没有那么不开明。[①]相反,当真正的罪刑法定派生原则争议在司法实践中出现时,我们又往往忽视罪刑法定的要义。

三、破解思路:罪刑法定派生原则的二次本土化

如果说,造成罪刑法定派生原则本土化的困境的主要原因是将罪刑法

---

① 张明楷:《刑法的私塾》,法律出版社2014年版,第11页。

定原则本身与罪刑法定派生原则相混淆,致使我国刑法学界对本为操作守则的派生原则绝对化、理念化、仪式化的认识,最终导致了派生原则看不清、用不上、改不了的困境,那么,要解决这一问题的思路看似也很清晰。实际上,即使看到了将罪刑法定与其派生原则相混淆的弊端,也认识到了整个罪刑法定原则话语的危机,要做出改变依然非常困难。一方面,与当初引入我国《刑法典》时不同,二十余年来罪刑法定原则在我国已经形成了一定的学术传统,如果主张对罪刑法定原则进行考量,就可能对已经形成的学术传统造成冲击,从而陷入曲高和寡的境地。另一方面,即使要对罪刑法定的学术高地发起冲击,也需要一系列切合实际的策略、理论、方法,不是简单地说说大道理就可以完成这种变革的。要实现对罪刑法定原则本土话语的更新,既不能推倒重来、舍弃传统,又不能隔靴搔痒、点到为止。因此,严格地说,本书囿于篇幅所限,不能完成为彻底解决罪刑法定派生原则的本土化困境提供可操作方案的重大任务。本书的目的是在上述困境产生原因分析的基础上,为问题的解决提供一个创造性、开放性的思路,即实现罪刑法定派生原则的二次本土化。如果说,罪刑法定派生原则的第一次本土化是从无到有,以比较的研究方法引入域外罪刑法定的研究成果,那么,第二次本土化的核心要义就是结合本土法治资源,对已经作为一种话语传统存在的派生原则做出改造。这里面主要的思路是对罪刑法定派生原则进行工具化的改造。

（一）分层:"最高限度的罪刑法定"与"最低限度的罪刑法定"

如果有人公开主张应当违反罪刑法定原则,那么肯定会成为众矢之的。但是,这并不意味着不可以对罪刑法定原则的派生原则进行调整。既然罪刑法定派生原则可以从绝对向相对转化,就意味着对派生原则的改造并非对罪刑法定主义的彻底破坏。这就要求我们区别对待罪刑法定原则的基本理念及其派生原则。但是,罪刑法定的派生原则毕竟是理念的操作规则,对其进行改造仍然涉及到如何保证改造正当性的难题。本书主张,可以对罪刑法定原则进行分层,以解决改造派生原则正当性的难题。要保证法律的确定性,维护形式法治的基本内涵,我们需要一种观念上的罪刑法定,其作为一种刑事司法的理想存在,但要保证法律适用的灵活性,我们需要一种存在边界的罪刑法定,可以为司法机关提供发挥司法能动作用的契机。前者,可以称之为"最高限度的罪刑法定",后者则可以称之为"最低限度的罪刑法定"。所谓最高限度的罪刑法定,是司法重叠共识的表象,即以"法无明文规定不为罪,法无明文规定不处罚"的罪刑法定本体为根本的对于罪刑法定原则的严格理解。最低限度的罪刑法定,是考虑到社会生活的复杂性,而赋予罪刑法定原则以足够的灵活性,来实现其保障公民预测可能性,防止武断的司法与立法的作用,简言之,即作为罪刑法定操作规范的派生原则。①对最高限度的罪刑法定,要以刑法基本原则的角度看待,无论是刑事立法工作、刑法解释工作还是刑事司法工作,都必须遵守和符合刑法基本原则的要求,绝不能违背这些基本原则。②否则,罪刑法定原则一旦丧失了应有的客观品性,就会成为强势集团和掌握话语权者手中的弹性道具,到彼时又何能使人产生法律神圣的感觉来。③对最低限度的罪刑法定,不是要明确地将未来可能发生的一切有违该原则精神的做法都做出提前的考虑,而是要在处理问题的过程中总结经验,来向最高限度的罪刑法定原则迈进。如果说最高限度的罪刑法定原则是为了实现精英话语与大众话语的统一,从而形成一种契机,促进司法公信力的提高的话,那么最低限度的罪刑法定原则则是为了确保司法实践的灵活性,使法律最大限度地靠近复杂的社会生活。用更为简单的话来说,就是司法机关灵活适用法律必须以一种既能够满足司法目标,又能让社会大众在内心能够接受的方式实现。如此的分层策略存在三个可取之处。一是,充分结合本土法治资源,尊重20多年来的罪刑法定主义传统。在我国,罪刑法定派生原则的内容已经具有通说的地位,将其推倒重来可能会付出巨大的理论成本。相反,利用其已有的公信力,将其归入"最低限度的罪刑法定"属于"新瓶装旧酒",亦属于"老树发新芽",既认可了已有研究成果的地位,又为达成可操作性的目标留下了足够的余地。二是建立超越价值绝对主义与价值相对主义的框架,创新了罪刑法定原则研究的

① 车剑锋:《罪刑法定原则司法化问题研究》,天津社会科学院出版社2016年版,第202-209页。
② 张军主编:《刑法基本原则适用》,中国人民公安大学出版社2012年版,第1页。
③ 杨兴培:《检视罪刑法定原则在当前中国的命运境遇——兼论中国刑法理论的危机到来》,载《华东政法大学学报》2010年第1期,第13页。

认识论与方法论。由于一直以来将罪刑法定原则本体与罪刑法定派生原则相混淆,我国关于罪刑法定主义的认识始终处在两个极端,要么采取价值绝对主义,认为罪刑法定为永恒真理丝毫不可动摇,要么采取价值相对主义,认为罪刑法定没有发挥其应有的作用,从而无视或者回避罪刑法定的要求。将罪刑法定原则进行分层,既保证了罪刑法定刑法第一基本原则的地位,又兼顾了其回应社会、回应司法需求的能力,实际上是在机械的"司法确定性"和"罪刑法定怀疑论"之外,探索司法罪刑法定原则运用的"可循迹性",这是一种超越价值绝对主义与价值相对主义的努力。三是,能够将罪刑法定的外部冲突内部化,从而避免刑法理论与司法机关"不得不"回避罪刑法定原则现象的出现。罪刑法定原则存在着外部冲突与内部冲突。[①]罪刑法定的外部冲突是罪刑法定与其他社会价值之间的冲突,例如赵春华案中罪刑法定原则与社会舆论导向之间的矛盾。罪刑法定原则的内部冲突是派生原则之间的冲突,例如,传统的罪刑法定形式侧面与实质侧面之间存在的冲突。外部冲突对于罪刑法定原则来说是更加危险的冲突,因为当案件的社会结构极为复杂的时候,非常容易产生破坏罪刑法定的司法行为。最高限度的罪刑法定与最低限度的罪刑法定的分层方法实际上是将外部冲突"内部化",通过回应现实需要改造罪刑法定派生原则,在罪刑法定内部解决其基本原理与其他社会价值之间的冲突。

(二)突破:根据本土法治资源对罪刑法定派生原则进行工具化改造

如果说1997年《刑法》修改时,引入罪刑法定主义是我国刑事法治历史上的重大创新,那么到现在,理念已经入法、入脑,如果不解决其派生原则的应用问题,也不能保证作为刑法重要原则的罪刑法定能够一直在中国的法治土壤中茁壮成长。毕竟引入理念的关键不是存在,而是应用。缺乏特定目的性的理念,即使在国外具有通识性的地位,也没必要盲目地引入。要对派生原则进行改造,但是同时必须对这种改造加以严格限制,否则就不是"改造"而是"创造"。以上所述以"最高限度的罪刑法定"和"最低限度的罪刑法定"的分层为基础,在对派生原则进行改造时,必须至少遵守三个必要

---

① 车剑锋:《罪刑法定原则的边界——以英美法中"Marital Rape Exemption"的废除为例》,载《广东广播电视大学学报》2014年第6期,第47-48页。

的限制。首先,改造的对象应当限制在最低限度的罪刑法定的范围之内,即只能对罪刑法定派生原则做工具化的改造,而非对罪刑法定的基本理念有所怀疑。不是说要注重罪刑法定的工具理性,就可以允许完全抛开成文法定罪处刑,而是以工具理性为出发点,为罪刑法定派生原则划定一个边界。例如,可以根据我国刑法法律渊源的特殊情况,在刑法规范溯及力的问题上对,从旧兼从轻原则进行建构,将刑法修正案溯及力问题、刑事司法解释溯及力问题、指导性案例溯及力问题分别进行讨论。① 又如,可以在成文法主义的问题上,考虑到我国少数民族地区习惯法对当地刑事司法的影响,允许对禁止习惯法的派生原则进行"突破——识别——回归"三步走的改造。② 其次,改造的目的必须是刑事司法实践的现实需求,不能是学者的学术目标或者其他与司法实践需求无关的目标。改造是为了在刑事司法实践中发挥罪刑法定派生原则的作用,如果把司法需求导向的改革,转变为学术语言的盛宴,那么不同学者根据自己理论的需求自然会有不同的改变策略。长此以往,就像犯罪论体系一样,可能会出现每个学者都有不同的罪刑法定派生原则的现象出现。将罪刑法定原则进行分层,目的在于将最高限度罪刑法定的权威和最低限度罪刑法定的灵活相结合,一方面让社会大众认可司法机关的做法,另一方面在罪刑法定的话语之下为司法机关保留一定适用法律的灵活性,从而树立刑事司法的公信力,沟通司法精英主义的话语和社会大众一般性的话语。正因如此,对罪刑法定派生原则的改造必须限制在司法实践需求的范围之内。第三,改造罪刑法定派生原则应当采取"参与者视角",而非"旁观者视角"。所谓参与者视角,是指应当在具体的矛盾冲突中做出罪刑法定的衡量,而不是让罪刑法定原则置身事外。参与者视角与旁观者视角最大的不同是罪刑法定原则发挥作用的方式不同。以旁观者视角看待罪刑法定原则,在存在冲突的利益、观点之前,罪刑法定原则是标准,是一把价值衡量的尺子,其作用是高高在上,解决矛盾冲突。然而高高在上的

---

① 车剑锋:《刑事指导性案例溯及力研究——以美国刑事判例溯及既往问题的奥德赛之旅为借鉴》,载《安徽大学学报(哲学社会科学版)》2015年第5期,第142页。

② 车剑锋:《破解民族习惯法规范效力的悖论——以罪刑法定原则的自我限制为视角》,载《中共杭州市委党校学报》2016年第2期,第78页。

罪刑法定看似神圣,却可能被架空。因为作为标准的罪刑法定可能会导致各方利益都难以实现,所以各方都会想方设法回避罪刑法定的拷问。在罪刑法定问题上的"旁观者视角"是导致我国罪刑法定派生困境的重要因素。相反,"参与者视角"不是让罪刑法定隔岸观火,而是直接把罪刑法定卷入矛盾冲突中,把各种观点的冲突转移到罪刑法定的内部进行,罪刑法定由"标准"演变为了"竞技场"。这样有三个好处,一是罪刑法定理念具有近乎真理的正当性,矛盾在其内部发生,会受到罪刑法定话语场域的保护,保证各方利益获得充分竞争的机会;二是以派生原则作为矛盾争议的焦点,具有足够的灵活性,能够适应复杂的利益纷争,并且可以保证在不破坏最高限度罪刑法定的基础上,完成对最低限度罪刑法定与时俱进的建构;三是统一话语,对大量的刑事司法内部的矛盾而言,罪刑法定派生原则具有类型化标准的作用,以防止矛盾争议仅仅停留在"一事一议"的层面,可以提高刑法理论话语的整合度。

当然,上述三个改造的限制只是对罪刑法定派生原则进行工具化改造的前提。很多建构的问题仍然摆在面前。例如,应当由谁引导和做出改造,学者还是法官?以何种方式进行改造,立法、司法解释还是指导性案例,等等。对这些问题本书还很难给出直接的答案。本书的目标是指出一个方向,如果对罪刑法定派生原则进行工具化改造的理念都不能获得认可,那么改造的具体方案只能是空中楼阁。

(三)识别:提升罪刑法定派生原则的理论敏感度

对罪刑法定派生原则进行工具化改造,需要对罪刑法定派生原则司法适用高度的理论敏感度。换言之,要进行工具化改造,就需要了解司法实践对罪刑法定主义的需要,而要掌握这种需要就必须能够对刑事司法实践中的罪刑法定问题具有敏锐的嗅觉。罪刑法定派生原则的工具化改造并非形而上的一次性理论建构,而是在个案中逐渐生成的对派生原则的反复调整,其进路是个案中的逐步推进,而非一蹴而就的理论探讨。因为刑事司法实践在变,刑事案件的社会结构在变动,在工具理性的指引下,罪刑法定派生原则的工具化改造就不可能一蹴而就。本书认为,对罪刑法定派生原则进行工具化改造的最关键的问题是发掘正在发生的、典型的罪刑法定案例。

罪刑法定派生原则的工具化改造,并不是以罪刑法定为中心的,其核心要义是利用罪刑法定基本原理的正当性和派生原则的灵活性,创造刑事司法的可循迹性,沟通司法精英和社会大众不同话语体系间的鸿沟。以此为出发点,只有在典型个案中,这种沟通才能达成效果。这就需要我们培养理论敏感度,发掘具有典型性的罪刑法定争议案例。这样的典型案例需要至少具有三个特征:一是能够引发广泛讨论,罪刑法定工具化改造的终极目标是提升司法公信力,并不是单纯达成理论上的革新,因此首先必须能够引发社会大众的广泛参与,在这样的案件中讨论罪刑法定的问题,才符合罪刑法定工具化的目标。二是能够体现出罪刑法定派生原则的争议。工具化改造的对象是罪刑法定派生原则,如果争议的问题是罪刑法定以外的其他问题,那么同样难以达成工具化改造的目标。三是易类型化处理,尽管引发广泛讨论的刑事案件社会结构复杂,但是典型案例必须具有易类型化的特征,因为,罪刑法定派生原则的工具化改造不可能是一蹴而就的,随着时间的推移,已经形成的稳定的司法策略必须根据时代的要求做出调整,这就要求案例具有易类比的特征。

在典型个案中探讨罪刑法定派生原则的改造,可以实现罪刑法定与司法实践的"双赢"。一方面,在具有广泛社会影响的典型案件的处理上,摆脱了一事一议的困境。目前我国司法实践在典型案件的处理上,过分纠结于审判的结果,这导致了社会舆论频频对司法判决产生影响。甚至即使司法按照社会舆论的要求进行判决,也不会对司法公信力建设有什么帮助,刑事司法判决亟待理论关怀增加其权威性。将个案中的矛盾冲突内化于罪刑法定派生原则中,可以为司法实践提供一种理论上的人文关怀,增加司法机关的公信力。另一方面,罪刑法定派生原则在个案中,展示出了实践理性、工具理性,焕发出了理论活力,避免了理念化、绝对化的困境,实现了由"空对空"到"地对地"的转变。

在我国,尽管罪刑法定原则法典化已经二十余年,但是其所提倡的人权保障,无论是从观念上的接受,还是制度上的保障,恐怕还是"路漫漫其修远兮",仍有待"上下而求索"。①其中的关键可能在于,本来作为罪刑法定操作规则的派生原则被理念化、机械化。如果说,罪刑法定派生原则从绝对转向相对是为我国所认可的派生原则改造成果,那么根据目前我国法治本土资源的现状,对罪刑法定派生原则进行工具化改造,也并非离经叛道。也只有做出这种改造,才能为刑事司法实践创造理论上的人文关怀,才能使罪刑法定焕发出新的学术活力,以最终实现罪刑法定与司法实践的双赢。

---

① 陈新宇:《从比附援引到罪刑法定——以规则的分析与案例的论证为中心》,北京大学出版社2007年版,第130页。

余论：关于罪刑法定主义宪法化的思考

如果说本书有一个"非传统"的导论，那么在余论部分我们不妨来一个首尾呼应，不再对结论做过多的重复，反而对罪刑法定研究的未来作一个展望。或者说，考察了美国罪刑法定原则的实践，以及对我国罪刑法定原则进行了分层改造只是为我国罪刑法定原则作用发挥拉开了序幕。藏在幕后的"小丑"虽然没有露面，但是我们已经可以合理地想象出他的模样。

之所以这样说，是因为本书对罪刑法定原则的研究仅仅局限在罪刑法定原则视域的范围之内，而没有努力追求看得更远。而如果我们进一步探究一下，就会发现本书提供的策略能够解决的只是全部问题的冰山一角。罪刑法定是《刑法》最重要的基本原则，是现代刑事法治的核心要义，罪刑法定在实践中存在作用发挥的困境，换一个角度来看，就是刑法学本身面临的可能存在问题。毕竟如果是孤立的案件违反了罪刑法定，是一个可以接受的正常现象，本就没有在使用中无暇运行的完美法律原则。但是本书的分析中，包括笔者一直的研究中，罪刑法定目前面临的问题绝不是个案现象。这就是说，就当代刑法学研究的现状而言，无论是研究的深度、广度、维度，我们都可以自信地认为刑法学正处在一个最好的时代。然而，伴随着研究热点层出不穷、研究范式不断创新，一个潜在的危险也在蠢蠢欲动。这个所谓的"潜在威胁"就是刑法学理论"碎片化"的趋势，比较研究的定位渐趋模糊、理论与实践关系存在一定的脱节、对学术新增长点的追求逐渐取代了对学科基础理论的关注等一系列的现象在学科空前繁荣的背景下反而为整个刑法学敲响了"警钟"。理论碎片化现象的根源可能在于学科基本共识的模糊与式微。对刑法学而言，罪刑法定主义这个刑法学的"最大公约数"既是造成问题的原因，也是解决问题的关键。

一

　　如果说从一个更高的视角看待罪刑法定的中国实践问题,我们必须首先理一理我国刑法学和罪刑法定之间的关联。逻辑的起点是刑法学为什么需要罪刑法定。一个非常可能的答案是,刑法学需要正当性的来源。刑法学不是刑法本身,如果说刑事立法的正当性来源于民主程序,刑事司法解释的正当性来源于立法法的授权,刑法学理论解释刑法条文,希望实践予以采纳,就必须有一个为司法实践所接受的正当性来源。或者说,当从《刑法》条文中不能一眼看出理论结论时,或者当一眼望去同一个条文可以得出各种各样的结论时,理论必须存在站得住脚的根据。从这个逻辑起点出发,罪刑法定在1997年实现立法化对刑事法治和对刑法学的意义是不相同的。对刑事法治而言,罪刑法定引入本身具有里程碑的作用,是法治原则在刑法领域的具体体现。而对刑法理论而言,作为刑事法治的基石,罪刑法定原则是理论正当性最佳的来源。理论需要正当性,基本原则提供正当性,配合得天衣无缝,那么罪刑法定的中国实践为什么还存着诸多的困难呢? 如果我们再往深处思考,刑法理论实际上是解决各种刑法问题的方案,司法实践同样是解决现实问题的方案。与理论相比,司法机关的做法更具有确定性,更容易上下一致,更容易实现统一,其背后是司法体制带来的约束力。司法对法条的尊重本身是正当性的根本。刑法学要实现"教义学",其解决实践问题的策略,从广度来说必然宽于司法实践。那么,要解决问题到底听谁的? 理论者希望指导实践,不能指导实践的刑法理论与抽象的刑法哲学无异。而对实践者而言上级的指导,审判的惯例的拘束力明显大于学术理论的论述。这样,理论和实践之间关于解释法律合理范围的认识必然产生分歧。结局是刑法理论为了说明自己是对的,让司法实践信服,必然越来越倾向于说理,讲道理有的时候就会绕开法条本身的解释范围问题,比如大陆法系共犯理论逻辑严密,说理性强,对实践具有很强的说服效果,那么对这种体系借鉴的意愿,就会超过对于《刑法》第二十五条关于共同犯罪的明文规定。而这也就导致了理论上,回避罪刑法定倾向的出现。另一方面,司法实践虽然离罪刑法定的诘问更近,但是也带有更多的现实性的目的考量,当现有规则解决问题存在无法充分说理从而导致质疑的问题时,司法实践同样容易出现直接跳过罪刑法定去追求问题的合理解决的倾向。理论为了说理而淡化罪刑法定,实践为了解决问题而回避罪刑法定,这就是为什么罪刑法定中国实践会存在一系列的问题。

学术理论意图去说理没有什么问题。但是,说理的方式不能离开学科的基点,理论发展越是繁盛,就越必须强化学科的共识。否则,学术理论就没有了根。刑法学的核心共识是什么? 如果让我回答这个问题,答案必须是罪刑法定。如果抛弃了理论锚点去说理,理不一定能讲通,但是对理论本身带来的伤害却可能难以估量。

当代刑法学发展到今天取得了辉煌的成就,然而一个潜在的危险已经蠢蠢欲动,这个危险就是学科核心共识遇到困境所带来的"碎片化"的倾向。

二

如何理解"碎片化"的倾向? 我所谓的"碎片化"可以从字面意思理解,一方面有东西出现了裂痕;另一方面这个"裂痕"还没达到破碎的程度。要理解刑法学的碎片化问题就必须回答三个问题。第一个问题是为什么说刑法学出现了裂痕,或者说碎裂的表现为何? 第二个问题是碎裂的程度为何? 第三个问题是如何应对可能的"碎片化危险"?

首先,我们先来探讨一下第一个问题,碎片化的表现是什么? 要回答这个问题,正常的第一反应可能是学术立场、观点的不一致导致的商榷之风。然而,就某个问题持不同的观点不是我所谓的碎片化,不一致不代表出现破碎的危险。刑法学出现裂痕的表现不是激烈的学派之争,不是尖锐的观点对立,也不是以文会友般地反复商榷。这些对立表面上看是分歧,实际上这些不同的看法建立在更多的共识的基础上。例如,要争论地球是圆的还是方的,至少都得承认有地球这么个事物。要争论太平洋大还是大西洋大,至少都得认可以面积作为衡量大小的标准。一个学科害怕的不是以坚定立场为基础展开的学派之争,其害怕的恰恰是缺乏争论。研究对象的异质化导致的是争论之声的静默，这才是刑法学最可怕的敌人。一个学科碎片化最初的表现往往是因为研究问题的局限导致的学术话语上的分裂。争论问题鸡同鸭讲，学术共识四分五裂，如果这样的倾向不加以控制，结局只有两个：一是学科分裂为不同的更细致的学科，这是比较理想的结局；二是造成一个学科的彻底消亡，这并不是危言耸听。

虽然我国刑法学的发展过程中，系统性的学派之争并不像德、日刑法学"全民动员"那么大的规模。但是在学科基础层面上的大规模争论却屡见不鲜。关于是否要在法典中加入罪刑法定，关于犯罪论体系是"四要件""三阶层"还是"两阶层"，行为无价值论与结果无价值论之争，等等。这些过去关于刑法学最关键的核心部分的大讨论正是我国刑法学一路走来，围绕着学科发展的关键内核展开争论留下的宝贵遗产。每一次全学科范围广泛参与的大讨论，都是推动刑法理论创新的动力之源。因此，学派之争、商榷之风不仅不会造成"碎片化"，反而是形成学科凝聚力的关键。

然而，当犯罪论体系之争、主观主义刑法与客观主义刑法之争、行为无价值论与结果无价值论之争渐渐成为明日黄花，随着论战的热度消退，学科关注焦点的转移，学者们对学派之争的学术意愿逐渐转化为对新学术增长点的追捧，偃旗息鼓的不仅仅是全学科范围内的大讨论，更是对推动学科内核随时代而不断发展的热忱。

从情理上说，放弃有规模的学派之争来追逐学科前沿热点的逻辑初衷不难理解。学派之争用力甚巨而收效颇微，学科基础问题的进化非一时一日之功，每一个参与者投身其中只能是为改建通天的高塔铺上一块坚实的方砖，既没有笑傲江湖，亦难求名利双收。而追逐前沿对学术积累的要求略低，在引发关注，收获认同上则事半功倍、唾手可得。如果以现有理论解释现象就可以实现突破，又有谁会抓住改造刑法学的理论核心这块"烫手的山芋"不放呢？然而，放弃对基础理论的争论，带来的可能是学科共识弱化的现实，也就是我所谓"碎片化"的危险。

当然，碎片化只是一个"潜在的敌人"，但是对出现的裂痕如果不能防微杜渐、未雨绸缪，待裂痕扩张到无法弥合的程度就可能造成重大的危机。我列举三个具有代表性的碎片化的表现：比较研究的定位渐趋模糊、理论与实践关系存在一定的脱节、对学术新增长点的追求逐渐取代了对学科基础理论的关注。

一是比较研究的定位模糊。从借鉴苏联刑法，到去苏俄化转向借鉴大陆法系的刑法理论，比较研究是我国刑法学研究的重要范式。比较研究可以开阔视野，特别是在我国刑法学理论白手起家的初期提供"建筑材料"，这一点应该说无论借鉴、比较的对象为何，比较研究取得的成果是无法抹杀的。但是，比较终究是为了开张视听而不是刑法学本身，如果忘记了为什么需要比较研究，刑法学就会忘了自己来自哪里，又为什么出发，从而迷失了归途。比较研究初心的迷失是刑法学碎片化危险的首要表现。这里有三条明显的痕迹可寻。第一道裂痕是比较对象不同带来的话语隔阂。举例而言，借鉴德国刑法理论的学者与研究日本刑法理论的专家对很多学科基础性的问题难于达成一致。比如，关注德国刑法的学者谈到"李斯特鸿沟"可能自然而然，而关注日本刑法的学者对这种"自然"可能就会出现不适应。再比如，以德国刑法为对象进行比较研究的学者可能会引用罗克辛教授的观点作为权威论证，但是在以日本刑法为对象进行比较研究的学者那里，罗克辛教授的论述不一定比团藤重光教授的主张说理性更高。这样，人为的阻隔就现实地诞生了。第二道裂痕是比较研究对象所处的历史阶段不同，也会导致无法克服的学术隔阂。举例而言，期待可能性原理无论是在德国，还是在日本，都是在社会高速发展的阶段产生的，具有实质理性特征的刑法理论。我们借鉴，不是因为其在学术史上存在过，也不是为了完整借鉴德日犯罪论体系，别人有的我们就不能不考虑。除非我们所处的社会阶段和比较对象国家当时的情况相似，且如果不借鉴这一原理，就没办法解决这一类问题，否则就没必要非要借鉴期待可能性原理。说得更明白一点，任何一个国家刑法学的发展都是一个历史的过程，社会在变刑法也在变，不能不区别时代背景去进行比较研究，否则就会把"刑法学"和"刑法史"相混淆。不能区别这一点，刑法学理论就变成了"说书先生"，谈到国外理论头头是道、追本溯源，用到国内无处安放、纸上谈兵。对不同历史时期的国外刑法理论进行比较研究，当时的社会现实导致的话语隔阂是第二道裂痕的表现形式。第三道裂痕是比较研究成为主流研究范式带来的"正当性"与"适当性"之间的对立。比较研究的基础是对国外理论推介的精确性,而刑法学的基础是追求解释结论合法性与合理性的融合。比较研究盛行,导致混淆了刑法学正当性的根本依据,追本溯源式地挖掘国外学者的观点和实践案例,导致了刑法学走进了一种"考据主义"至上的歧路。似乎我能找到最准确、最丰富的国外材料,我就能在言必称国外刑法的研究中立于不败之地。而刑法学终究是一个"合不合适"的学科,而不是一个"准不准确"的专业,比较研究定位不明会导致做比较研究者和不做比较研究者在"正当性"标准上的分裂。我们可以把比较研究定位不明带来的碎片化的危险称为刑法学的"内部裂痕"。

二是理论与实践关系存在脱节。理论与实践关系的脱节应该说与比较研究定位不明有着密切的关系。理论的来源决定了其与实践结合的紧密程度。若是刑法理论是对刑事司法实践的概括总结、抽象升华,那么其必然紧密随着社会实际的变化而变化并指导实践。反之,若是刑法理论是对外国经验的介绍,由于社会现实不同导致的水土不服就容易导致理论所高谈阔论的,并不是实践关注的,甚至于在对问题的基本看法上出现立场差异。比如,在共同犯罪的问题上,不少学者主张借鉴大陆法系正犯和狭义共犯相区分的共犯理论,并引入承继的共犯、间接共犯、过失共犯等一系列理论。然而,《刑法》第二十五条对共同犯罪是二人以上共同故意犯罪的规定摆在那里,让司法机关适用这些理论就很困难。反过来实践中关于共犯的认定在理论者眼里又缺乏体系性、逻辑性,在一些现实问题上难以得出合理的解决办法。比如,司法解释《最高人民法院关于审理交通肇事刑事案件具体应用法律若干问题的解释》中规定:"交通肇事后,单位主管人员、机动车辆所有人、承包人或者乘车人指使肇事人逃逸,致使被害人因得不到救助而死亡的,以交通肇事罪的共犯论处。"交通肇事是典型的过失犯罪,这里以共犯论处的结论显然与《刑法》第二十五条规定的存在冲突。所以,就像导言所论述的,理论在实践中用不上,实践在学者眼里又"不完美",这就是理论与实践脱节的裂痕的具体表现。问题是,当理论家把对实践的批判作为自己学术水准的试金石,而实践把一贯的做法和习惯作为一切正当性的来源,损害的恰恰是刑事法治的公信力。因为,从理论家的角度看,反复非议实践做法,把所谓形而上的高端哲理作为批判的武器,会陷入法治的"启蒙情结"中不能自拔,空洞的理想主义会不断压缩刑法理论的生存空间,最终把刑法学送入哲学的范畴。但是,没有了理论支撑,刑法实践的说理性就会受到挑战,"哲学化"的刑法理论威胁到的不仅仅是自身的生存,更是在司法实践正当性的火堆上浇了一盆冷水。从司法者的角度看,脱离理论的支撑就等于放下了说服人心的"火把",欠缺理论上的关注会一步一步走向法治的"真理情结"难以自持,"一直都这么做"不代表社会公众就这么想,换句话说当"一以贯之"的做法受到挑战和质疑的时候,没有理论支撑的做法很难说服人心。明明做得没错,却容易被人误解,再加上不少理论家用更有"说服力"的话语提出的批判更容易为社会公众所接受,司法实践的苦恼可见一斑。不论是理论者的"启蒙情结",还是司法机关的"真理情结",最后损害的都是刑事法治的根基。理论与实践的脱节是刑法学的"外部裂痕",也是碎片化危险的第二个表现形式。

三是对学术新增长点的追求逐渐取代了对学科基础理论的关注。新增长点关键在"新",既然过去没有,那么要"就新论新"当然比推陈出新要容易得多。新问题、新领域摆在面前,随便提出的观点是新的,提法是新的,论证也是新的。在新的领域里,学者更容易成为"一流专家",更容易引起广泛的关注,更容易卸下"学术积累"的重担,走上"信马由缰"的巅峰。问题在于,一个人"内冷外热"就会生病,一个学科"内冷外热"同样会出现问题。刑法学的内核和外延受到关注的程度在逐渐失衡。具体而言,刑法学研究出现了一系列值得注意的现象。比如,"修正案现象",即新刑法修正案的出台往往会引发研究修正案内容的热潮,其中虽然不乏真知灼见,但浑水摸鱼,新瓶装旧酒的有之;李代桃僵,蹭热度自说自话的有之;无病呻吟,为修正案的实践效果过分担忧的有之;不知所谓,重述立法说明和修正案条文的有之。再比如,"分支现象",即对某个领域的刑法规制的异质性过分强调,导致具体领域刑法理论渐次脱离刑法主流话语的问题产生。

以网络犯罪为例,与传统犯罪相比,网络犯罪具有成本低、传播迅速,传播范围广,互动性、隐蔽性高、取证困难等特点,具有严重的社会危害性。因此,考虑到网络犯罪与传统犯罪相比的异质性,将其作为独立的研究对象,既符合时代发展的需要,又能为刑法理论创造新的学术增长点,可谓"一石二鸟"之策。自然而然地,在研究网络犯罪的众多成果中,主张扩张适用和解释刑法,扩大刑法在治理网络犯罪中作用的大方向就显得有些顺理成章。然而,以研究对象异质性为基础扩展刑法适用范围的做法,看似创造了新的学术增长点,却存在与罪刑法定主义相冲突的潜在风险。特别是在刑法学出现知识大爆炸现象的背景下,与缺乏研究中的新鲜血液相比,更加可怕的是"理论共识"逐渐淡化的趋势。毕竟,与巧妙地释理相比,一贯的立场更加具有打动人心的力量。网络犯罪,无论是以网络为对象的犯罪,还是以网络为手段、方法的犯罪与传统犯罪相比都具有较为明显的异质性。这种特殊性要求刑法理论必须具体问题具体分析。然而,不能因为网络犯罪的异质特征而忽略了刑法理论整体上的同质性,通过创造模糊的网络犯罪的概念,不断扩大网络犯罪概念的外延,看似是开创了刑法学研究的新领域,实则是为了突出研究重要性,而选择性的对网络犯罪异质性的过分强调,这一点在对以网络为手段犯罪的研究中表现得较为明显。当然,更不能因噎废食,放弃刑法理论的整体性。

客观地说,所有的犯罪类型都具有自身的特点,也正因为如此,对各类犯罪同质性的把握是维系刑法学理论体系性的关键。如果为了研究的需要过分夸大研究对象的重要性,就可能导致刑法学理论研究"碎片化"的危险,进而动摇刑法学的核心。试想,当网络犯罪、经济犯罪、反恐刑法等每一个前沿的学术创新点,都因为强调自身特性而无视刑法理论整体性的时候,就可能会潜移默化地破坏刑法话语的"共识",也可能无声无息地动摇刑法学的根基。当学术研究因为对象的异质性而陷入"自说自话"的状态中时,没有针锋相对的学术论战,没有看待问题的基本立场,刑法学就可能面临一场因为研究不断离散化所导致的危机。当然,这并不是说,就不应当针对研究对象的特殊性,具体问题具体分析。更不是说,不应该对网络犯罪进行专门研究,因为当对象的特殊性较为突出时,通过横向串联,打破知识的藩篱,对更好地解决问题有所裨益。只是,在网络犯罪的研究中,要注意避免"海螺壳里摆道场"自说自话,防止"拿着放大镜找特殊性",而忽视了刑法理论是牵一发而动全身的"体系"。而这种作为"共识来源"的各类犯罪的"同质性",表现为罪刑法定主义的基本要求。

如果过分强调网络犯罪的异质性,那么一个顺理成章的结论是,在法律解释的问题上倾向于扩大处罚范围,主张对法律规范进行扩大解释。或者说,因为网络犯罪危害性大,预防难度较大,手段多样,形式复杂,因此有必要"严惩"。特别是在以网络为手段的犯罪中,例如网络诈骗,由于网络带来的犯罪手段的便宜性,往往容易被认为具有较大的处罚必要性。既然处罚必要性较大,扩大解释就变得理所应当。这里存在两个隐患:一是即便扩大解释并不违反罪刑法定主义的基本原理,不同的犯罪类型都有自己的异质性,也都有自身特殊的处罚必要性,以网络为手段的诈骗行为要扩大解释,以电信为手段的诈骗行为也要扩大解释,结局是诈骗罪的法律解释必然远远超过其过去的边界,与罪刑法定主义的基本初衷不相符。二是处罚必要性关涉"处罚感情",因此以处罚必要性为由主张扩大解释,实际上是在"讲理"。法律决不能不讲理,也绝不能因为讲理就忘了法治的要求。同样,犯罪行为的处罚必要性,在每个人心里引起的处罚感情不同,因此很容易将刑法解释推入"跟着感觉走"的境地,从而存在削弱刑事司法公信力的可能,毕竟"公说公有理婆说婆有理",你有你的道理,他有他的主张。扩大解释和类推解释的界限,也容易在强烈的处罚感情面前受到冲击。那么,表面上看有理有据地以处罚必要性为由主张扩大解释的做法,反而应该格外谨慎。在对扩大解释可能造成的困境存在充分警惕的前提下,过分重视网络犯罪异质性可能推出的第二个结论,就是充分发挥刑事立法的作用,通过修改立法对网络犯罪处罚前置化,甚至通过立法对网络犯罪处罚严厉化。当然,从罪刑法定原则的要求出发,修改刑事立法对网络犯罪进行规制本身,并不存在任何问题。但是,一者从预防网络犯罪实效性的角度来看,网络技术监管与刑罚处罚相比是更为重要的手段。要有效地解决问题,关键在跳出常识的桎梏,寻找到问题解决的"七寸"。要在刑罚法的视域内预防网络犯罪,必然面临刑法补充性、滞后性的困境。就好像某些重大疾病的特效药价格昂贵,廉价仿制药的流行又会对知识产权保护制度和药品监管制度造成破坏,单纯靠法律体系内部的方法很难弥合这样的冲突。在这种情况下,抛开针锋相对的双方,另辟蹊径,将特效药纳入医保是更为有效的解决问题的方法。

因此,靠刑事立法解决预防网络犯罪的问题,必须与严格的网络监管相配合。二者即便要通过刑事立法扩大或者加重处罚,也必须警惕对网络犯罪异质性的过度重视。如果每一类具有特殊性的犯罪,最终都要回归刑事立法,那刑事立法可能出现过度膨胀的趋势。特别是在经济社会高速发展的背景之下,新问题层出不穷,新类型的犯罪给人以"新松恨不高千尺,恶竹应须斩万竿"的感觉,且不说《刑法典》规模的过度扩大本身就是一个难题,新犯罪类型之间的横纵交叉,带来的可能的困惑在于,条文规定越是复杂细致,就越可能出现需要解释的规范。解决问题的方式本身,也可能会带来新的问题,因此用刑事立法预防网络犯罪就必须兼顾刑法补充性的原则。

当然,要考虑罪刑法定主义的要求,并不是反对对网络犯罪的研究。相反,正是因为网络犯罪的研究既有实践价值,又有理论意义,十分重要,才必须在研究过程中做到防微杜渐,未雨绸缪。刑法学理论需要一个作为"理论共识"的内核,只有这样新的领域层出不穷,新的理论遍地开花,才不会产生刑法学逐渐分裂的危险。如果说刑法学内核最核心的部分是罪刑法定原则,那么如何既保证充分考虑研究对象的特殊性,又努力维护学科的核心要义,不仅仅是网络犯罪研究所面临的问题,也是刑法学应对知识大爆炸背景下共识缺乏威胁的重中之重。这里我们列举网络犯罪的例子,实际上是要说明"内冷外热"所导致的刑法学碎片化危险的第三个表现,我们称其为"维度裂痕"。

三

其次,我们探讨一下第二个问题,碎片化的程度为何? 应该说,虽然刑法学发展到今天出现了我所谓的"内部裂痕""外部裂痕"和"维度裂痕"等碎片化的风险,但是这些问题并不代表着无法挽回的困境已经出现。相反,我更倾向于认为这些裂痕均是刑法学成长中的"生长痛",是跨越式发展趋势下的"甜蜜的负担"。在我看来,碎片化是特殊国情和时代背景之下值得警惕的"正常现象"。我们无法给出一个量化的标准来衡量碎片化的趋势,然而认为碎片化仅仅处在最初级阶段,可以弥合的判断也并非空口而谈。我认为主要有三个理由。

一是碎片化危险是知识大爆炸背景下的必然趋势。在以创新为驱动力的时代,知识以几何级迅速扩张是一个突出的时代特征。以此为背景,基本上所有学科都面临"碎片化"的危险。学科前沿和关注点的迅速变化,导致学科越分越细,研究越来越专业,一个专业的学者也越来越多地出现了"十里不同音""鸡犬难相闻"的现象,很多领域能够称谓专家的只有凤毛麟角的寥寥数人。因此,刑法学作为一个成熟的学科,面临碎片化的危险不难理解。经济刑法、环境刑法、网络犯罪、青少年犯罪、黑社会性质组织犯罪、恐怖主义犯罪等等一系列刑法学的前沿阵地,每一个都有自己突出的特征,每一个都有进行单独深入探讨的必要,再加上科研范式的成熟和资料来源的便捷,学科外延的扩张是一个必然现象。但是,法学和自然科学不同,法学不是一个正不正确的判断问题,而是一个合不合适的衡量问题,衡量本身没有确定的方法和答案,反而更需要一个立场来分析衡量结果的合理性。这个最基本的立场就是刑法学的核心。换句话说,和自然科学碎片化导致新学科诞生不同,刑法学的前沿无论如何扩张,都无法突破《刑法典》的范畴,其只能画出同心圆,而无法形成新学科。因此,刑法学碎片化的趋势可以理解,却必须警惕。否则,随之而来的不是新学科的诞生,而可能是全盘皆受到质疑的局面。

二是碎片化危险是启蒙与反思并存法治发展阶段的突出特征。以本土法治发展的阶段为背景,我认为,中国特色社会主义法治体系、社会主义法治国家建设的中国特色主要表现在我国处在一个启蒙与反思并存的法治发展阶段。所谓"启蒙"是指,法治处在一个逐步深入人心的过程当中。所谓"反思"是指,对法治发展过程中发现的问题进行批判。如果说启蒙阶段具有现代主义法治特征的话,那么反思阶段则带有浓厚的后现代主义色彩。现代主义与后现代主义并存,建构与解构交织,对正当性的不懈探寻和对新主题的不断探索彼此缠绕,共同构成了现阶段我国法治发展的突出特征。现代主义法治强调法律是一个自在自足的体系,必然把合规范性作为法治的基点,后现代主义法治对现代主义法治自在自足背后的问题进行揭露,以带有鲜明群体特征的法治主题代替了以合法性为核心维护法治权威的理念。在刑法领域这种现代主义的建构与后现代主义的解构并存的状况，是导致碎片化危险产生的重要原因。刑法领域现代主义的突出特征就是罪刑法定原则，这也是司法机关对于过去做法习惯推崇备至的主要原因，这里发挥指导作用的正是启蒙情结作用下的法律所追求的确定性和预测可能性。反之，刑法理论则要时髦得多，批判的流行更多地不是针对实践，谁都明白没有刑事司法实践的权威性，就没有刑法理论生存和活跃的空间。批判范式的流行更多的是后现代解构思潮在刑法学中的体现。当我们试图去批判我们推崇备至的法治原理时，思维上的混乱必然导致理论上的分裂。而这种启蒙与反思并存的法治发展阶段毕竟只是建设中国特色社会主义法治体系、建设社会主义法治国家的过渡阶段，这种现代主义与后现代主义交织的"思想中的雾霾"迟早会散去，那么碎片化的弥合仅仅是一个历史进程的问题，只不过我们要做的是加速这个历史进程而已。

三是碎片化危险是刑法学学科共识式微造成的结果。一个学科出现"碎片化"的危险，主要原因可能在于作为理论"最大公约数"的学科内核出现了问题。罪刑法定原则无疑是刑法学的"最大公约数"，因此刑法学出现碎片化的危险，与罪刑法定在实践中的问题存在着必然的联系。当然，罪刑法定的实践问题摆在那里，如果以罪刑法定为逻辑起点，那么结论就是罪刑法定的困境。反之，如果以刑法学碎片化的危险为逻辑起点，这是罪刑法定的困境正是造成"碎片化"危险的重要原因之一。基础不牢地动山摇，学科的核心发挥作用受阻，理论共识必然出现衰弱化、分散化的趋势。也就是说，本书所试图分析和解决的罪刑法定原则作用发挥的问题，同样是探讨解决刑法学学科面临可能的危机的关键。

四

接下来我们对第三个问题进行探讨，也就是如何应对可能的"碎片化危险"。解铃还须系铃人，解决刑法学碎裂的潜在威胁，就必须从刑法学的最大公约数着手，这就要求罪刑法定只能增强不能削弱。缺乏共识就容易自觉站队，以邻为壑，自讲自话，画地为牢；缺乏共识就容易陷入迷惘，单纯引用借鉴，把理论的正当性来源过分寄托于比较研究；缺乏共识就容易自我陶醉，用逻辑取代目的，用理论凌驾规则，造成学术理论与司法实践的脱节，而重塑罪刑法定主义的话语，是巩固刑法学核心共识的关键一招。罪刑法定立法化20年，其基础性的地位受到一定程度的质疑是一个事实，一些现实做法正在大张旗鼓地忽略一些必须小心谨慎的细节。而反思罪刑法定主义走过的道路，最大的障碍恰恰是罪刑法定原则在刑法中的理论地位和实践效果的脱节，要调整必须有超越整个刑法学的更高的正当性来源做支撑。否则，总有一天罪刑法定会忘记自己为什么出发，忘了一路走来的道路，迷失在一片混沌当中。正因为如此，推动罪刑法定作用的发挥绝不是单纯技术改良就能做到的，必须依靠重新鼓舞罪刑法定的热情，提升尊崇罪刑法定原则的信心。而一个学科的基本原则需要激情鼓舞的时候，就需要向更高正当性来源借力。而这就带我们来到了一个全新命题——"罪刑法定宪法化"的面前。我们在余论部分对罪刑法定宪法化进行一个简单的构想。

第一，什么是罪刑法定宪法化？罪刑法定宪法化不等于罪刑法定原则在宪法中的立法化，换言之，不是在宪法典中规定了罪刑法定原则，就是实现了所谓的"宪法化"。如果单纯建议宪法规定罪刑法定，那么研究的落脚点就容易在宪法学和刑法学之间摇摆不定。本课题所谓的"宪法化"是一个过程性的概念，宪法修改加入罪刑法定只是"宪法化"进程中的一个组成部分，整个过程可以分成三个层次，一是以宪法角度观察罪刑法定的中国实践；二是在宪法中规定罪刑法定；三是用宪法精神推动罪刑法定制度化。这里罪刑法定入宪是手段，而非最终目标本身。这一点是我主张的罪刑法定宪法化与过去研究中主张罪刑法定入宪观点之间的核心区别。罪刑法定宪法化的目标是，通过对罪刑法定主义宪法化的背景、目标、路径的探讨达到重塑刑法学理论核心，促进罪刑法定主义在我国刑事法治中的作用发挥，最终防止刑法学"碎片化"趋势的目标。

第二，推动罪刑法定宪法化的必要性和可行性。我认为主要有三方面的理由：一是解决刑法学所面临的"碎片化"难题的手段，要解决刑法学面临的问题，就需要以更高的角度去看待刑法理论的发展问题，实际上就一个以罪刑法定为抓手重塑刑法学核心的问题；二是对罪刑法定中国命运进行再检验的必要。罪刑法定立法化二十余年来，罪刑法定就好像一个"僵在原地的基本原理"，虽然没有彻底失去作用，但是"逆水行舟不进则退"的道理也要求我们对罪刑法定的中国命运进行检讨。三是树立宪法权威，推动宪法精神制度化的必要步骤。宪法的权威应该包含两个向度，一个是根本大法作用的发挥，一个是公民内心宪法信仰的确立。这两点都建立在处理好宪法和部门法关系的基础上。也就是说，罪刑法定宪法化不仅仅是一个刑法应不应该借宪法之力的问题，也是一个对维护宪法权威有所裨益的实践尝试。要实现罪刑法定宪法化必须站在解决刑法学本身难题的立场上，宪法规定罪刑法定是"球拍"而非"比分"，不是路途的终点，而是通幽的曲径。这样一方面可以避免"分析问题头头是道，解决问题甩手掌柜"的现象，另一方面可以对宪法与部门法的对接产生助力作用，一举两得。

第三，如何推动罪刑法定宪法化。"宪法化"是一个过程，而非一个结果，实现罪刑法定宪法化，关键在抓住着力点、关键点和落脚点（三步走）。所谓着力点，就是分析产生罪刑法定主义实践困难的根源在何，结合比较研究的结果，找出我们到底需要什么样的罪刑法定，如何实现这样的罪刑法定。本书主张的对罪刑法定进行分层改造，通过"最高限度罪刑法定"与"最低限度罪刑法定"的分层策略，一方面赋予罪刑法定主义作为刑法学正当性根源的地位；另一方面发挥罪刑法定的工具属性，赋予刑法理论和司法实践解决问题的灵活性。所谓关键点，就是在宪法中规定罪刑法定原则。仪式性是塑造权威的重要手段，宪法中规定罪刑法定是一个重要的契机，重塑罪刑法定的形象，重拾罪刑法定主义的话语，重构罪刑法定的结构，借助根本大法的磅礴力量才能解决未来刑法可能面临的困难。所谓落脚点就是基点、原点、锚点，就是在启蒙与反思并存的法治发展阶段，重塑以罪刑法定为核心的法学理论，改变比较研究定位模糊，法学理论与司法实践长期脱节等问题。对罪刑法定的派生原则进行工具性改造，以分层为基本方法，把刑法中实质性衡量转化为罪刑法定边界的形式性衡量，重新衡量刑法中的形式与实质。目前对《刑法》总论中部分理论的研究存在的主要问题是对"要件"过于重视，从而导致了符合理论要件的案件按照超实证的理论处理与罪刑法定主义存在无法避免的冲突。以"不纯正不作为犯"为例，笔者认为关键问题并非什么行为构成不纯正不作为犯,因为即便当事人的行为完全符合不纯正不作为犯的构成要件,在缺乏立法明文规定的情况下,要在司法判决中直接应用这一理论也必然面临罪刑法定主义的诘问。问题的关键在于,什么情况下需要探讨行为是否构成不纯正不作为,如果可以用刑法解释的方法合理地解决问题,为了避免理论与实践可能的矛盾,就没必要非要应用这一理论,只有解释论无法解决的极特殊情况才需要应用不纯正不作为犯的理论。这里刑法解释能否解决问题取决于解释的可能范围,而解释正当性的问题实际上是一个罪刑法定实质边界的问题。从而把行为是否构成不纯正不作为的要件考量,转化为对罪刑法定派生原则边界的实质衡量。而这个衡量过程,也是推动刑法学裂痕弥合的过程。

五

当然也有人可能不同意我关于刑法学碎片化危险的看法,毕竟我所描述的现象存在不是一天两天,而这些所谓的裂痕并没有阻碍刑法学科的繁荣发展,并没有限制刑法学研究范围的扩大、范式的更新和成果的形成。但是,我们所习惯的,不一定是正确的,把常识与真理相混淆是一个非常常见的错误。

因为我们习惯了以德日刑法理论为源头,把德日刑法理论与我国刑法理论相混同,所以我们争论德日刑法的焦点问题,引用德日刑法学的研究文献,关注德日刑法发展的历程,甚至于就德日刑法学中曾经的学派之争划片站队开展争论。然而就算是大陆法系刑法理论再辉煌也仍然是别人的辉煌,今天中国的刑法学要发出属于中国的声音,就必须有自己的创造和贡献。否则,国际交流成了"西天取经",国际合作成了"一厢情愿",讲国内就是讲经验做法,谈国外就是谈理论借鉴。我们的刑法学不是大陆法系刑法的分支机构,我们的学者也不是派遣人员。比较研究从过去推动刑法学快速成熟,到今天反而成为了禁锢思想的条条框框。这一点如果不加以改善,将来可能会成为中国刑法的"心腹大患"。

因为我们习惯了理论与实践相脱节,理论批判实践而非指导实践,实践无视理论而非归纳理论,所以我们的刑法理论在实践中的应用举步维艰,用了可能无法兼顾罪刑法定,不用在涉及处罚感情非常突出的案件中又难安定人心。是进亦忧,退亦忧,然则何时能得二者之水乳交融。然而就算是理论再深奥,也必须经世致用,能在苍茫学术史中留下痕迹的理论都是能够解决本土本国、此时此地实践问题的理论。彼时,我们可以说不重视理论是实践的损失,但是没了实践,理论就失去了取水之源,失去了存在之基。试想,如果不是有刑法,没有刑法的应用,又有谁需要被"教义"? 而理论与实践的裂痕不靠改造罪刑法定,又有谁人能解?

因为我们习惯了追逐新的学术增长点,反而放松了对学科核心的建构,所以我们的成果集中在刑法修正案的研究解析,我们声音聚焦在对引起社会效果的热点案件的评论,我们的兴趣越来越集中在对具有异质特征的新领域的开发,犯罪构成不再发展,学科基础鲜有进步。然而,引起关注不是学术研究的最终目标,声名鹊起也不是学者的本职工作,专家地位建立在学科地位的基础上,一个不受重视的领域又何谈人才辈出、风起云涌。基础理论兴,则学科兴;学科基础衰,则学术衰。过分求新求变扩大的是研究的范围,学科的外延,威胁的则可能是整个刑法学的根基。

"习以为常"是看透本质的最大障碍,接受现实不代表放弃反思。刑法学碎片化的危险也好,罪刑法定的现实困境也罢,要改变只能结合本土法治资源探索一条适合我们自己的道路。中国的刑事法治从书本上是抄不来的,也是从国外的经验中借鉴不来的。

既然问题出在罪刑法定,我们就应该把罪刑法定的问题摆在桌面上,开展一场解放刑法研究思路的大讨论。在哪儿吃亏了,就改哪儿,不要用神秘主义的眼光去打量罪刑法定,也没必要过高地估计罪刑法定的地位。如果不加以改造,那么与其要一个不发挥作用的基本原则,还不如干脆把他收进刑法史的滚滚红尘当中。既然我们还承认罪刑法定是刑法最重要的基本原则,还愿意看到他发挥作用,就更应该允许他放下身段,降低姿态,回应实践问题,最终重塑刑法学核心。

改造罪刑法定,立法化、司法化、宪法化三步走的道路,我们走了大半。立法1997年已经完成,司法化我们一直在探索。宪法化如何推进,应该是未来罪刑法定研究中的一个比较重要的话题。

当然,本书的主旨仍然是在罪刑法定司法化的层面探索出路,关于以罪刑法定宪法化为路径重塑刑法学的核心共识,只能留到未来《罪刑法定原则宪法化问题研究》一书的书稿中再进行探讨。

主要参考文献（以作者姓名首字母排序）

中文参考文献

[1] 阿图尔·考夫曼.法律哲学(第二版)[M].刘幸义等译.北京:法律出版社,2014

[2] 艾伦·诺里.刑罚、责任与正义:关联批判[M].杨丹译.北京:中国人民大学出版社,2009

[3] 艾德华.H.列维.法律推理引论[M].庄重译.北京:中国政法大学出版社,2002

[4] 保罗.H.罗宾逊.刑法的分配原则——谁应受罚,如何量刑？[M].沙丽金译.北京:中国人民公安大学出版社,2009.

[5] 本杰明·卡多佐.司法过程的性质[M].苏力译.北京:商务印书馆,1998

[6] 卜思天.M.儒攀基奇.刑法——刑罚理念批判[M].何慧新等译.北京:中国政法大学出版社,2002

[7] 陈兴良.教义刑法学[M].北京:中国人民大学出版社,2010

[8] 陈兴良.口袋罪的法教义学分析:以危险方法危害公共安全罪为例[J].政治与法律,2013(3)

[9] 陈兴良.面向21世纪的刑事司法理念[J].当代法学,2005(3)

[10] 陈兴良.入罪与出罪:罪刑法定司法化的双重考察[J].法学,2002(12)

[11] 陈兴良.司法解释功过之议[J].法学,2003(8)

[12] 陈兴良.刑法的明确性问题:以《刑法》第225条第4项为例的分析[J].中国法学,2011(4)

[13] 陈兴良.形式解释论的再宣示[J].中国法学,2010(4)

[14] 陈兴良.罪刑法定司法化研究[J].法律科学(西北政法学院学报),2005(4)

[15] 陈兴良.罪刑法定的司法适用[J].华东政法学院学报,1998(创刊号)

[16] 陈兴良.当代中国刑法新路径[M].北京:中国人民大学出版社,2006

[17] 陈兴良.罪刑法定主义[M].北京:中国法制出版社,2010

[18] 陈新宇.从比附援引到罪刑法定——以规则的分析与案例的论证为中心[M].北京:北京大学出版社,2007

[19] 陈烨.财产性利益与罪刑法定问题[J].上海交通大学学报(哲学社会科学版),2013(5)

[20] 陈佑武、彭辅顺.刑法解释的时间效力与人权保障[J].中国刑事法杂志,2011(6)

[21] 陈征.基本权利的国家保护义务功能[J].法学研究,2008(1)

[22] 储槐植、杨书文.复合罪过形式探析——刑法理论对现行刑法内含的新法律现象之解读[J].法学研究,1999(1)

[23] 储槐植、江朔.美国刑法(第四版)[M].北京:北京大学出版社,2012

[24] 大谷实.刑法各论(新版第2版)[M].黎宏译.北京:中国人民大学出版社,2008

[25] 大谷实.刑法总论(新版第2版)[M].黎宏译.北京:中国人民大学出版社,2008

[26] 大卫·戴岑豪斯.合法性与正当性——魏玛时代的施米特、凯尔森与海勒[M].刘毅译.北京:商务印书馆,2013

[27] 邓子滨.中国实质刑法观批判[M].法律出版社,2009

[28] 丁文严.案例指导制度背景下人民法院案例系统的构建[J].法律适用,2013(1)

[29] 董白.中国判例解释构建之路[M].北京:中国政法大学出版社,2009

[30] 董玉庭.论刑法中财物概念之解释——以诈骗罪为视角[J].当代法学,2012(6)

[31] 杜里奥·帕多瓦尼.意大利刑法学原理(注评版)[M].陈忠林译.北京:中国人民大学出版社,2004

[32] 杜文忠."赔命价"习惯的司法价值及其与现行法律的会通[J].法学,2012(1)

[33] 杜宇.当代刑法实践中的习惯法:一种真实而有力的存在[J].中外法学,2005(1)

[34] 杜宇.合流与分化——民、刑领域习惯法演进的比较观察[J].比较法研究,2007(4)

[35] 杜宇.刑法上"类推禁止"如何可能? 一个方法论上的悬疑[J].中外法学,2006(4)

[36] 杜宇.作为超法规违法阻却事由的习惯法——刑法视域下习惯法违法性判断机能之开辟[J].法律科学(西北政法学院学报),2005(6)

[37] 杜宇.重拾一种被放逐的知识传统——刑法视域中"习惯法"的初步考察[M].北京:北京大学出版社,2005

[38] 冯殿美、王文娟.罪刑法定原则:视角转换与价值定位——兼论类推思维[J].山东大学学报(哲学社会科学版),2003(6)

[39] 冯军.论刑法解释的边界和路径——以扩张解释与类推适用的区分为中心[J].法学家,2012(1)

[40] 顾培东.公众判意的法理解析——对许霆案的延伸思考[J].中国法学,2008(4)

[41] E.博登海默.法理学:法律哲学与法律方法[M].邓正来译.北京:中国政法大学出版社,2004

[42] 冈特·施特拉腾韦特、洛塔尔·库伦.刑法总论Ⅰ——犯罪论[M].杨萌译.北京:法律出版社,2006

[43] 关玫.司法公信力初论——概念、类型与特征[J].法制与社会发展,2005(4)

[44] 高铭暄、马克昌主编.刑法学(第四版)[M].北京:北京大学出版社、高等教育出版社,2010

[45] 高铭暄、陈璐.略论司法公信力的历史沿革与实现途径[J].法学杂志,2010(7)

[46] 高翼飞.从扩张走向变异:非法经营罪如何摆脱"口袋罪"的宿命[J].

政治与法律,2013(3)

[47] 高翼飞、高爽.买卖人体器官犯罪的司法认定[J].中国检察官,2012(1)

[48] 龚振军.刑法解释限度新论——以日本刑法学说为主要切入点[J].当代法学,2010(2)

[49] 郭自力.论美国刑法中的罪刑法定原则[J].法学家,1998(5)

[50] 汉斯·海因里希·耶赛克、托马斯·魏根特.德国刑法教科书[M].徐久生译.北京:中国法制出版社,2001

[51] 韩忠谟.刑法原理[M].北京:北京大学出版社,2009

[52] 何秉松.刑法教科书(上卷)[M].北京:中国法制出版社,2000

[53] 洪福增编译.日本刑法判例评释选集[C].台北:汉林出版社,1977

[54] 韩波.论提升司法公信力的三个命题[J].学习与探索,2010(7)

[55] 贺日开.司法解释权能的复位与宪法的实施[J].中国法学,2004(3)

[56] 何荣功.论刑法扩张解释的根据、类型及适用[J].中国刑事法杂志,2004(4)

[57] 胡晓涛.论我国罪刑法定原则的司法化[J].烟台大学学报(哲学社会科学版),2010(2)

[58] 胡岩.论司法错误与司法责任——兼论“错案追究制”的正当性[J].法律适用,2011(3)

[59] 胡志斌.理论缺失与制度缺憾:司法问责的反思[J].学术界,2013(9)

[60] 胡康生、朗盛主编.中华人民共和国刑法释义[M].北京:法律出版社,2006

[61] 黄继坤.刑法类推解释如何得以进行——刑法演绎推理中的类推解释[J].现代法学,2011(5)

[62] 黄京平.论刑事司法解释的溯及力——以朱某等非法买卖枪支案为视角[M].中国刑事法杂志,2010(5)

[63] 黄明儒.刑事司法解释的溯及力辨析[J]时代法学,2007(6)

[64] 黄伟明.论罪刑法定原则与刑法司法解释[J].法学评论,2001(2)

[65] 黄亚英.构建中国案例指导制度的若干问题初探[J].比较法研究,

2012(2)

[66] 黄正光.司法公信力养成之三维题解[J].法律适用,2012(9)

[67] 季卫东.正义思考的轨迹[M].北京:法律出版社,2007

[68] 季金华.司法公信力的构成要素[J].学习与探索,2013(4)

[69] 金轶、李刚.出卖、摘取人体器官犯罪司法实务分析——《刑法》234条之一的司法适用问题刍议[J].法学杂志,2011(12)

[70] 蒋德海.公平正义与司法公信[J].华东师范大学学报(哲学社会科学版),2013(5)

[71] 姜敏.期待可能性理论和罪刑法定原则关系问题研究[J].中国刑事法杂志,2008(7)

[72] 卡尔.N.卢埃林.普通法传统[M].陈绪纲、史大晓、仝宗锦译.北京:中国政法大学出版社,2002

[73] 凯斯.R.孙斯坦.法律推理与政治冲突[M].金朝武、胡爱平、高建勋译.北京:法律出版社,2004

[74] 克劳斯·罗克辛.德国最高法院判例·刑法总论[M].何庆仁、蔡桂生译.北京:中国人民大学出版社,2012

[75] 克劳斯·罗克辛.刑事政策与刑法体系(第二版)[M].蔡桂生译.北京:中国人民大学出版社,2011

[76] 姜敏.英美法系罪刑法定原则的维度和启示——兼与大陆法系罪刑法定原则比较[J].四川大学学报(哲学社会科学版),2015(3).

[77] 杰弗里·罗森.最民主的部门:美国最高法院的贡献[M].胡晓进译.北京:中国政法大学出版社,2013

[78] 杰罗姆·弗兰克.初审法院——美国司法中的神话与现实[M].赵承寿译.北京:中国政法大学出版社,2007

[79] 劳东燕.罪刑法定本土化的法治叙事[M].北京:北京大学出版社,2010

[80] 黎宏.日本刑法精义(第二版)[M].北京:法律出版社,2008

[81] 黎宏.刑法学[M].北京:法律出版社,2012

[82] 黎宏.刑法总论问题思考[M].北京:中国人民大学出版社,2007

[83] 黎宏.法益侵害说和犯罪的认定[J].国家检察官学院学报,2006(6)

[84] 黎宏.结果无价值论之展开[J].法学研究,2008(5)

[85] 黎宏."禁止类推解释"之质疑[J].法学评论,2008(5)

[86] 黎宏.论正当防卫的主观条件[J].法商研究,2007(2)

[87] 李辉.罪刑法定原则与我国的能动司法——从盐城"2.20"特大水污染案切入[J].甘肃政法学院学报,2010(1)

[88] 李洁.中国有权刑法解释模式批判[J].当代法学,2004(1)

[89] 李洁.论罪刑法定的实现[M].北京:清华大学出版社,2006

[90] 李娜玲.关于非亲属间活体器官"交叉移植"的法律思考[J].河北法学,2011(5)

[91] 李仕春.案例指导制度的另一条思路——司法能动主义在中国的有限适用[J].法学,2009(6)

[92] 李世光、刘大群、凌岩.国际刑事法院罗马规约评释[M].北京:北京大学出版社,2006

[93] 李永升、张飞飞.最高人民法院刑事司法解释法律渊源地位之证伪[J].当代法学,2013(4)

[94] 梁根林、埃里克.希尔根多夫主编.中德刑法学者的对话:罪刑法定与刑法解释[M].北京:北京大学出版社,2013

[95] 林立.法学方法论与德沃金[M].北京:中国政法大学出版社,2002

[96] 林维.刑法解释的权力分析[M].北京:中国人民公安大学出版社,2006

[97] 利子平.刑法司法解释瑕疵研究[M].北京:法律出版社,2014

[98] 刘国庆.人民法院提高司法公信力之我见[J].山东社会科学,2013(5)

[99] 刘明祥.论侵犯财产罪的对象[J].法律科学(西北政法学院学报),1999(6)

[100] 刘明祥.论刑法学中的类推解释[M].法学家,2008(2)

[101] 刘仁文.关于刑法解释的时间效力问题[J].法学杂志,2003(1)

[102] 罗伯特·麦克洛斯基.美国最高法院(第三版)[M].任东来、孙雯、胡

晓进译.北京:中国政法大学出版社,2005

[103] 罗尔斯:《正义论》,何怀宏等译,中国社会科学出版社,1998年版

[104] 罗纳德·德沃金.法律帝国[M].李常青译.北京:中国大百科全书出版社,1996

[105] 罗纳德·德沃金.认真对待权利[M].信春鹰、吴玉章译.上海:上海三联书店,2008

[106] 罗纳德·德沃金.原则问题[M].张国清译.南京:江苏人民出版社,2012

[107] 刘士心.不纯正不作为犯研究[M].北京:人民出版社,2008

[108] 刘士心.美国刑法中的犯罪论原理[M].北京:人民出版社,2010

[109] 刘树德.罪刑法定原则中空白罪状的追问[J].法学研究,2001(2)

[110] 刘树德.实践刑法学.个罪 I [M].北京:中国法制出版社,2009

[111] 刘树德.实践刑法学.总则[M].北京:中国法制出版社,2010

[112] 刘宪权.我国刑事司法解释时间效力的再思考[J].法学,2002(2)

[113] 刘宪权、阮传胜.刑法司法解释的溯及力[J].政治与法律,1999(4)

[114] 刘雪梅.罪刑法定论[M].北京:中国方正出版社,2005

[115] 刘艳红.论刑法司法解释的时间效力[J].中国刑事法杂志,2007(2)

[116] 刘志斌.论司法公信之建构——以法官为中心[J].宁夏社会科学,2006(6)

[117] 罗翔.冲出困境的罪刑法定原则[M].北京:中国法制出版社,2007

[118] 梅因.古代法[M].沈景一译.北京:商务印书馆,1959

[119] 米夏埃尔·帕夫利克.人格体 主体 公民:刑罚的合法性研究[M].谭淦译.北京:中国人民大学出版社,2011

[120] 马克昌主编.近代西方刑法学说史[M].北京:中国人民公安大学出版社,2008

[121] 孟红.罪刑法定原则在近代中国[M].北京:法律出版社,2011

[122] 孟庆华.以危险方法危害公共安全罪理论与实务判解[M].北京:北京大学出版社,2014

[123] 尼尔·麦考密克.法律推理与法律理论[M].姜峰译.北京:法律出版

社,2005

[124] P.S.阿蒂亚、R.S.萨默斯.英美法中的形式与实质——法律推理、法律理论和法律制度的比较研究[M].金敏、陈林林、王笑红译.北京:中国政法大学出版社,2005

[125] 曲新久.区分扩张解释与类推适用的路径新探[J].法学家,2012(1)

[126] 切萨雷·贝卡里亚.论犯罪与刑罚[M].黄风译.北京:北京大学出版社,2008

[127] 四川省高级人民法院课题组.人民法院司法公信力调查报告[J].法律适用,2007(4)

[128] 斯蒂芬.M.菲尔德曼.从前现代主义到后现代主义的美国法律思想——一次思想航行[M].李国庆译.北京:中国政法大学出版社,2005

[129] 松宫孝明.刑法总论讲义(第4版补正版)[M].钱叶六译.北京:中国人民大学出版社,2013

[130] 宋晓.判例生成与中国案例指导制度[J].法学研究,2011(4)

[131] 苏彩霞.罪刑法定的实质侧面:起源、发展及其实现——一个学说史的考察[J].环球法律评论,2012(1)

[132] 苏永生.国家刑事制定法对少数民族刑事习惯法的渗透与整合——以藏族"赔命价"习惯法为视角[J].法学研究,2007(6)

[133] 苏永生.论我国刑法中的法益保护原则——1997年《中华人民共和国刑法》第3条新解[J].法制与社会发展,2014(1)

[134] 苏永生.论罪刑法定原则与民族习惯法[J].法制与社会发展,2009(5)

[135] 苏永生."文化的刑法解释论"之提倡——以"赔命价"习惯法为例[J].法商研究,2008(5)

[136] 苏永生.中国藏区刑事和解问题研究——以青海藏区为中心的调查分析[J].法制与社会发展,2011(6)

[137] 孙万怀.以危险方法危害公共安全罪何以成为口袋罪[J].现代法学,2010(5)

[138] 苏永生.区域刑事法治的经验与逻辑[M].北京:人民出版社,2013

[139] 唐坤.制度视域中司法公信力的流失与重构[J].学习与实践, 2009(12)

[140] 天津市人民检察院第二分院课题组.检察维度的司法公信力问题研究[J].法学杂志,2011(9)

[141] 田芳.法律解释如何统一——关于司法解释权的法律统一解释功能的思考[M].法律科学(西北政法学院学报),2007(6)

[142] 童德华.外国刑法导论[M].北京:中国法制出版社,2010

[143] 汪习根、刘晓涌.论司法调解对司法公信力的价值及其作用方式[J].河南省政法管理干部学院学报,2011(2)

[144] 汪贻飞.中国式"量刑指南"能走多远——以美国联邦量刑指南的命运为参照的分析[J].政法论坛,2010(6)

[145] 王建国.司法公信力的生成机制初探[J].江苏社会科学,2009(3)

[146] 王骏.抢劫、盗窃利益行为研究[J].中国刑事法杂志,2009(12)

[147] 王利明.我国案例指导制度若干问题研究[J].法学,2012(1)

[148] 汪明亮.论定罪量刑的社会学模式[J].现代法学,2009(5)

[149] 汪明亮.许霆恶意取款案的一个理论解读:定罪量刑模式视角[J].中国刑事法杂志,2008(4)

[150] 王瑞君.罪刑法定:理念、规范与方法[M].济南:山东大学出版社,2006

[151] 王瑞君.罪刑法定的实现:法律方法论角度的研究[M].北京:北京大学出版社,2010

[152] 王勇.定罪导论[M].北京:中国人民大学出版社,1990

[153] 王政勋.刑法的正当性[M].北京:北京大学出版社,2008

[154] 王作富、刘树德.刑法分则专题研究[M].北京:中国人民大学出版社,2013

[155] 王瑞君.罪刑法定的实现与法律方法的综合运用[J].东岳论丛,2008(4)

[156] 王瑞君.罪刑法定原则立法、司法化的观念误区与反思[J].山东大学学报(哲学社会科学版),2004(4)

[157] 王瑞君.罪刑法定司法化中法律方法运用的基本立场[J].中国刑事法杂志,2008(3)

[158] 王瑞君、张建明.罪刑法定的司法运作——以法律方法为视角[J].中国刑事法杂志,2006(3)

[159] 王强.组织出卖人体器官罪之解读——解析《刑法修正案(八)》第37条[J].政治与法律,2011(8)

[160] 王学成.论良好司法公信力在我国的实现[J].河北法学,2010(2)

[161] 王祖德、金泽刚.罪刑法定原则司法化的三个观念问题[J].法学,2013(1)

[162] 威廉·布莱克斯通.英国法释义(第一卷)[M].游云庭、缪苗译.北京:中国政法大学出版社,2002

[163] 威廉·盖尔斯敦.自由多元主义[M].佟德志译.南京:江苏人民出版社,2008

[164] 吴丙新.关于罪刑法定的再思考[J].法制与社会发展,2002(2)

[165] 吴丙新.刑事司法的实体法渊源——罪刑法定原则的刑法解释学分析[J].当代法学,2004(1)

[166] 吴英姿.司法的公共理性:超越政治理性与技艺理性[J].中国法学,2013(3)

[167] 武建敏.司法公信力的判例法立场[J].河北法学,2011(3)

[168] 武良军.论借据能否作为财产犯罪的对象[J].政治与法律,2011(2)

[169] 武树臣.激活判例机制 提升司法权威[J].河北法学,2011(3)

[170] 武玉红.论罪刑法定原则的"中国特色"[J].政治与法律,2002(2)

[171] 魏迪.基本权利的国家保护义务——以德、中两国为审视对象[J].当代法学,2007(4)

[172] 魏圣强.司法解释的错位与回归——以法律解释权的配置为切入点[J]法律科学(西北政法大学学报),2010(3)

[173] 魏东.中国当下刑法解释论问题研究——以论证刑法解释的保守性为中心[M].北京:法律出版社,2014

[174] 熊永明.现代生命科技犯罪及其刑法规制[M].北京:法律出版社,

2012

[175] 许鹏飞编著.比较刑法纲要[M].北京:商务印书馆,2014

[176] 杨剑波.刑法明确性原则研究[M].北京:中国人民公安大学出版社,2010

[177] 杨兴培.反思与批评:中国刑法的理论与实践[M].北京:北京大学出版社,2013

[178] 行江.试论刑法学中类推解释与扩大解释的区别[J].甘肃政法学院学报,2007(1)

[179] 夏成福.大陆法系、英美法系罪刑法定原则之比较研究[J].现代法学,1994(1)

[180] 夏锦文、莫良元.社会转型中案例指导制度的性质定位与价值维度[J].法学,2009(11)

[181] 解亘.日本的判例制度[J].华东政法大学学报,2009(1)

[182] 熊建明.新解刑法第3条:条文式罪刑法定与法典式罪刑法定之集成[J].中国刑事法杂志,2012(3)

[183] 徐光华.刑法文化解释视域下的习惯法[J].法学杂志,2011(10)

[184] 徐清宇、周永军.当今我国司法权威的缺失反省及重塑思考[J].法律适用,2009(4)

[185] 徐文星.判决制度与司法公信力之研究——以行政诉讼为中心[J].法学杂志,2010(9)

[186] 徐阳."舆情再审":司法决策的困境与出路[J].中国法学,2012(2)

[187] 薛瑞麟.论刑法中的类推解释[M].中国法学,1995(3)

[188] 杨书文.刑法规范的模糊性与明确性及其整合机制[J].中国法学,2001(3)

[189] 杨雄.刑事案例指导制度之发展与完善[J].国家检察官学院学报,2012(1)

[190] 叶良方.罪刑法定的司法实现——以刑法解释的正当性为中心[J].载于赵秉志主编.刑法论丛[M].北京:法律出版社,2012(4)

[191]余高能.美国语境中的罪刑法定原则解读[J].陕西理工学院学报(社

会科学版),2008(2).

[192] 于慎鸿.影响司法公信力的因素分析[J].河南师范大学学报(哲学社会科学版),2006(4)

[193] 袁博.论扩张解释在刑事案件中的应用——以司法实务中疑难案件的审判为视角[J].政治与法律,2013(4)

[194] 袁明圣.司法解释"立法化"现象探微[J].法商研究,2003(2)

[195] 约翰·罗尔斯.罗尔斯论文全集(下册)[M].陈肖生等译.长春:吉林出版集团有限责任公司,2013

[196] 约翰·罗尔斯.作为公平的正义——正义新论[M].姚大志,译.北京:中国社会科学出版社,2011

[197] 约翰内斯·韦塞尔斯.德国刑法总论[M].李昌珂,译.北京:法律出版社,2008

[198] 约翰·奇普曼·格雷.法律的性质与渊源(原书第二版)[M].马驰译.北京:中国政法大学出版社,2012

[199] 曾根威彦.刑法学基础[M].黎宏译.北京:法律出版社,2005

[200] 张爱艳.罪刑法定原则及其司法化研究——以刑法解释为视角[J].政法论丛,2006(6)

[201] 张德瑞:《论欧洲人权法院的"司法造法"》,法学评论,2013(5)

[202] 张殿军.刑法变通缺失语境的民族自治地方刑事司法路径[J].贵州民族研究,2009(1)

[203] 张红昌.抢劫罪中的财产性利益探究[J].中国刑事法杂志,2012(7)

[204] 张军主编.刑法基本原则适用[M].北京:中国人民公安大学出版社,2012

[205] 张明楷.外国刑法纲要(第二版)[M].北京:清华大学出版社,2007

[206] 张明楷.刑法格言的展开(第三版)[M].北京:北京大学出版社,2013

[207] 张明楷.刑法学(第四版)[M].北京:法律出版社,2011

[208] 张明楷.行为无价值论与结果无价值论[M].北京:北京大学出版社,2012

[209] 张明楷.诈骗罪与金融诈骗罪研究[M].北京:清华大学出版社,2006

[210] 张明楷.罪刑法定与刑法解释[M].北京:法律出版社,2009

[211] 张明楷.财产性利益是诈骗罪的对象[J].法律科学(西北政法学院学报),2005(3)

[212] 张明楷.简评近年来的司法解释[J].清华法学,2014(1)

[213] 张明楷.论偶然防卫[J].清华法学,2012(1)

[214] 张明楷.实质解释论的在提倡[J].中国法学,2010(4)

[215] 张明楷.行为功利主义违法观[J].中国法学,2011(5)

[216] 张千帆.美国联邦宪法[M].北京:法律出版社,2011

[217] 张翔主编.德国宪法案例选释(第1辑):基本权利总论[M].北京:法律出版社,2012

[218] 张骐.再论指导性案例效力的性质与保证[J].法制与社会发展,2013(1)

[219] 张心向.我国"宪法司法化"路径问题之思考——基于刑法裁判规范建构之法源视域[J].政治与法律,2011(2)

[220] 张心向.死刑案件裁判中非刑法规范因素考量[J].中外法学,2012(5)

[221] 张心向.在规范与事实之间——社会学视域下的刑法运作实践研究[M].北京:法律出版社,2008

[222] 张心向.在遵从与超越之间——社会学视域下刑法裁判规范实践建构研究[M].北京:法律出版社,2012

[223] 张旭东、刘时杰.国家法与民间法冲突下司法公信力研究——以法律效果与社会效果的统一为视角[J].河南大学学报(社会科学版),2009(3)

[224] 张训.口袋罪视域下的寻衅滋事罪研究[J].政治与法律,2013(3)

[225] 张志铭.司法判例制度构建的法理基础[J].清华法学,2013(6)

[226] 赵秉志主编.刑法总论[M].北京:人民大学出版社,2007

[227] 赵秉志.略论我国《刑法》新增设的人体器官犯罪[J].法学杂志,2011(9)

[228] 赵秉志、肖中华.刑法修改中类推制度存废之争的研讨[J].法学家,1996(4)

[229] 赵秉志、张心向.刑事裁判不确定现象解读——对"许霆案"的重新解读[J].法学,2008(8)

[230] 赵海峰.欧洲人权法院简介[A].陈光中、江伟主编.诉讼法论丛(第五卷)[C].北京:法律出版社,2000

[231] 郑成良.法治公信力与司法公信力[J].法学研究,2007(4)

[232] 郑成良、张英霞.论司法公信力[J].上海交通大学学报(哲学社会科学版),2005(5)

[233] 郑泽善.刑法争议问题探索[M].北京:人民出版社,2009

[234] 郑泽善.刑法总论争议问题比较研究Ⅰ[M].北京:人民出版社,2008

[235] 郑泽善.刑法总论争议问题研究[M].北京:北京大学出版社,2013

[236] 郑泽善.刑法、学说与判例——兼论构筑判例制度的必要性[J].甘肃政法学院学报,2010(3)

[237] 郑泽善、车剑锋.刑事司法解释溯及力问题研究——对美国司法实践中禁止溯及既往原则的借鉴[J].政治与法律,2014(2)

[238] 周安平.许霆案的民意:按照大数法则的分析[J].中外法学,2009(1)

[239] 周道鸾.构建符合中国国情的案例指导制度——对《关于案例指导工作的规定》的诠释[J].湘潭大学学报(哲学社会科学版),2013(4)

[240] 周光权.罪刑法定司法化的观念障碍与立法权限[J].学习与探索,2000(2)

[241] 周光权.罪刑法定原则的司法适用[J].江海学刊,1999(6)

[242] 周光权.刑法客观主义与方法论[M].北京:法律出版社,2013

[243] 周光权.刑法总论[M].北京:中国人民大学出版社,2007

[244] 周少华.刑法理性与技术规范——刑法功能的发生机理[M].北京:中国法制出版社,2007

[245] 周少华."类推"与刑法之"禁止类推"原则[J].法学研究,2004(5)

[246] 周少华.罪刑法定在刑事司法中的命运——由一则案例引出的法律思考[J].法学研究,2003(2)

[247] 周详.罪刑法定主义视角下"赛家鑫"案再审问题之剖析[M].法学,2011(8)

[248] 朱建敏.构建案例指导制度的几个具体问题——基于效力定位的视角[J].法治研究,2008(9)

[249] 宗建文.论英美法系中的罪刑法定[J].现代法学,1996(1)

英文参考文献

[1] Adrian Künzler: "Judicial Legitimacy and the Role of Courts: Explaining the Transitional Context of the German Border Guard Cases", Oxford Journal of Legal Studies, 2012, Vol. 2

[2] Agata Fijalkowski. Retroactive Laws and Notions of Retrospective Justice: Key Aspects of the German and Polish Experiences[J]. Frontiers of Legal Research, 2013, Vol. 1

[3] Andrei Marmor. Interpretation and Legal Theory (Second edition) [M]. Portland: Hart Publishing, 2005

[4] Andrew Halpin. Definition in the Criminal Law[M]. Portland: Hart Publishing, 2004

[5] Antony Duff(Eds.). Philosophy and the Criminal Law: Principle and Critique[M]. New York: Cambridge University Press, 1998

[6] Agata Fijalkowski. Retroactive Laws and Notions of Retrospective Justice: Key Aspects of the German and Polish Experiences[J]. Frontiers of Legal Research, 2013, Vol. 1

[7] Alastair Mowbray. The Development of Positive Obligations under the European Convention on Human Rights by the European Court of Human Rights [M]. Portland: Hart Publishing, 2004

[8] Aleksander Peczenik. On Law and Reason[M]. Dordrecht: Springer, 2009

[9] Austin Sarat, Lawrence Douglas, Martha Merrill Umphrey(Eds.). Law as Punishment/ Law as Regulation[M]. Stanford: Stanford University Press, 2011

[10] Barry Robert Ostrayer. Retroactivity and Prospectivity of Supreme Court Constitutional Interpretations[J]. New York Law Forum, 1973, Vol. 19

[11] Besson S. Four Arguments Against Compromising Justice Internally [J]. Oxford Journal of Legal Studies, 2003, 23,Vol. 2

[12] Bradley Scott Shannon. The Retroactive and Prospective Application of Judicial Decisions[J]. Harvard Journal of Law & Public Policy, 2003, Vol. 26, No. 3

[13] Carl Constantin Lauterwein. The Limits of Criminal Law: A Comparative Analysis of Approaches to Legal Theorizing[J]. Farnham: Ashgate Publishing Limited, 2010

[14] Carl Schmitt. Legality and Legitimacy[M]. Translated by Jeffrey Seitzer. London: Duke University Press, 2004

[15] Cary Federman. The Body and the State: Habeas Corpus and American Jurisprudence[M]. New York: State University of New York Press, 2006

[16] Cass R. Sunstein. Legal Reasoning and Political Conflict[M]. New York: Oxford University Press, 1996

[17] Charles J. Ogletree, Jr., Austin Sarat(Eds.). When Law Fails: Making Sense of Miscarriages of Justice[M]. New York: New York University Press, 2009

[18] Charles Sampford etc.. Retrospectivity and the Rule of Law[M]. New York: Oxford University Press, 2006

[19] Cian C. Murphy. The Principle of Legality in Criminal Law under the ECHR[J]. European Human Rights Law Review, 2010, Vol. 2

[20] Conor Gearty. Principles of Human Rights Adjudication[M]. New York: Oxford University Press, 2005

[21] Conrad Hester. Reviving Lenity: Prosecutorial Use of the Rule of Lenity as an Alternative to Limitations on Judicial Use[J]. The Review of Litigation, 2008, Vol. 27, No. 3

[22] Dan Hunter. Reason Is Too Large: Analogy and Precedent in Law[J]. Emory Law Journal, 2001, Vol. 50

[23] Dan Meagher. The Common Law Principle of Legality in the Age of Rights[J]. Melbourne University Law Review, 2011, Vol. 35

[24] Dan M. Kahan. Lenity and Federal Common Law Crimes[J]. The Supreme Court Review, 1994

[25] Dan M. Kahan. Some Realism About Retroactive Criminal Lawmaking [J]. Roger Williams University Law Review,1997,Vol. 3

[26] Daniel H.Conrad. Filling the Gap: The Retroactive Effect of Vacating Agency Regulations[J]. Pace Environmental Law Review, 2011, Vol. 29, No.1

[27] Daniel James White Ex Post Excepted: Rogers v. Tennessee and The Permissible Retroactive Application of Judge Made Law[J]. University of Cincinnati Law Review, 2003, Vol. 71

[28] David Dyzenhaus. Legality and Legitimacy: Carl Schmitt, Hans Kelsen, and Hermann Heller in Weimar[M]. New York: Oxford University Press, 1999

[29] David Dyzenhaus. Legality Without The Rule of Law? Scott Shapiro on Wicked Legal Systems[J]. Canadian Journal of Law and Jurisprudence, 2012, Vol. XXV, No. 1

[30] David Dyzenhaus. Recrafting the Rule of Law: The Limits of Legal Order [M]. Portland: Hart Publishing, 1999

[31] Dawn Oliver. Justice, Legality and the Rule of Law: Lessons from the Pitcairn Prosecutions[M]. New York: Oxford University Press, 2009

[32] Day D S. Termination of Parental Rights Statutes and the Void for Vagueness Doctrine: A Successful Attack on the Parens Patriae Rationale[J]. J. Fam. L., 1977, Vol. 16

[33] Doris Liebwald. Law's Capacity for Vagueness[J]. Int J Semiot Law, 2013, Vol. 26

[34] Douglas Husak. The Philosophy of Criminal Law: The Philosophy of Criminal Law[M]. New York: Oxford University Press, 2010

[35] Douglas N. Husak, Craig A. Callender. Wilful Ignorance, Knowledge, and the "Equal Culpability" Thesis: A Study of the Deeper Significance of the Principle of Legality[J]. Wisconsin Law Review, 1994, Vol. 29

[36] Elaine K. Martin, Casey T. Taft, Patricia A. Resick. A Review of Marital Rape[J]. Aggression and Violent Behavior, 2007, Vol. 12

[37] Elspeth Guild, Florian Geyer(Eds.). Security Versus Justice?: Police and Judicial Cooperation in the European Union[M]. Hampshire: Ashgate Publishing Limited, 2008

[38] Erik Claes, Wouter Devroe and Bert Keirsbilck(Eds.). Facing the Limits of the Law[M]. Berlin: Springer-Verlag, 2009

[39] Eve Tavor Bannet. Analogy as Translation: Wittgenstein, Derrida, and the Law of Language[J]. New Literary History, 1997, Vol. 28, No. 4

[40] Francis A. Allen. A Crisis of Legality in the Criminal Law? Reflections on the Rule of Law[J]. Mercer Law Review, 1991, Vol. 42

[41] Francis A. Allen. The Erosion of Legality in American Criminal Justice: Some Latter-Day Adventures of the Nulla Poena Principle[J]. Arizona Law Review, 1987, Vol. 29, No.3

[42] Francis A. Allen. The Habits of Legality: Criminal Justice and the Rule of Law[M], New York: Oxford University Press, 1996

[43] Francis X. Beytagh. Ten Years of Non-Retroactivity: A Critique and a Proposal[J]. Virginia Law Review, 1975, Vol. 61, No. 8

[44] Frederick Schauer. Playing by the Rules: A Philosophical Examination of Rule-based Decision-making in Law and in Life[M]. New York: Oxford University Press, 1991

[45] Gabriel Hallevy. A Modern Treatise on the Principle of Legality in Criminal Law[M]. Berlin: Springer-Verlag, 2010

[46] George P. Fletcher. Basic Concepts of Criminal Law[M], New York: Oxford University Press, 1998

[47] Giovanni Sartor. Legality Policies and Theories of Legality: From

Bananas to Radbruch's Formula, 2009, Vol. 22, No. 2

[48] Giuliana Ziccardi Capaldo. The Pillars of Global law[M]. Hampshire: Ashgate Publishing Limited. 2008

[49] Gustav Radbruch. Statutory Lawlessness and Supra-Statutory Law (1946)[J]. Trans. by Bonnie Litschewski Paulson and Stanley L. Paulson. Oxford Journal of Legal Studies, 2006, Vol. 1

[50] Harold J. Krent. The Puzzling Boundary Between Criminal and Civil Retroactive Lawmaking[J]. The Georgetown Law Journal, 1996, Vol. 84

[51] Héctor Olásolo. A Note on the Evolution of the Principle of Legality in International Criminal Law[J]. Criminal Law Forum, 2007, Vol. 18

[52] Herbert Packer. The Limits of the Criminal Sanction[M]. California: Stanford University Press, 1973

[53] Herman Schwartz. Retroactivity, Reliability, and Due Process: A Reply to Professor Mishkin[J]. The University of Chicago Law Review, 1966, Vol. 33

[54] Heyward D. Armstrong. Rogers v. Tennessee: An Assault on Legality and Due Process[J]. North Carolina Law Review, 2002, Vol. 81

[55] Ivan Lawrence QC. Punishment Without Law: How Ends Justify the Means in Marital Rape[J]. The Denning Law Journal, 2006, Vol. 18

[56] Imer B. Flores, Kenneth E. Himma(Eds.). Law, Liberty, and the Rule of Law[M]. Dordrecht: Springer, 2013

[57] Imre Zajtay. Reasoning by Analogy as a Method of Law Interpretation [J]. The Comparative and International Law Journal of Southern Africa, 1980, Vol. 13, No. 3

[58] James L. Huffman. Retroactivity, the Rule of Law, and the Constitution [J]. Alabama Law Review, 2000, Vol. 51, No. 3

[59] Jan G. Latitos. Legislative Retroactivity[J]. Journal of Urban and Contemporary Law, 1997, Vol. 52

[60] Jaye Sitton. Old Wine in New Bottles: The "Marital" Rape Allowance [J]. North Carolina Law Review, 1993, Vol. 72

[61] Jeffrey Brand-Ballard. Limits of Legality: The Ethics of Lawless Judging [M]. New York: Oxford University Press, 2010.

[62] Jerome Hall. Nulla Poena Sine Lege[J]. The Yale Law Journal, 1937, Vol. 47, No. 2

[63] Jill E.Fisch. Retroactivity and Legal Change: An Equilibrium Approach [J]. Harvard Law Review, 1997, Vol. 110, No. 5

[64] Jill Elaine Hasday. Contest and Consent: A Legal History of Marital Rape[J]. California Law Review, 2000, Vol. 88

[65] Jill Marshall. Personal Freedom through Human Rights Law: Autonomy, Identity, and Integrity under the European Convention on Human Rights[M]. Boston: Martinus Nijhoff Publishers, 2009

[66] John Bernard Corr. Retroactivity: A Study in Supreme Court Doctrine "As Applied"[J].North Carolina Law Review, 1983, Vol. 61

[67] John Calvin Jeffries, Jr. Legality, Vagueness, and the Construction of Penal Statutes[J]. Virginia Law Review, 1985, Vol. 71, No. 2

[68] John V.Orth. When Analogy Fails: The Common Law & State v. Mann [J]. North Carolina Law Review, 2009, Vol. 87

[69] Jonathan Herring. Criminal Law(3rd edition)(影印本)[M]. 北京:法律出版社,2003

[70] John K.Mcnulty. Corporations and the Intertemporal Conflict of Laws[J]. California Law Review, 1960, Vol. 55

[71] Jordi Ferrer Beltrá, José Juan Moreso, Diego M. Papayannis(Eds.). Neutrality and Theory of Law[M]. Dordrecht: Springer, 2013

[72] Joshua Dressler. Understanding Criminal Law(5th ed.) [M]. Newark: Matthew Bender&Company, Inc, 2009

[73] Karl N. Metzner. Retroactivity, Habeas Corpus, and the Death Penalty: An Unholy Alliance[J]. Duke Law Journal, Vol. 41, No. 1

[74] Katja Langenbucher. Argument by Analogy in European Law[J]. The Cambridge Law Journal, 1998, Vol. 57, No.3

[75] Keith Culver, Michael Giudice. Legality's Borders: An Essay in General Jurisprudence[M]. New York: Oxford University Press, 2010

[76] Kenneth J. Kress. Legal Reasoning and Coherence Theories: Dworkins Rights Thesis, Retroactivity, and the Linear Order of Decisions[J]. California Law Review, 1984, Vol. 72

[77] Kenneth S. Gallant. The Principle of Legality in International and Comparative Criminal Law[M]. Cambridge: Cambridge University Press, 2009

[78] Kermit Roosevelt III. A Little Theory Is a Dangerous Thing: The Myth of Adjudicative Retroactivity[J]. Connecticut Law Review, 1999, Vol. 31

[79] Lalenya Weintraub Siegel. The Marital Rape Exemption: Evolution to Extinction[J]. Cleveland State Law Review, 1995, Vol. 43

[80] Lars Vinx. Hans Kelsen's Pure Theory of Law: Legality and Legitimacy [M]. New York: Oxford University Press, 2007

[81] Lawrence M. Solan. The Language of Statutes: Laws and Their Interpretation[M]. Chicago: The University of Chicago Press, 2010

[82] L. Anita Richardson and Leonard B. Mandell. Fairness over Fortuity: Retroactivity Revisited and Revised[J]. Utah Law Review, 1989, Vol. 11, No. 1

[83] Lawrence M. Solan, Peter M. Tiersma. Speaking of Crime: The Language of Criminal Justice[M]. Chicago: The University of Chicago Press, 2005

[84] Leo Zaibert. Punishment and Retribution[M]. Hampshire: Ashgate Publishing Limited, 2006

[85] Leonard Besselink, Frans Pennings, Sacha Prechal(Eds.). The Eclipse of the Legality Principle in the European Union[M]. New York: Kluwer Law International BV, 2011

[86] Lockwood C D. Defining Indefiniteness: Suggested Revisions to the Void for Vagueness Doctrine[J]. Cardozo Pub. L. Pol'y & Ethics J., 2009, Vol. 8

[87] Luc J. Wintgens, Philippe Thion(Eds.). Legislation in Context: Essays in Legisprudence[M]. Burlington: Ashgate Publishing Company, 2007

[88] Maksymilian Del Mar, Zenon Bankowski(Eds.). Law as Institutional

Normative Order[M]. Farnham: Ashgate Publishing Limited, 2009

[89] Manuel Gómez Tomillo. Punitive Damages: A European Criminal Law Approach. State Sanctions and the System of Guarantees[J]. Eur J Crim Policy Res, 2013, Vol. 19

[90] Marc Ribeiro. Limiting Arbitrary Power: The Vagueness Doctrine in Canadian Constitutional Law[M]. Vancouver: UBC Press, 2004

[91] Matthew H. Kramer. Where Law and Morality Meet[M]. New York: Oxford University Press, 2008

[92] Matthias J. Herdegen. Unjust Laws, Human Rights, and the German Constitution: Germany's Recent Confrontation with the Past[J]. Columbia Journal of Transnational Law, 1995, Vol. 32

[93] Melvin A. Eisenberg . The Nature of the Common Law[M]. Cambridge: Harvard University Press, 1991

[94] Michael Bohlander. Principles of German Criminal Law[M]. Portland: Hart Publishing, 2009

[95] Mila Sohoni. Notice and the New Deal[J]. Duke Law Journal, 2013, Vol. 62

[96] Mohamed Shahabuddeen. Does the Principle of Legality Stand in the Way of Progressive Development of Law[J]. Journal of International Criminal Justice, 2004, Vol. 2

[97] Murray. The Role of Analogy in Legal Reasoning[J]. U. C. L. A. Law Review, 1982, Vol. 29

[98] Nancy A. Matthews. Confronting Rape: the Feminist Anti-rape Movement and the State[M]. London: Routledge, 1994

[99] Oliver Wendell Holmes. The Path of the Law[J]. Harvard Law Review, 1997, Vol. 110

[100] Orenstein D. Void for Vagueness[J]. Pacific Historical Review, 2005, Vol. 74, No.3

[101] Paul E. Mcgreal. Back to the Future: the Supreme Court's Retroactivity

Jurisprudence[J]. Harvard Journal of Law & Public Policy, 1992, Vol. 15, No. 2

[102] Paul H. Robinson, Michael T. Cahill. Law Without Justice: Why Criminal Law Doesn't Give People What They Deserve[M]. New York: Oxford University Press, 2006

[103] Paul H. Robinson. Fair Notice and Fair Adjudication: Two Kinds of Legality[J]. University of Pennsylvania Law Review, 2005, Vol. 154

[104] Paul H. Robinson, Stephen P. Garvey, Kimberly Kessler Ferzan(Eds.). Criminal Law Conversations[M]. New York: Oxford University Press, 2009

[105] Paul J. Mishkin. The Supreme Court 1964 Term—Foreword: The High Court, the Great Writ, and the Due Process of Time and Law[J]. Harvard Law Review, 1965, Vol. 79, No. 1

[106] Peter Westen. On "Confusing Ideas": Reply[J]. The Yale Law Journal, 1982, Vol. 91, No. 6

[107] Peter Westen. Two Rules of Legality in Criminal Law[J]. Law and Philosophy, 2007, Vol. 26.

[108] Pietro Costa, Danilo Zolo(Eds.). The Rule of Law: History, Theory and Criticism[M]. Dordrecht: Springer, 2007

[109] R. A. Duff. Punishment, Communication, and Community[J]. New York: Oxford University Press, 2001

[110] Richard A. Posner. The Problems of Jurisprudence[M]. Cambridge: Harvard University Press, 1993

[111] Richard H. Fallon, Jr. and Daniel J. Meltzer. New Law, Non-Retroactivity, and Constitutional Remedies[J]. Harvard Law Review, 1991, Vol. 104, No. 8

[112] Robert Alexy. On the Concept and the Nature of Law[J]. Ratio Juris, 2008, Vol. 3

[113] Robin West. Equality Theory, Marital Rape, and the Promise of the Fourteenth Amendment[J]. Florida Law Review, 1990, Vol. 42

[114] Ross E. Davies. A Public Trust Exception to the Rule of Lenity[J]. The

University of Chicago Law Review, 1996, Vol. 63

[115] Rudolf Geiger. The German Border Guard Cases and International Human Rights[J]. European Journal of International Law, 1998(9)

[116] Sarah J Summers. Fair Trials: The European Criminal Procedural Tradition and the European Court of Human Rights[M]. Portland: Hart Publishing, 2007

[117] Sarah Newland. The Mercy of Scalia: Statutory Construction and the Rule of Lenity[J]. Harvard Civil Rights–Civil Liberties Law Review, 1994, Vol. 29

[118] Scott Brewer. Exemplary Reasoning: Semantics, Pragmatics, and the Rational Force of Legal Argument by Analogy[J]. Harvard Law Review, 1996, Vol. 109, No. 5

[119] Scott J. Shapiro. Legality[M]. Cambridge: Harvard University Press, 2011

[120] Shahram Dana. Beyond Retroactivity to Realizing Justice: A Theory on the Principle of Legality in International Criminal Law Sentencing[J]. The Journal of Criminal Law and Criminology, 2009, Vol. 99, No. 4

[121] Steven Greer. The European Convention on Human Rights: Achievements, Problems and Prospects[M]. New York: Cambridge University Press, 2006

[122] Stephen R. Munzer. Retroactive Law[J]. Journal of Legal Study, 1977, Vol. 6

[123] Thierry Balzacq, Sergio Carrera. Security Versus Freedom?: A Challenge for Europe's Future[M] (Eds.). Hampshire: Ashgate Publishing Limited, 2006

[124] Timothy Lynch(Eds.). In the Name of Justice: Leading Experts Reexamine the Classic Article"The Aims of the Criminal Law"[M]. Washington, D.C.: Cato Institute, 2009

[125] Trevor W. Morrison. Fair Warning and the Retroactive Judicial Expansion of Federal Criminal Statues[J]. Southern California Law Review, 2001,

Vol. 74

[126] Trine Baumbach. The Notion of Criminal Penalty and the Lex Mitior Principle in the Scoppola v. Italy Case[J]. Nordic Journal of International law, 2011, Vol.80

[127] Wayne A. Logan. The Ex Post Facto Clause and the Jurisprudence of Punishment[J]. American Criminal Law Review, 1998, Vol. 35

后　记

我想每一本专著完成到后记部分，作者心里的辛酸恐怕无人能解，其中呕心沥血的苦心经营只有在后记部分才能一吐为快；作者心里的不舍恐怕无人能解，数年的风雨相随、寒暑相伴让研究对象仿佛成了作者的好朋友，真到放手，而后相忘于江湖的时刻，反而让后记文字的分量变得格外沉重；作者心里的忐忑亦无人能解，书写到后记部分，一切似乎已成定局，就好像做好了一桌菜肴等待客人品鉴的大厨，客人好评也好，差评也罢，从此以后作品的命运不再掌握在自己的手中，心中自然多了一份"人为刀俎，我为鱼肉"的忧郁。但是，这种辛酸也好，不舍和忐忑也罢，都抵不过研究告一段落带来的喜悦。无论如何，长久以来压在心中的一块石头总算落了地，自然有神清气爽、精神愉悦之感。

本书是天津社科规划青年项目"美国刑法中的罪刑法定原则研究"（TJFXQN17-004）的最终成果，也是笔者关于罪刑法定主义研究的第二本专著。第一本专著《罪刑法定原则司法化问题研究》于2016年12月在天津社会科学院出版社出版。作为同一主题的系列作品，本书在很多问题上延续了"司法化"一书当中的思考。其中最为核心的主题是如何促进罪刑法定主义作用的发挥。当然这并不是说罪刑法定主义没有发挥作用，事实上作为刑事法治的基石，1997年，《刑法》引入罪刑法定原则从观念上扭转了过去我国落后的刑事法治理念，其作用怎么强调都不过分。关键是成功引入之后，如何把刑法观念上的革新，具体化为刑事法治的实践，如何利用罪刑法定主义与生俱来的正当性，去增强我国刑事法治建设的说理性。我国的罪刑法定理论与实践问题恰恰出在"转化"的过程中。

当然，近年来，我国的刑法学迅速发展，一波又一波的理论创新点喷薄而出，从研究的时效性和学者的兴趣角度来看，紧跟热点、追踪时事的做法并不是不能理解。然而，当我们一口吞下过多的理论养分，结局就是整个刑法学渐渐出现"消化不良"的倾向。太多的新理论,太多的新观点,太多新的域外经验,我们不自觉地陷入了理论的"嘉年华",还没等已经引入的概念、观点、理论与本土法治现实相互熟悉,刑法学理论就又头也不回地迈上了"前进"之路。这种繁华的背后,反而藏着整个中国刑法学的"隐患"。我们可以进行一个粗糙的思想实验,一个年轻的法科学生,毕业到实践部门工作,5年以后当他处理案件的时候,发现自己过去学习的理论已经地覆天翻,这个时候各种矛盾就会产生,5年以前他上学时坚信的理论,尚未被刑事司法实践接受,而现在大量新的理论又接踵而至,他只能处在一个"夹层"当中,而这个夹层就造成了刑法理论与实践脱节的恶性循环。我们可以想象,这位法官和他的前辈法官无法达成共识,因为前辈学习的是更早的刑法理论;他无法和新入职的法官达成共识,因为新法官学习的是更前沿的刑法理论;他无法和学界达成共识,因为学界认为他相信的理论已经是"明日黄花";他无法和司法实践达成共识,因为他学习的东西在实践中还用不上;他无法和当事人达成共识,因为当事人也会从各种渠道听"专家"对司法实践的批判和各种前沿的新概念;他甚至无法和自己达成共识,因为他处理案件的方式,不是他内心认可的释法方式。想想这个想象的法官的处境,其情其景,备感凄凉。当然,你可能觉得我是在危言耸听,但是如果我们看看近年来刑法理论的发展,从行为无价值与结果无价值之争,到形式解释论与实质解释论之争,各种学派之争、理论商榷风起云涌,再加上前些年我们对日本刑法理论的"热忱",很快就转移到德国刑法理论的"博大精深"之中。近十年,中国刑法学变化速度之快,各种理论演进之繁盛,说五年以前的学生不能理解今天的刑法学绝不是危言耸听。这就导致了,学者对司法机关具有优越感,因为实践部门不懂"理论"。实践部门对学术理论同样具有优越感,因为你说得再有道理,实践中也不是这么做的。双方都觉得掌握了"真理",进而导致理论与实践融合速度更为缓慢。长此以往,刑法学渐渐成为形而上的"玄学",而刑事司法实践苦恼于如何让社会公众所接受。这就是中国刑法学繁盛背后的"隐忧"。

罪刑法定主义看着大家"扬长而去"的背影,同样是无可奈何。20年前,罪刑法定意气风发,势不可挡,扶摇直上。20年后在我国,罪刑法定主义,用流行的广告语来说,"还是熟悉的配方,还是熟悉的味道"。罪刑法定逐渐从刑法学的研究对象,变成研究的背景,长此以往,可能会逐渐淡出刑法学的视野,而进入刑法史的范畴,彼时罪刑法定的命运不禁让人担心。

问题是,要解决刑法理论与刑法实践脱节的问题,我们必须回到一个"圆心"。在这个"圆心"上,理论和实践能够达成共识,司法精英和社会公众能够达成共识,而要寻找这一点最好的办法是回溯到刑法理论"大爆炸"之前,来寻找各方的最大公约数。如果说刑法理论快速发展,是在1997年《刑法》修订之后的话,那么没有什么比罪刑法定更适合做这个"共识"的来源了。这也是笔者长期对罪刑法定主义如何继续发挥作用进行思考的最重要的原因。换句话说,并非因为笔者研究罪刑法定原则,所以才强调要发挥其作用,要树立工具理性。相反,我认为,罪刑法定能解决中国刑法学"知识大爆炸"背后的潜在风险所以才主张要发挥罪刑法定的作用。

当然,这并不是说,我们不应该借鉴域外经验,不应该进行理论创新,关键是刑法理论前进的方向,不能偏离"解释实践"的方向。所谓解释实践,第一是要阐释实践,就是寻找司法实践的规律,通过归纳让更多的人了解司法实践的规律,从而对自己行为后果有所预期。第二是要证成实践,当一个社会结构复杂的案件出现时,刑法理论需要像定海神针一样为司法实践提供正当性的根据。学术本身离不开批判,但是法学理论需要的绝不是"永远站在法官对立面"的立场,司法本就是利益衡量的过程,利益各方本来就很难达成一致,再加上很多干扰司法的要素,如果学术理论每每以"学术权威"的姿态批判司法结论,那么没有学术理论对司法机关而言恐怕更加轻松一些。我们对德日刑法理论颇为推崇的同时,似乎忽视了德日刑法理论证成司法的作用,无论是"期待可能性",还是"新新过失论"都是试图让司法实践的处理结果更加具有"说服力"的理论创新,其实这些理论背后的目的,比理论内容本身更加值得我们借鉴。第三是要发展实践,真正有用的理论不仅能够解决司法的正当性来源问题,还能够为实践的进化提供支撑。实践变,理论变,理论回应实践的需要,实践反映理论的创新,这样理论与实践才能实现双赢的良性循环。

当然,在知识大爆炸的背景下,每个学科都面临着越来越难达成共识的问题。但是,法学是一门应用性的学科,能够把司法实践做法、社会公众的看法调和起来,法学理论才能不断发展。因此,即便没有共识,我们也要创造共识。更何况,只要在历史上做小小的回顾,我们就能发现"罪刑法定"这个我国刑事法治的"最大公约数"。只是笔者真的能力有限,紧靠现有的研究,很难实现自己理想中的效果,只能留到今后慢慢对罪刑法定主义工具化的思路展开探索。

在书稿即将完结之际,我必须对始终关心我的成长,不断帮助我进步的各位老师、领导、亲人、学友表示衷心的感谢,您们的认可和期待是我将罪刑法定的研究继续下去不竭的动力。

感谢恩师郑泽善教授!老师在学术上夙夜匪懈、始终如一的态度,向学生们诠释了为人师表、以身作则的真正内涵!希望自己能在刑法学的领域中寻找到"栖身之所",以免辜负老师多年来的辛勤培育和言传身教。

感谢南开大学法学院的张心向教授和刘士心教授!两位老师始终都把我当成是自己的学生,对我的学术研究关怀备至。从本科入学,到博士毕业,再到进入工作单位,两位老师对我的帮助,是我对学术产生热爱最重要的原因。希望自己能够更加努力,让两位老师感到骄傲。

感谢中共天津市滨海新区委员会党校的各位领导、各位老师!从入职到今天已近七年,七年中在各位的帮助下,我逐渐摆脱了年轻博士初出茅庐的生涩,渐渐进入了自己的工作角色。在这个过程中,学校对我的学术研究给予了极大的支持和帮助。

感谢中共天津市委党校各位专家对我的帮助!在项目申请的过程中,市委党校的各位专家和科研处的各位领导,对我的申报书提出了众多中肯的意见。这些宝贵的意见是本课题能够顺利立项的重要原因。

感谢天津社会科学院法学研究所的段威博士!作为项目的主研人之一,段威博士对本课题最终成果的完成提供了大量无私的帮助!在此表示特别的感谢!

感谢滨海新区党校教研处这个大家庭,感谢薛秋艳处长,感谢教研处的各位前辈、学友!是您们为我营造了温馨的工作氛围,让我能够在快乐中"坐穿冷板凳"。

　　当然还要感谢我的妻子,天津财经大学法学院的范笑迎博士! 与卿相识已逾十载,从懵懂少年到如今而立,你我相互扶持,其间的困难几何、艰辛几重无人能解。然而你始终是常驻我心的一丝温暖。忘不了迷惘时你的悉心开导,忘不了无助时你的挺身而出,忘不了纠结时你言语中的春风化雨,忘不了孤独时你笑靥中的人间四月天。愿你我今生形影相随、相濡以沫,愿你我相互鼓励、高峰勇攀,愿你我勤于学术、自我实现,愿你知晓,你若安好,我便是晴天。

　　后记写到这里即将画上一个句号。一段旅程的结束同样是新的旅程的开始,希望自己继续努力,在罪刑法定领域完成更多的成果!

　　　　　　　　　　车剑锋
　　　　　　　　　　于中共天津市滨海新区委员会党校教研楼
　　　　　　　　　　2021年12月